SLOWENIEN

DUMONT REISE-TASCHENBUCH

> Vordere Umschlagklappe: Übersichtskarte Slowenien

> Hintere Umschlagklappe: Stadtplan Ljubljana

Daniela Schetar-Köthe
Friedrich Köthe

SLOWENIEN

DUMONT

Titelbild: Bled, Ausflugsboot zum Burgberg
Umschlaginnenklappe vorne: Pleterje, Gewinnung von Birnenschnaps
Vignette: Drachenbrücke in Ljubljana, Detail
S. 2/3: Piran
S. 8: Marktstand in Maribor
S. 60: Logarska Dolina, Aussicht ins Tal
Umschlaginnenklappe hinten: Seminarbibliothek in Ljubljana
Umschlagrückseite oben: Kurenten in Ptuj
Umschlagrückseite Mitte: Piran
Umschlagrückseite unten: Schloß Kostanjevica

Über die Autoren: Daniela Schetar-Köthe, geboren 1955, studierte in München Ethnologie und Religionswissenschaft. Friedrich Köthe, geboren 1954, ist Diplom-Soziologe. Seit Jahren arbeiten beide als freie Autoren und Fotografen mit dem Themenschwerpunkt Afrika für verschiedene namhafte Reisebuchverlage. Slowenien, wo Daniela Schetar-Köthe aufgewachsen ist, ist den Autoren durch zahllose Reisen vertraut.

Danksagung
Die Autoren danken Herrn Klančnik und Herrn Repanšek vom Slowenischen Fremdenverkehrsamt für Rat und Unterstützung. Außerdem Frau Maria Schetar für ihre Anregungen und ihre Hilfe.

© DuMont Buchverlag, Köln
2., aktualisierte Auflage 2001
Alle Rechte vorbehalten
Umschlaggestaltung: Groschwitz, Hamburg
Satz und Druck: Rasch, Bramsche
Buchbinderische Verarbeitung: Bramscher Buchbinder Betriebe

Printed in Germany   ISBN 3-7701-4555-0

INHALT

LAND & LEUTE

Natur, Umwelt und Wirtschaft

Geschichte, Gesellschaft und Kultur

UNTERWEGS
IN SLOWENIEN

Im slowenischen Istrien

Dolenjska und das Krka-Tal

Maribor und Štajerska

TIPS & ADRESSEN

LAND & LEUTE

»Slowenien kann so zugleich alles oder nichts sein, solange dieses sich selbst zugewandte Europa von den Slowenen praktisch nichts weiß.«

Matjaž Kmecl,
›Slowenien aus der Luft‹

Natur
Umwelt
und
Wirtschaft

Landschaft,

Klima und Umwelt

Politik und Wirtschaft

Berglandschaft in den Julischen Alpen

Unbekanntes Juwel im Herzen Europas

Slowenien – wo liegt dieses Land? Die Unabhängigkeit vom südslawischen Staatsverbund hat der ehemaligen nördlichsten Republik Jugoslawiens ein Imageproblem beschert: Keiner scheint so recht zu wissen, was und wo dieses Slowenien eigentlich ist. Häufig wird es mit der Slowakei verwechselt – bedauerlich, aber nicht unbedingt negativ! Schlimmer ist die Namensähnlichkeit mit Slawonien, einer der kriegsgeplagtesten Regionen des ehemaligen Jugoslawien. Doch weder mit der ehemaligen Tschechoslowakei noch mit dem Osten Kroatiens hat Slowenien mehr gemeinsam als die ethnischen Wurzeln im großen Volksverband der Slawen – die breite Öffentlichkeit nimmt so feine Unterschiede aber kaum war. So kommt es, daß Slowenien heute noch (gerade zur Zeit des Krieges im Kosovo in Jugoslawien) unter dem Ruf leidet, ein unsicheres Reiseziel zu sein. Vielleicht haben die Slowenen gerade deshalb ein besonders friedliches und biederes Symbol für ihre Heimat aus der Taufe gehoben. Slowenien, so schreiben sie, sei die »Glucke« im Herzen Europas. Wem könnte ein Huhn schon etwas anhaben! Tatsächlich ähnelt Slowenien in seinen Umrissen auf der Landkarte einem Hühnchen – Kopf und Schnabel blicken nach Osten in die

Pannonische Tiefebene, den Hals bildet das Weinland Štajerska, Bela Krajina reckt im flotten Lauf ein Beinchen nach Südosten, während das zweite als Küstenland Primorska nach Südwesten gestreckt ist. Gorenjska und das nördliche Primorska sind der Pürzel.

Hinter der Glucke verbirgt sich ein kleines Juwel. Vom westlichen, mediterranen Randstreifen an der Adria bis zum östlichen Grenzgebiet mit Ungarn, von den Gebirgsketten der Südalpen im Norden zu den tiefen, verschwiegenen Wäldern entlang der kroatischen Grenze im Süden reihen sich landschaftliche und architektonische Höhepunkte aneinander, ein jeder mit unverwechselbarem Charme und ganz eigenem Charakter. Und überall entlang des Weges locken gutbürgerliche Gasthöfe, einfache Buschenschänken oder elegante Restaurants mit typisch-slowenischer Kost. Fast überall fühlt man sich in Slowenien in eine Puppenstubenwelt versetzt – sogar in den Stadtzentren der beiden Metropolen Ljubljana und Maribor. Immer geht's gemütlich zu, nichts ist unübersichtlich oder gar erdrückend. Selbst die Zackengipfel der Julier wirken im weichen, südlichen Licht ihrer felsigen Schärfe beraubt.

Die freundlich-biedere Fassade des Landes birgt ein wahres Freizeit-

Ungetrübte Ferienfreuden in Bohinj, Triglav-Nationalpark

paradies. Sloweniens Jugend läßt keinen Trend aus, den die Funsportindustrie gerade reitet. In Neoprenanzügen hangeln sich Aktivisten durch schmale Schluchten und Wildbäche, mit bunten Paraseglern springen sie von Hochebenen und Gipfeln, in Schlauchbooten und Kajaks manövrieren sie die reißenden Flüsse hinunter, mit Stirnlampe und Seilen gesichert durchstreifen sie Tropfsteinhöhlen – und dies sind nur einige der spektakulären Hobbies, denen die Slowenen frönen und die sie gerne auch ihren Gästen nahebringen. Zu Fuß, auf dem Pferderükken oder per Mountainbike erkunden sie die Wälder, sie klettern in

schrillen Freeclimberklamotten senkrechte Felswände hoch oder rasen im Winter über Sprungschanzen und steile Pisten in die Tiefe. Ruhigere Naturen verbringen ihre Wochenenden auf einem der herrlich angelegten Golfplätze oder entspannen in den vielen Thermalbädern – kein anderes Land Europas bietet sport- und erholungssüchtigen Urlaubern ein derart vielfältiges Angebot auf so engem Raum wie Slowenien. Hinter dem behäbigen Symbol der »Glucke« mag man so viel Aktivität gar nicht vermuten.

Slowenien wäre nicht so reizvoll, gäbe es nicht auch Brüche und Risse in der biederen Fassade. Vor allem in den Werken seiner Literaten und Künstler wird eine düster-visionäre Seite der slowenischen Seele sichtbar, die zur »Puppenstube« nicht so recht passen mag. Sloweniens Nationaldichter France Prešeren kämpfte Zeit seines Lebens mit dem Drang, sich der Zerrissenheit seiner Seele durch den Freitod zu entziehen – im Alter von 49 Jahren schließlich gab er dem zerstörerischen Sog nach und setzte seinem Dasein ein Ende (ebendies tun über 700 Slowenen jedes Jahr und bescheren dem Land eine der höchsten Selbstmordraten Europas). Der Hang zum dunklen Mythos zeichnet auch die Werke anderer Künstler aus: Die Adaptionen berühmter Schauspiele, die der junge Theaterregisseur Tomaž Pandur in Maribor inszenierte, waren von so düsterer, nihilistischer Strenge, daß sie bei mitteleuropäischen Kritikern Begeisterung, aber auch ein gewisses Unbehagen auslösten. Faschistoide Tendenzen glaubte man in den gefeierten Inszenierungen ausmachen zu können – und mit ähnlichen Attributen wurden auch die Texte und Songs von Sloweniens berühmtester Band »Laibach« belegt. Faschismus ist im Zusammenhang mit diesen Werken sicher ein falscher Begriff, aber er spiegelt hervorragend die Verwirrung angesichts der Diskrepanz zwischen dem herzlichen Äußeren und den selbstzweiflerischen Tiefen der slowenischen Seele.

Wer Slowenien bereist, wird dieser Wesensart kaum begegnen, doch vielleicht erspürt er sie in den melancholischen Untertönen der lauten und fröhlichen Volksmusik oder in den derben Scherzen einer weinseligen Runde. Vor den unzähligen Reizen des kleinen Landes

aber verblaßt dieser Eindruck. Die »Glucke« bietet wirklich jedem Gast seine individuelle Ferienoase. Dobrodošli!

Landschaft, Klima und Umwelt

Mit 20 251 km^2 gehört Slowenien zu den kleinsten Ländern Europas, doch dank seiner geographischen Lage an der Grenze von Alpenraum und Balkanhalbinsel, von Pannonischer Tiefebene und der verkarsteten Küstenregion besitzt es eine erstaunliche **landschaftliche Vielfalt.** Hohe, wildgezackte Alpengipfel prägen Gorenjska, Koroška und die nördliche Hälfte von Primorska; sanft gewellte Hügellandschaft mit einigen Alpenausläufern wie dem Pohorje dominiert nach Osten zu Štajerska. Das Becken der Pannonischen Tiefebene erstreckt sich mit seinen flachen Feldern und Flußauen von Ungarn bis ins nordöstliche Prekmurje, während Dolenjska und Bela Krajina in Südslowenien mit Hügelland und dichten Wäldern ins benachbarte Kroatien hinüberreichen. Notranjska und Primorska sind von der nach Westen zum Meer hin abfallenden Karstlandschaft geprägt. Innerhalb von zwei Stunden fährt der Besucher Sloweniens vom Triglav-Nationalpark mit seiner majestätischen Alpenkulisse ins venezianische Piran, um in der Adria ein erfrischendes Bad zu neh-

›Steckbrief‹ Slowenien

Lage und Größe: Slowenien ist die nördlichste der ehemaligen jugoslawischen Teilrepubliken und wird von Österreich, Ungarn, Italien und Kroatien begrenzt. Mit 20 273 km² ist es knapp so groß wie Hessen.

Stadt und Land: Hauptstadt Sloweniens ist Ljubljana (Laibach), das mit etwa 300 000 Einwohnern zugleich die größte Stadt des Landes ist. Das traditionelle Industriezentrum Maribor (Marburg/Drava) zählt etwas über 100 000 Einwohner. Die übrigen größeren Orte wie Celje und Kranj haben mit 30 000 – 40 000 Einwohnern einen eher kleinstädtischen Charakter. Fast zwei Drittel der Slowenen leben in Städten.

Bevölkerung: Mit 2 Mio. Einwohnern ist Slowenien ein Zwerg unter den mitteleuropäischen Staaten, mit 88 % Slowenen weist das Land eine große ethnische Homogenität auf. Italienische und ungarische Minderheiten leben in den Grenzgebieten zu den jeweiligen Nachbarländern. Aus dem ehemaligen jugoslawischen Staatenverbund haben sich Kroaten und Serben in Slowenien niedergelassen, die mit knapp 3 bzw. 2,5 % der Bevölkerung zu Buche schlagen; dazu kommen einige wenige Mazedonier, Montenegriner und Albaner. Anfang 2000 lebten nach wie vor Flüchtlinge aus Bosnien-Herzegovina in slowenischen Auffanglagern. Slowenien hat außerdem 1600 aus dem Kosovo vertriebene Albaner aufgenommen.

Staat und Verwaltung: Slowenien ist in 148 Gemeinden *(občine)* unterteilt. Die 8 historisch und geographisch gewachsenen Regionen (Gorenjska, Koroška, Štajerska, Prekmurje, Primorska, Notrsnjska, Dolenjska, Bela Krajina), auf die in diesem Buch immer wieder Bezug genommen wird, spielen in der politischen Verwaltung des Landes keine Rolle.

Wirtschaft: Die Slowenen erwirtschafteten zuletzt ein Bruttosozialprodukt von knapp 15 000 € pro Kopf (71 % des EU-Durchschnitts). Weit über die Hälfte des BSP trägt der Dienstleistungssektor, gefolgt von der Industrie (39 %) und der Landwirtschaft mit verschwindend geringen 5 %. Slowenien erlebte ein respektables Wirtschaftswachstum von knapp 5 %, die Inflationsrate betrug 8,9 %, es wurden 7,2 % Arbeitslose gezählt.

men. Nur 180 km sind es vom ländlichen Prekmurje im Nordosten in die mondäne Metropole Ljubljana.

Abgesehen vom äußersten Osten ist das nördliche Drittel Sloweniens von den südlichen Höhenzügen der Kalkalpen geprägt. Im Westen beherrschen die zu schroffen Zacken erodierten Julier (Julijske Alpe) mit dem höchsten Berg Sloweniens, dem 2863 m hohen Triglav, das Landschaftsbild. Richtung Norden und Osten schließen sich in Gorenjska die Karawanken an, die südlich in die Kamniške Alpe (Steiner Alpen) übergehen und östlich in der mittelgebirgsähnlichen Štajerska (Pohorje-Gebirge) allmählich an Höhe verlieren. Mit dem Karstgebiet von Notranjska und Primorska grenzt das Dinarische Gebirge Slowenien im Süden ab. Es ist in mehrere von Nordwest nach Südost verlaufende Höhenzüge gegliedert, die sich entlang der Balkanhalbinsel bis nach Griechenland erstrecken. Zwischen Alpen und Dinarischem Gebirge liegen die Becken der Flüsse Sava (Save), Mura (Mur) und Drava (Drau), die bereits in prähistorischer Zeit als Durchgangs- und Siedlungsgebiet von Illyrern, Kelten und ab dem 7./8. Jh. schließlich der Slawen dienten.

Entsprechend der naturräumlichen Gliederung treffen in Slowenien auch mehrere **Klimazonen** aufeinander. Im gebirgigen Norden herrscht alpines Klima mit kalten Wintern, nicht allzu heißen Sommertagen und häufigen Niederschlägen. Entlang der Adriaküste bestimmen mediterrane Einflüsse das Wettergeschehen: Der Sommer beginnt mit hohen Temperaturen bereits im Mai und kann bis in den Oktober reichen; die Wintertage sind naßkalt, doch Schneefälle kommen kaum vor. Eine unangenehme Besonderheit küstennaher Regionen ist der schneidend-kalte Nordostwind Bora, der in heftigen Stößen vom Land zum Meer bläst und Sturmstärke erreichen kann.

Zwischen Alpen und Meer findet der Besucher das auch in Deutschland vorherrschende Kontinentalklima. Doch sind die Übergänge zwischen den Jahreszeiten sanfter, die Gegensätze zwischen kalt und warm nicht ganz so kraß. Nicht nur im lieblicheren Klima, auch im weichen Licht macht sich der Süden über der alpenländischen Landschaft deutlich bemerkbar. Das Land an der »Sonnenseite der Alpen«, wie Sloweniens Tourismuswerber es nennen, macht seinem Namen alle Ehre.

Bereits 1924 wurde in den Julischen Alpen Sloweniens erster und bis heute einziger Nationalpark, der Triglavski narodni park, eingerichtet und 1981 erweitert. Mit knapp 85 000 ha bedeckt er 4 % der Landesfläche. Etwa 30 weitere Regionen unterschiedlicher Größe werden als *Krajinski parki,* lokale Naturschutzgebiete, bewahrt. Dazu

Vintgar-Schlucht, Triglav-Nationalpark

Die Bären sind los

Kein Sommer vergeht, ohne daß slowenische Zeitungen die Attacke eines Bären auf im Wald spielende Kinder oder auf friedliche Beeren- oder Pilzesammler vermelden. Und jedesmal beginnt die Diskussion um die Schutzwürdigkeit des *Ursus arctor* von neuem.

Etwa 400 Braunbären sollen heute in Slowenien leben, die meisten in der Bärenkernregion im slowenischen Karst, die eine Fläche von 5000 km^2 umfaßt. Da männliche Jungbären aber sehr wanderfreudig sind, kann man durchaus auch anderswo in Slowenien auf Meister Petz treffen. Zwischen den Karstrücken des Dinarischen Gebirges und den Südalpen existiert ein richtiger Bärenkorridor, durch den die Tiere von Süd nach Nord (und umgekehrt) ziehen. Bären stehen in Slowenien seit 1992 unter strengem Naturschutz; nur im Bärenkerngebiet wird jährlich eine Abschußquote festgelegt, die eine Überpopulation verhindern soll.

Sloweniens Bären stehen mittlerweile im Blickpunkt des internationalen Interesses, läßt sich an ihrem Beispiel doch einiges über das mögliche Zusammenleben von Bär und Mensch erfahren: Bären lieben zwar die Abgeschiedenheit der Wälder und meiden menschliche Nähe – doch können sie die Begegnung mit Menschen im dicht besiedelten Slowenien nicht immer vermeiden. Zudem liegt ein Teil des Bärenkerngebiets nur 20 km von der Hauptstadt Ljubljana entfernt und ist ein beliebtes Naherholungsziel für die Städter – Störungen der Bärenreviere durch Spa-

gehören Kleinstareale wie die Salinen von Strunjan bei Piran, aber auch das Tal der Zgornja Idrijca bei der Bergwerksstadt Idrija. In Ljubljana werden Pläne diskutiert, fünf weitere Regionalparks (Kamniške Alpe, Pohorje, Kras, Notranjska und Kolpa bei Kočevje) auszuweisen. Anfang des 21. Jh. standen etwa 8 % von Sloweniens Fläche unter Naturschutz.

Den Naturlandschaften folgend unterscheiden sich auch **Flora und** **Fauna** der drei großen Naturräume Alpen, Karst und Tiefebene. Die alpine Flora Sloweniens zählt über 60 endemische Arten, darunter den Blagay-Seidelbast *(Daphne blagayana)*, um dessentwillen Sachsens König Friedrich August II. – nur um diese Blume zu sehen – im Jahre 1834 eine anstrengende Kutschfahrt von Dresden bis nach Ljubljana unternahm. Ebenfalls nur in den Juliern wächst das Dolomiten-Fingerkraut *(Potentilla nitida)*, dem die Menschen geheimnisvolle Heilkräfte zu-

ziergänger oder Pilze- und Beerensammler sind folglich an der Tagesordnung. Wie sich die Bären unter diesen, nicht gerade idealen Bedingungen verhalten und sich ihnen anpassen, wird von einer Forschungsgruppe untersucht, die von der Münchner Wildbiologischen Gesellschaft, dem slowenischen Jägerverband und dem Wiener Institut für Wildbiologie betreut wird.

Das »Project medved« arbeitet in zwei Richtungen: Zum einen beobachten die Forscher Verhalten und Wanderbewegungen der Bären, zum anderen versuchen sie, durch Informationsveranstaltungen und Ausstellungen Verständnis für die Bären zu wecken. Vor allem die Sensibilisierung der ländlichen Bevölkerung für die Verhaltensmuster der räuberischen Nachbarn ist wichtig. Wer weiß, wie er sich bei einer (seltenen) Begegnung mit Meister Petz verhalten muß und wie er seine Schafe oder Bienenstöcke vor ihnen schützen kann, braucht sich vor Bären nicht zu fürchten. Die slowenischen Erkenntnisse über eine spannungsarme Koexistenz von Mensch und Bär sollen langfristig dazu führen, daß Braunbären auch wieder in den Alpen ausgewildert werden können. In die Pyrenäen werden slowenische Bären bereits exportiert.

Ein weitverbreitetes Vorurteil konnten die Bärenforscher übrigens entkräften: Fast alle Slowenen glauben, sie hätten die Bärenplage dem Bürgerkrieg in Bosnien zu verdanken. Wie die Menschen sei auch das Wild in den sicheren Norden geflohen. Die Untersuchungen haben aber ergeben, daß die slowenischen Bären seit langem und sehr beständig in ihrer Region leben. In Bosnien sind übrigens außer den im Krieg erlegten Tieren auch keine Bären abgängig.

schreiben. Im Frühjahr überziehen die zierlichen blauen Blütenköpfe der Zois-Glockenblume *(Campanula zoysii)* die Hänge mit zartem Blau, und etwas später im Jahr steht der Julische Mohn auf den Bergwiesen in strahlendem Weiß. In seltener Fülle sind auch die aus unseren Alpenregionen bekannten Arten wie Aurikel, Enzian und Edelweiß vertreten.

Neben den endemischen Besonderheiten gedeiht eine Vielzahl eßbarer Beeren und Pilze. Sloweniens

Pilzfreunde halten den bei uns so begehrten und teuren Pfifferling *(lisička)* übrigens für eher ordinär und lassen dessen gelbe Köpfchen zugunsten der mindestens ebenso zahlreich vertretenen Steinpilze *(jurčki,* Sing. *jurček)* achtlos stehen.

Sloweniens Steinbock *(Capra hircus ibex)* hat der Volksmund viele schöne Legenden angedichtet. Die Liebe zu dem stolzen Tier konnte allerdings nicht verhindern, daß die Steinböcke früher wegen des schmackhaften Fleisches, mehr

Auch in Slowenien verbreitet: Edelweiß

noch wegen ihres Horns gejagt wurden, das zu Pulver zerrieben als Aphrodisiakum galt. Im 17. Jh. waren die Steinböcke in den Juliern ausgerottet; erst 1964 wurden wieder einige Exemplare in der Trenta ausgesetzt. Heute steht der Steinbock unter strengem Naturschutz. Besonders im Triglav-Nationalpark kann man beim Wandern diese herrlichen Tiere beobachten; viele sind inzwischen so zutraulich, daß man sich bis auf wenige Meter nähern kann.

Nicht ganz so nahe sollte man einem der etwa 400 Braunbären kommen, die in den slowenischen Wäldern leben. Auch Wölfe streifen durch Slowenien, daneben kleine Räuber wie Luchse und Wildkatzen. In den Flüssen kann man Fischotter bei ihren Raubzügen beobachten, und nachts hallt der Ruf des Uhus

durch die tiefergelegenen Waldgebiete. Scheu und nur schwer zu erspähen sind die Steinadler, die über den Juliern und den Karawanken ihre Kreise ziehen.

Der Karst leitet von der alpenländischen Natur hinüber in den Mittelmeerraum. Steineichen, Olivenbäume und Wacholderbüsche wachsen auf den erodierten Hängen des grauen Gesteins, Macchia überzieht die Niederungen vor allem in der Nähe der Küste. Hier leben zahlreiche Kriechtiere – bunte Eidechsen, aber auch Skorpione und Schlangen, darunter einige giftige Arten wie die Kreuzotter. Sogar Gänsegeier haben im dünn besiedelten Karst eine Heimat gefunden. Eine ganz besondere Tierart liebt unterirdische Gewässer- und Höhlensysteme: der Grottenolm *(Proteus anguinus)*. Bereits in der ersten Enzyklopädie Sloweniens wird das urzeitliche Tier erwähnt: Der slowenische Universalgelehrte Johann Weichard Valvasor kann sich in seiner Beschreibung aus dem Jahre 1689 allerdings nicht zu einer wissenschaftlichen Zuordnung des Olms durchringen; er bezeichnet das Tier als »Drachenbrut«.

Einen eigenen Naturraum bildet der Osten Sloweniens mit Flußauen und Tiefebenen. Das Prekmurje ist das Land der Störche. Auch Graureiher sind in den Flußniederungen Ostsloweniens beheimatet. Auenwälder mit Birken, Buchen und Eichen geben der Landschaft ein freundliches, lichtes Gepräge. Hier finden sich die bekanntesten Thermalquellen wie Radenci, Moravske toplice und Lendava, die heute zu modernen Thermalbädern ausgebaut sind.

Etwa die Hälfte des slowenischen Staatsgebiets, 11 000 km², ist von Wäldern bestanden; der größte zusammenhängende Wald befindet sich am dinarischen Höhenzug des Kočevski Rog zwischen Kočevje und Novo Mesto. Hier sind auch noch Areale mit urwaldähnlichem Bewuchs erhalten. Nach wissenschaftlichen Berechnungen produziert diese riesige grüne Lunge Sauerstoff für 100 Mio. Menschen. Und auch wenn man die Schadstoffbelastung durch Autos, Kraftwerke und Industrie abzieht, setzen Sloweniens Wälder immer noch genug frische Luft frei, um die Gesundheit von 40 Mio. Menschen sicherzustellen. Wie wenig die Wälder selbst den Schadstoffemissionen entgegensetzen können, zeigt das zunehmende Waldsterben: Über die Hälfte des Baumbestandes ist nämlich krank. Hauptverursacher der Luftverschmutzung sind der Verkehr und die Kohlekraftwerke, deren Emissionen vor allem Nadelbäumen den Garaus gemacht haben. Abwässer wurden lange Zeit unkontrolliert in Flüsse und Seen geleitet. Erst nach der Unabhängigkeit Sloweniens faßte der Umweltschutzgedanke auch in der Politik Fuß. Seitdem wurde sehr viel für die Verbesserung der Umwelt getan: Den ohnehin unrentablen Uranbergbau stellte man 1991 ein, die Kohlekraftwerke von Šostanj, Trbovlje und Ljubljana wurden mit besseren Filteranlagen ausgestattet. Über die Stillegung von Sloweniens einzigem Kernkraftwerk in Krško unweit der kroatischen Grenze sollte 1992 ein Referendum stattfinden. Doch mangels alternativer Energiequellen (das Kraftwerk liefert fast 40 % des slowenischen Eigenbedarfs) und weil Krško ein slowenisch-kroatisches Gemeinschaftsprojekt ist, wurde die Entscheidung über die Zukunft der Kernenergie auf unbestimmte Zeit verschoben.

Politik und Wirtschaft

Über 1000 Jahre liegen zwischen der ersten Phase slowenischer Autonomie im Reich Karantanien und der Unabhängigkeit, die das Land sich 1991 von Jugoslawien erkämpfte. Nach dem überwältigenden Ergebnis der Volksabstimmung über die Loslösung von Jugoslawien (89 % Ja-Stimmen) und dem zehntägigen Kriegsgeplänkel mit der Armee des Bundesstaates wurden die Slowenen mit widerwillig erteiltem jugoslawischen Segen am 26. 12. 1991 in die Unabhängigkeit entlassen.

Bereits ein Jahr zuvor wurden in Slowenien freie Wahlen abgehalten, aus denen das bürgerliche Bündnis DEMOS mit 55 % der Stimmen als Sieger hervorging und die Kommunistische Partei (17,3 %) um ein Vielfaches überrundete. Zum Staatspräsidenten bestimmte das Volk Mi-

Landwirtschaft nur noch als Nebenjob:
Weinbauer bei der Traubenlese

lan Kučan, der als liberaler Reform-
kommunist galt; Ministerpräsident
wurde der Christdemokrat Lojze Pe-
terle. Bereits 1992 zerbrach das aus
acht Parteien bestehende DEMOS-
Bündnis und führte zur völligen Zersplitterung der Parteienlandschaft.
Bis heute gestaltet sich die Regie-
rungsarbeit so sehr schwierig.

Slowenien ist eine Republik mit
Zwei-Kammern-System. Die Mitglieder des *Državni zbor* (Parlament) werden in Wahlen bestimmt,
zwei der 90 Parlamentarier werden
von den nationalen Minderheiten
der Italiener und Ungarn als Vertreter entsandt. Der Staatsrat *(Državni
svet)* hat 40 Mitglieder, davon 22 direkt gewählte, und fungiert als bera-
tendes Gremium. Das Staatsober-
haupt wird alle fünf Jahre direkt
gewählt. Seit 1990 hat Milan Kučan
dieses Amt inne, Regierungschef ist
seit 1992, mit kurzer Unterbrechung
im Sommer 2000, Janez Drnovšek.
Die letzten Wahlen zur Staatsver-
sammlung im Herbst 2000 brachten
Drnovšek und seiner LDS (Liberal-
demokraten) 36,2% der Stimmen. Er
regiert mit der ZLSD (Sozialdemokraten), der Demokratischen Rent-
nerpartei (DESUS) und der slowenischen Volkspartei SLS/SKD. Das
Mitte-Links-Bündnis vereinigt 75%
der Sitze im Parlament und will
durch diese eindrucksvolle »breite«
Mehrheit die Entschlossenheit de-

monstrieren, mit der Slowenien nun den EU-Beitritt betreibt.

Das Miteinander so vieler Gruppierungen birgt allerdings auch Probleme, denn so mancher schwenkt sein Fähnchen mal in diese, mal in jene Richtung. Ein Beispiel war die Regierungskrise im Frühjahr 2000: Die SLS zog sich plötzlich aus der Regierung mit Drnovšek zurück und fusionierte mit der oppositionellen SKD. Flugs stellte das neue Parteienbündnis einen Kandidaten für den Posten des Ministerpräsidenten auf, und Drnovšek wurde per Mißtrauensvotum abgewählt. Slowenien hatte plötzlich einen Präsidenten, den im Land kaum jemand kannte: Andrej Bajuk, getragen vom opportunen Zusammenschluß der Sozialdemokraten mit der SLS/SKD. Weitere Verwicklungen und Neuwahlen folgten, heute ist alles wieder beim alten. Bajuk hatte sich ganze fünf Monate im Zenit der Macht gesonnt.

Nach guter demokratischer Tradition wird in den Medien nicht mit Kritik an der Regierung gespart. Die letzte Regierungsbildung gab Anlaß zu lauten Spekulationen über gekaufte Stimmen. Großes Aufsehen und Empörung erregten auch mehrere von der Presse aufgedeckte Korruptionsaffären, in die auch Regierungsmitglieder verwickelt gewesen sein sollen. Dabei hatten die Slowenen geglaubt, die demokratische Verfassung würde sie endlich von der Vetternwirtschaft befreien, die in den letzten Jahren des kommunistischen Regimes fast alle Bereiche der Gesellschaft beherrscht hatte. Daß

ein Gutteil der jetzigen Posteninhaber bereits in der gesamtjugoslawischen Politik mitgewirkt hatte (Drnovšek war im jugoslawischen Staatspräsidium), mag ein weiterer Grund für das immer wieder aufflammende Mißtrauen gegenüber der neugewählten Regierung sein.

Die Sehnsucht nach Europa

1992 haben die Staaten der EU Slowenien als souveränen Staat anerkannt. Um sich endgültig vom kriegsgeplagten Balkan zu distanzieren und den Anschluß an Europa zu finden, fehlten den Slowenen aber noch zwei wichtige Schritte: die Aufnahme in die NATO und die Mitgliedschaft in der EU. Der Beitritt zu beiden Organisationen wurde vehement betrieben – um so größer war die Enttäuschung, als Slowenien 1997 nicht zu Beitrittsverhandlungen bei der ersten Osterweiterung der NATO eingeladen wurde. Die USA zogen ihnen Ungarn, Tschechien und Polen vor. Nun müssen die Slowenen auf die zweite Runde der Osterweiterung warten. Die NATO hat für die Slowenen nicht nur eine ideelle Funktion, sondern könnte ihnen vielleicht Sicherheit vor den immer noch gefürchteten Serben Restjugoslawiens und dem als unberechenbar eingestuften Nachbar Kroatien bieten, mit dem es wegen umstrittener Grenzverläufe immer wieder zu heftigem verbalen Schlagabtausch kommt.

Protokoll einer Krise

Wie Slowenien unabhängig wurde

Josip Broz-Tito, Symbolfigur für die Einheit des ehemaligen Jugoslawien

Sloweniens Weg in die Unabhängigkeit begann im Grunde mit dem Tod des jugoslawischen Staatspräsidenten Josip Broz-Tito im Jahre 1980. Jenseits aller politischen und ethnischen Differenzen im Land war Tito eine Integrationsgestalt für alle Jugoslawen gewesen. Ein adäquater Nachfolger war nicht in Sicht, und schon bald mehrten sich die Anzeichen, daß Serbien im nun entstandenen politischen Vakuum eine Vorreiterrolle in Jugoslawien beanspruchte. Deutlicher Ausdruck dieser Bestrebung war die serbische Initiative zur Vereinheitlichung der schulischen Ausbildung in Jugoslawien nach serbischem Vorbild im Jahre 1984. Sloweniens Intellektuelle liefen dagegen Sturm. Drei Jahre später druckte die Zeitschrift *Nova Revija* einen Artikel, in dem die Grundzüge für eine autonome slowenische Verfassung skizziert wurden. Belgrad reagierte auf diesen ersten Ruf nach Demokratie mit der Verhaftung von slowenischen Journalisten – das Volk ging auf die Straße und demonstrierte für demokratische Reformen. 1989

Ein großer Trost angesichts der NATO-Schlappe war die positive Zusammenarbeit mit der EU. Im Frühjahr 1998 nahm sie die Beitrittsverhandlungen mit Slowenien auf. Zuerst mußten allerdings einige Hindernisse aus dem Weg geräumt werden: Italien legte sich quer, so-lange die ungelösten Eigentumsfragen in der Zone B (s. S. 158) nicht geklärt waren. Italienischer Besitz im slowenischen Küstengebiet war nach dem Zweiten Weltkrieg enteignet worden. Gegen den Protest der davon betroffenen Slowenen hat die Regierung der Restitution statt-

wurden die ersten Oppositionsparteien gegründet, und im Mai desselben Jahres in der *Majniška deklaracija* zum ersten Mal die Unabhängigkeit Sloweniens gefordert. Sogar die slowenischen Kommunisten rückten von der Belgrader Mutterpartei ab und unterstützten, wenn auch verhalten, den Demokratisierungsprozeß. Im April 1990 gelang dem Oppositionsbündnis DEMOS ein überragender Wahlsieg, im Dezember 1990 stimmten 89 % der Slowenen für die Unabhängigkeit von Jugoslawien, die am 25. Juni 1991 schriftlich proklamiert wurde.

Belgrad hatte sich bis dahin von den ehemaligen sozialistischen Brüdern im Norden einiges bieten lassen, wenn auch von Fall zu Fall mit Verhaftungen und Wirtschaftssanktionen reagiert wurde; nun aber sollten Waffen sprechen. Am 26. Juni 1991 rückten jugoslawische Verbände auf slowenisches Territorium vor. Entgegen allen Erwartungen stießen sie dort auf den erbitterten Widerstand der slowenischen Polizeikräfte, der Territorialverteidigung und der Bevölkerung. Die Menschen wehrten sich mit allem, was sie finden konnten, gegen die jugoslawischen Panzer. Mit Jagdgewehren, Heugabeln oder einfach mit Stöcken bewaffnet gingen sie gegen die Eindringlinge vor. Müllwagen, Linienbusse und LKW wurden zu Straßensperren umfunktioniert. Jugoslawische Militärflugzeuge kreisten über Industrieanlagen und Städten. Mehrmals gab es in Ljubljana Bombenalarm, doch das angedrohte Bombardement der Hauptstadt blieb glücklicherweise aus. Allerdings wurde der Flughafen mit Raketen beschossen. Nach zehn Tagen, in denen vor allem um die Kontrolle über die Grenzübergänge zu den Nachbarländern gekämpft wurde, gab die Bundesarmee auf – sicherlich nicht nur wegen der unerwarteten Gegenwehr der Slowenen: Viele slowenische Angehörige der Bundesarmee verweigerten den Einsatz gegen die eigenen Landsleute und liefen zur slowenischen Territorialarmee über. Kroatische Einheiten behinderten den Nachschub aus Belgrad. Damit war an einen leichten und schnellen Sieg nicht zu denken. Im Oktober 1991 verließen die letzten jugoslawischen Militärs das nun tatsächlich unabhängige Slowenien.

gegeben. Das zweite große Problem waren slowenische Gesetze, die Ausländern den Grundbesitz verboten. Auch dies wurde bereinigt. Heute gilt Slowenien als Musterknabe unter den beitrittswilligen Reformländern. Wirtschaftswachstum und Staatsverschuldung erfüllen die strengen Maastricht-Kriterien, der Regierung wird politische Stabilität bescheinigt.

Natürlich stehen wirtschaftliche und sicherheitspolitische Erwägungen hinter dem heftigen Streben Sloweniens, den westlichen Bündnissen eingegliedert zu werden. Doch über alle politischen Notwendigkeiten hinweg wird darin auch deutlich, wie wichtig dem Land die Abgrenzung gegenüber den südlichen Nachbarn ist. Angesichts der Bemühungen, jede Verbindung mit den Kriegstreibern im Süden zu leugnen, gewinnt man den Eindruck, die Slowenen seien im Grunde gar keine Slawen, sondern im tiefsten Inneren ihres Herzens immer treu der Habsburger Monarchie ergeben gewesen.

Wirtschaft – vom jugoslawischen Erfolgsmodell zum slowenischen Wirtschaftswunder

Bereits zwei Jahre vor der Unabhängigkeit wurden die Slowenen mit den Folgen konfrontiert, die eine Loslösung vom Mutterland wirtschaftlich für sie haben würde. Der von Restjugoslawien gegen die aufmüpfige Teilrepublik verhängte Wirtschaftsboykott beschnitt Sloweniens Exporte um ein Viertel. Zwar hoffte man, daß nach der Unabhängigkeit neue Partner an Stelle der alten treten würden, doch zunächst setzte eine katastrophale wirtschaftliche Talfahrt mit enormem Produktionsrückgang ein; die Inflationsrate erreichte 110 % (1991). Zwei Jahre dauerte es noch, bis sich die Wirtschaft soweit stabilisierte, daß erstmals wieder ein Wachstum des BSP verzeichnet werden konnte. 1994 schließlich sprang das BSP um 5 %

gegenüber dem Vorjahr, doch wurde die Wirtschaftsleistung von 1990, des ersten halbautonomen Jahres also, nicht voll erreicht. 1998 lag das Wirtschaftswachstum bei 4 %, die Inflation bei knapp 8 %. Die Prognosen für 1999/2000 gehen von einem Wirtschaftswachstum von 3,5 bis 4 % aus

Slowenien war zu jugoslawischen Zeiten die am stärksten industrialisierte Teilrepublik, das produzierende Gewerbe erwirtschaftete fast die Hälfte des BSP. Von 1988 bis 1994 fiel dieser Anteil von 47 auf 35 %, ein deutlicher Indikator für den Strukturwandel, den Slowenien im letzten Jahrzehnt des 20. Jh. erleben mußte. Die Lücke wurde durch den stark expandierenden Dienstleistungssektor gefüllt, der auf 60 % anstieg. Ähnlich entwickelte sich auch die Beschäftigungssituation. Traditionelle Industriestädte verzeichneten einen besonders hohen Anstieg der Arbeitslosenzahlen. Augenfällig ist dies in Maribor, traditionell stark in der Textil- und Metallindustrie: Die Zahl der Arbeitslosen war zwischen 1990 und 1998 von 5500 auf 15 800 gestiegen. Seit der Unabhängigkeit sind in der Stadt insgesamt 15 000 industrielle Arbeitsplätze, das sind knapp 20 %, verlorengegangen (Quelle: Handelskammer Maribor).

Die menschlichen Schicksale hinter den trockenen Zahlen kann man nur erahnen. Viele Industriearbeiter, in der sozialistischen Ära Träger des wirtschaftlichen Erfolges, verloren ihre Arbeitsplätze, und nur wenige konnten in den neuen Dienstleistungsberufen – im Tourismus, in Läden, in Softwarefirmen und Versicherungsgesellschaften – eine neue Stelle finden. Zugleich erlebte die Gesellschaft auch einen tiefen Wertewandel. Die angesehene Arbeiterschaft verlor ihr revolutionäres Image; agile Dienstleister sind heute höher angesehen. Vor allem ältere Bürger beobachten diese Entwicklung mit Verbitterung.

Slowenien ist das einzige Land Europas mit einem wachsenden Waldbestand – eine Folge der Wiederaufforstung von Flächen, die früher landwirtschaftlich genutzt wurden. Am Ende des Zweiten Weltkriegs war fast die Hälfte der Slowenen in der Land- und Forstwirtschaft tätig; in den 90er Jahren verzeichneten die Statistiken gerade noch etwas über 10 %. Damit einher ging auch ein Rückgang der genutzten Agrarflächen. Heute wird Landwirtschaft hauptsächlich als Nebenjob betrieben. Die Menschen arbeiten wochentags in der nächsten Stadt oder im nächsten Industriebetrieb und widmen sich nur in ihrer Freizeit den Äckern oder Weinbergen. So wird der recht geringe Anteil der Landwirtschaft am Wirtschaftsaufkommen verständlich. Knapp 5 % entfallen darauf, obwohl immer noch über 40 % der Landesfläche agrarisch genutzt werden.

Unter den ehemaligen sozialistischen Staaten Europas ist Slowenien ein wahrer Musterschüler, was den Übergang von der Plan- zur Marktwirtschaft angeht. Da mögen die Slowenen über die wirtschaftlich schwierigen Zeiten noch so jammern und klagen – die Statistiken zeichnen ein überraschend positives Bild: Auf die Wachstumsraten schauen nicht nur arme Länder mit Neid, auch die Bundesrepublik Deutschland kann am Ende des zweiten Jahrtausends damit nicht konkurrieren. Etwas schlechter stehen die Slowenen mit ihrem durchschnittlichen Bruttosozialprodukt pro Person da: Dieses beträgt zwar weniger als die Vergleichszahlen der ärmsten EU-Mitglieder Portugal und Griechenland – aber mehr als doppelt soviel, wie Kroatien vorweisen kann. Sorgen bereitet die hohe Arbeitslosigkeit. 15 % waren es 1998, darunter vor allem viele ältere Menschen und Jugendliche. Nach dem Schulabschluß fällt es den meisten sehr schwer, einen Ausbildungsplatz oder einen Job zu ergattern. Slowenien sitzt in einer arbeitsmarktpolitischen Klemme. Durch den hohen Lebensstandard kann es mit den ehemaligen Bruderstaaten des Ostblocks wie Polen oder Rumänien als Billiglohnland nicht konkurrieren. Viele internationale Unternehmen, die zunächst in Slowenien produzieren ließen, sind wieder abgewandert, weil die Lohnkosten zu hoch waren. Die eigene Wirtschaft steckt aber noch mitten im Umbau von den staatlich gelenkten zu Privatunternehmen. In den nächsten Jahren ist eine positivere Entwicklung auf dem Arbeitsmarkt nicht zu erwarten.

Geschichte, Gesellschaft und Kultur

Daten zur Geschichte

Kunst und Kultur

Bevölkerung und Religion

Feste und Brauchtum

Aus Küche und Keller

Typische Heuharfen bei Studor

Daten zur Geschichte Sloweniens

Vor- und Frühgeschichte

250 000 v.Chr. Aus dieser Zeit stammen die ältesten von Hominiden gefertigten Steinwerkzeuge in Slowenien. Sie wurden in der Loza-Höhle unweit des Höhlensystems der Postojnska jama gefunden.

150 000 v.Chr. Feuerstellen, Knochenreste und Werkzeuge aus der Altsteinzeit belegen, daß die Karstlandschaft der älteste Siedlungsraum Sloweniens ist.

35 000 v.Chr. Jungsteinzeitliche Jäger hinterlassen ihre Spuren in einer Höhle unterhalb des Karawankengipfels Olševa: Unter den Fundstücken befindet sich auch eine aus einem Knochen gefertigte Nähnadel mit Öhr, die älteste bislang entdeckte ihrer Art.

2000 v.Chr. An Seeufern und Flüssen errichten Menschen der Bronzezeit Pfahlbausiedlungen. Sie beginnen, Wälder zu roden und legen Felder an. Die spektakulärsten Zeugnisse dieser ersten wirklich seßhaften Bewohner Sloweniens wurden in einem Moorgebiet in der Nähe Ljubljanas entdeckt. Um 1300 v. Chr. wird diese Kultur wahrscheinlich durch fremde Eroberer zerstört.

1200 v.Chr. Siedlungen auf Hügelkuppen, umgeben von Ringwällen, lösen die Pfahlbauten ab. Sie werden der Hallstatt- und La Tène-Kultur der ausgehenden Bronze- und beginnenden Eisenzeit zugerechnet und wurden wahrscheinlich von den Illyrern errichtet. Der Einfall fremder Völker, möglicherweise der Kelten, setzt dem selbstbestimmten Dasein der Ringwallbauer um das 3. Jh. v. Chr. ein Ende.

ca. 3. Jh. v.Chr. Griechische Kaufleute gründen auf einer dem Festland vorgelagerten Insel im Golf von Triest die Niederlassung Aegida, das heutige Koper.

Slowenien in römischer Zeit

1. Jh. v.Chr. Durch Eisenförderung zu Wohlstand gekommen, etabliert sich das keltisch-illyrische Reich Noricum auf slowenischem Territorium. Wichtige Handelswege wie die Bernsteinstraße durchqueren die Region zwischen Alpen, Pannonischer Tiefebene und der Küste. Von Aquilea am heutigen Golf von Triest aus beginnen die Römer zunächst entlang der östlichen Adriaküste ihren Eroberungszug nach Südosten.

44 v.Chr. bricht Octavian, der spätere Kaiser Augustus, den keltisch-illyrischen Widerstand. 9 v. Chr. werden die letzten Aufstände im ehemaligen Noricum niedergeschlagen und Slowenien dem römischen Reich einverleibt.

2. Jh. Slowenien ist befriedet und in die römischen Provinzen Noricum, Pannonia und Histria unterteilt. Anstelle der alten illyrischen Siedlungen werden römische Städte gegründet: Emona (Ljubljana), Piranum (Piran), Claudia Celeia (Celje), Poetovio (Ptuj). Die neuen Herren fördern die Kupfer- und Eisenindustrie der Alteingesessenen, bauen ein umfassendes Straßennetz aus und nutzen die heilende Kraft der vielen Thermalquellen. Allmählich wird die Bevölkerung romanisiert.

3. Jh. Mit der ersten Welle der Völkerwanderung gelangen germanische Stämme an die Grenzen des römischen Slowenien; der Einfall der Hunnen unter Attila beendet im 5. Jh. die Friedensperiode. Von Ungarn her durchqueren die Hunnen über Ptuj, Celje und Ljubljana slowenisches Territorium und nehmen 452 Aquilea ein. Die romanisierte Bevölkerung wird unterworfen oder zieht sich in unwegsame Bergtäler zurück. Ortsnamen mit dem Präfix *laško* oder *lahko* dokumentieren noch heute die Existenz latinischer Enklaven in Slowenien.

Die Einwanderung der Slowenen

Mitte des 6. Jh. bringt die Völkerwanderung das südslawische Volk der Slowenen vom Dnjepr kommend über die Bernsteinstraße auf slowenisches Territorium. Um 568 ist ihre Ankunft in Pannonien verbrieft, 590 erreichen sie die Adriaküste des römischen Noricum mediterraneum. Im 7. Jh. gründen die Slowenen das Fürstentum Karantanien mit der Hauptstadt *Krnski grad,* Karnburg (in der Nähe von Klagenfurt). Enge Beziehungen bestehen zu Bayern, von dem aus die ersten Missionare zur Christianisierung der Slowenen aufbrechen.

788 erobert Karl der Große Karantanien und gliedert es dem Herzogtum Bayern ein. Feudale Reichsstrukturen verdrängen die traditionell egalitäre Gesellschaftsordnung der Slo-

Die Krönung auf der Karnburg

Es gibt nur wenig verbriefte Zeugnisse über die gesellschaftliche Verfassung jener slawischen Stämme, die die Keimzelle der Slowenen waren. Einige Bräuche der Ur-Slowenen haben sich aber noch bis zum 15. Jh. erhalten, so daß man von ihnen auf die Gesellschaftsform der Einwanderer schließen kann. Die ursprünglich in kleinen Dorfgemeinschaften lebenden Slawen kannten nur Autoritäten auf lokaler Ebene, die in Krisenzeiten eingesetzt wurden. Grund und Boden wurden gemeinschaftlich genutzt bzw. im Dorfrat aufgeteilt, Konflikte wurden in öffentlichen Versammlungen beigelegt. Die Ur-Slowenen verstanden sich als Gleiche unter Gleichen, doch im Zuge der Völkerwanderung brachte diese egalitäre Verfassung hierarchische Strukturen hervor, so daß schließlich eine Art »Fürstentum«, Karantanien, mit erblichem Herrschertitel entstand.

Auf das Recht, ihren Anführer zu wählen, haben die Slowenen trotz der fürstlichen Erbfolge nicht verzichtet. Die Königskrönung folgte einem altslawischen Brauch und wurde auch noch fortgesetzt, als die Slowenen unter der feudalen Knute des fränkischen Reiches nur noch den Status von Bauern und Leibeigenen besaßen. Auf der Karnburg (Krnski grad) versammelten sich das Volk und die Würdenträger, um den künftigen Herrscher zu erwarten. Dieser betrat den Krönungsplatz mit dem »Fürstenstein« in einfache, bäuerliche Kleider gewandet und führte einen Stier und eine Stute mit sich. Ihm trat ein Bauer entgegen, der den Fürsten in slowenischer Sprache befragte: Ob er ein gütiger und gerechter Richter sein werde, ein Wahrer und Verfechter des wahren Glaubens? Dann wurde der Fürst mit einer sanften Ohrfeige ermahnt, sich stets als Gerechter hervorzutun. Nun durfte der neue Herrscher den Fürstenstein besteigen. Er hielt sein Schwert in die vier Himmelsrichtungen und nahm anschließend an einem feierlichen Gottesdienst teil. Erst nach der Zere-

wenen. Deutsche Fürsten erhalten die Lehen, die ehemals freien Bauern werden in sklavische Abhängigkeit gepreßt. Aus dem Namen ihres neuen Herrschers Karl bilden die Unterworfenen das slowenische Wort *kralj*, König. Ausgehend von den Diözesen Salzburg und Aquilea wird Slowenien christianisiert. 863 bringen die beiden »Slawen-Apostel« Kyrill und Method eine slawische Übersetzung der Heiligen Schrift in die Region und entwickeln eine eigene Schrift, die Glagolica.

monie durfte er seine Bauernkleidung ablegen, das fürstliche Gewand anziehen und auf dem »Fürstenstuhl« Platz nehmen, der unter freiem Himmel auf dem Zollfeld aufgestellt war (und dort noch heute steht). Hier wurden dann die neuen Lehen vergeben. Nicht nur die slowenischen Herrscher, auch ihre Nachfolger von des Fränkischen Reiches Gnaden unterzogen sich dieser Zeremonie. Und weil die deutschsprachigen Fürsten die slowenisch gestellten Fragen des inthronisierenden Bauern nicht verstanden, wurde ein Stellvertreter bestellt, der in ihrem Namen antwortete. Mit Ernst dem Eisernen wurde die Einsetzung eines karantanischen Königs im Jahre 1414 das letzte Mal vollzogen.

Die karantanische Inthronisation und ihre demokratische Verfassung, die mitten im feudalen Europa keine Leibeigenschaft kannte, wurde von mehreren Zeitgenossen beschrieben, darunter auch von dem französischen Philosophen Bodin. Dessen Werk, vor allem seine Anmerkungen über die karantanische Inthronisation, sollen den ersten amerikanischen Präsidenten Thomas Jefferson bei der Ausarbeitung der Unabhängigkeitserklärung inspiriert haben. Das karantanische Ritual besiegelte in Jeffersons Augen symbolisch die Übergabe der Macht vom Volk auf den Herrscher. Und diese konnte dem Souverän ebenso wieder entzogen werden, wenn er den Vertrag brach.

Erst im 19. Jh. wurde Karantanien von slowenischen Historikern und Literaten »ausgegraben« und zum Mythos stilisiert. Nach der Unabhängigkeit Sloweniens erlangte die kurze Epoche slowenischer Autonomie nationale Bedeutung. Der Fürstenstein zierte die ersten Geldscheine der jungen Republik, was heftige Empörung im benachbarten Kärnten auslöste. Schließlich liegt das Zollfeld auf österreichischem Gebiet, und man unterstellt dem Nachbarn, sich das Symbol Karantaniens unrechtmäßig anzueignen. Längst ist eine intensiv geführte wissenschaftliche Debatte um die Frage im Gange, ob Karantanien überhaupt mit den Slowenen in Verbindung gebracht werden könne.

Ende des 9. Jh.	zerbricht das karolingische Reich; in Ostslowenien (heute auf ungarischem Gebiet) gründet der karantische Adelige Kocelj ein unabhängiges Fürstentum, das allerdings nur von 869 bis 875 Bestand hat. Erstmals fordern die Slowenen das Recht auf eine von Salzburg unabhängige Kirche; der Papst ernennt Method zum Erzbischof von Sirmium (Pannonien).
Mitte bis Ende des 10. Jh.	verbreiten Einfälle der Ungarn Unsicherheit in der Region. König Otto I. stoppt mit slowenischer Hilfe den ungari-

schen Vormarsch 955 vor Augsburg. 976 wird Karantanien als Vasallenstaat dem deutschen Reich eingegliedert und bleibt in den folgenden Jahrhunderten die meiste Zeit unter der Oberhoheit des Herzogtums Kärnten.

Slowenien unter den Habsburgern

11.–13. Jh. In dieser Epoche beginnt die systematische deutsche Kolonisation Karantaniens, die sowohl von den lokalen Feudalherren als auch von den Klöstern gefördert wird. Die germanischen Einwanderer gründen neue Dörfer *(nova vas)* neben den alten Siedlungen *(stara vas)* der Autochtonen; als Arbeitskräfte werden sie den aufmüpfigen Slawen vorgezogen. Karantanien wird in Grafschaften, die *Marken,* unterteilt. Beherrscht von einflußreichen deutschen Adelsgeschlechtern entwickeln sich Städte wie Maribor und Kranj zu wichtigen Handels- und Handwerkszentren. Das kulturelle Leben konzentriert sich im Umfeld der großen Klöster wie Klostanjevica und Žiče.

14.–15. Jh. Im 15. Jh. gerät der größte Teil Karantaniens durch Verträge und Allianzen in die Hände der Habsburger, unter deren Herrschaft Slowenien bis zum Ende des Ersten Weltkrieges verbleibt. Zugleich mehren sich die Einfälle der Osmanischen Türken, die in Slowenien plündern und brandschatzen. Immer häufiger erschüttern auch Bauernaufstände die innere Sicherheit Karantaniens. Die wirtschaftlich ausgebluteten Landlosen fordern *stara pravda,* das alte Recht, als Freie eigenen Grund und Boden bestellen zu dürfen.

16. Jh. Der Höhepunkt der Bauernaufstände und das zeitgleiche Vordringen der Reformation bilden den Grundstein für das Erwachen einer neuen slowenischen Identität. Während der Protestantismus unter der armen, landlosen Bevölkerung kaum Wurzeln fassen kann, nimmt die städtische Mittelschicht den neuen Glauben an. Als die ersten kirchlichen Schriften in slowenischer Übersetzung erscheinen (1550 slowenischer Katechismus von Primož Trubar, kurz darauf auch die erste slowenische Grammatik), erweist sich die Reformation als Förderer einer eigenständigen slowenischen Kultur. Diese wichtige Phase der slowenischen Ethnogenese findet mit der Gegenreformation und der Verbrennung der kirchlichen Schriften slowenischer Sprache ab 1600 ein jähes Ende.

18. Jh.   Nach einer Phase wirtschaftlicher Stagnation erlebt Slowenien besonders in der Regierungszeit von Kaiserin Maria Theresia (1740–1780) einen ökonomischen Aufschwung. Verwaltung und Besteuerung werden reformiert, die Verkehrswege ausgebaut, und ab 1774 gilt in Slowenien die allgemeine Schulpflicht mit slowenischem Unterricht in den ersten Klassen. Ihr Sohn Joseph II. geht mit seinen Reformen noch weiter: Abschaffung der Leibeigenschaft (1782), Recht auf freie Religionsausübung und Auflösung der fast allmächtigen Klöster schaffen ein liberales Klima, in dem sich Handwerk, Handel und Künste entwickeln können. 1797 erscheint die erste slowenische Zeitung, *Ljubljanske Novice*.

Das Nationalbewußtsein erwacht

1809–1813   Teile Sloweniens werden Napoleons Illyrischen Provinzen einverleibt, Ljubljana avanciert zu deren Hauptstadt. Die nur vier Jahre dauernde napoleonische Ära hinterläßt in Slowenien tiefe Spuren: Die nun geltende Gleichheit aller, die Erweiterung des slowenischsprachigen Unterrichts auch für die Sekundarschulen sowie der Gebrauch des Slowenischen in den Ämtern schaffen ein Klima, in dem die kulturelle Identität der Slowenen erstmals auch in politischen Forderungen ihren Ausdruck findet.

Mitte des   spürt auch Slowenien die Auswirkungen der Industriellen
19. Jh.   Revolution. Vor allem der Bergbau und die Textilindustrie prosperieren, und 1849 erreicht die Eisenbahntrasse von Wien her Ljubljana. 1857 ist die Verbindung bis Triest hergestellt.

1848   Die deutsche Revolution bewegt auch die slowenischen Intellektuellen. Erste Forderungen nach einem selbstverwalteten Slowenien werden laut; der Dichter France Prešeren formuliert die Sehnsucht nach Selbstbestimmung in seinen literarischen Arbeiten. Zwischen 1868 und 1871 entstehen die *tabori* genannten Volksversammlungen als Keimzellen des politischen Bewußtseins. In der zweiten Hälfte des 19. Jh. findet die Forderung nach einem Zusammenschluß aller südslawischen Völker in einer Föderation immer mehr Anhänger. Der Schriftsteller Ivan Cankar und der kroatische Bischof Josip Strossmayer sind deren bekannteste Protagonisten.

Slowenien unter deutscher Besatzung

Die Reste des Partisanenlagers Baza 20 sind heute noch zu besichtigen

Durch die Aufteilung in einen italienischen und einen ungarischen Teil haben die Slowenen die Besatzungszeit durch die Achsenmächte auf ganz unterschiedliche Art erfahren. Die östliche Hälfte wurde als »Untersteiermark« deutscher Verwaltung unterstellt, während die Italiener den Westen übernahmen und der äußerste Osten an Ungarn fiel. Zur Hauptstadt der Untersteiermark wurde Maribor erkoren.

Bereits vor dem deutschen Einmarsch Anfang April 1941 war Maribor das Zentrum deutscher Nazipropaganda. Fast das gesamte Wirtschaftsleben, vor allem aber die Industriebetriebe waren traditionell in deutschen Händen. Die Unternehmer und Deutschstämmigen hatten sich im »Kulturbund« zusammengeschlossen, der ideologische und praktische Vorarbeiten für die Eingliederung ins Reich leistete. Während die Slowenen noch gegen den Vertrag ihres Königs mit den Achsenmächten in den Straßen Maribors demonstrierten, wurden in den Räumen des Kulturbundes bereits Listen vorbereitet, auf denen die Namen all jener standen, die nach der deutschen Machtübernahme verhaftet werden sollten. Tage bevor deutsches Militär in Maribor einmarschierte, übernahmen Mitglieder des Kulturbundes die Kontrolle über Polizei und Rathaus und hißten die Hakenkreuzfahnen. Die Besatzer wurden mit offenen Armen empfangen und erhielten ein gut vorbereitetes Instrumentarium der Repression. Eine Woche nach der Besetzung wurden am 15. April die ersten 300 Mariborer Slowenen verhaftet; bis Ende September wurden etwa 12 000 Slowenen aus dem deutschen Gebiet deportiert, insgesamt mußten in den Besatzungsjahren 60 000 Slowenen ihre Heimat verlassen. Die meisten wurden nach Kroatien, Bosnien und Serbien gebracht.

Vorrangiges Ziel war die »Eindeutschung« der Untersteiermark. Innerhalb von drei Jahren sollte die Bevölkerung deutsch sprechen lernen. Die slowenische Sprache verschwand aus den Ämtern und Schulen. Als potentielle Keimzelle antideutschen Wirkens wurde die katholische Geistlichkeit unter Druck gesetzt; viele Priester wurden verhaftet und zu Zwangsarbeiten eingesetzt. Die Menschen mußten dem neugegründeten Steirischen Heimatbund beitreten. 95 % der untersteirischen Slowenen waren darin organisiert und nahmen dort an ideologischen Schulungen, vor allem aber am Deutschunterricht teil. Industriebetriebe und Handelshäuser wurden deutscher Verwaltung unterstellt. Die gesamte Administration wurde ausgewechselt und mit Österreichern besetzt. Die höchsten Kommandoebenen blieben allerdings deutschen Amtsträgern vorbehalten.

In der italienischen Besatzungszone wurde die Entslawisierungspolitik bei weitem nicht so stringent verfolgt. In Schulen und Amtsstuben durfte weiterhin Slowenisch gesprochen werden; mit der Kirche wurde man schnell einig und ließ sie weiter gewähren. Im Gegensatz zu Maribor, wo der slowenische Bischof jede Zusammenarbeit mit den Deutschen verweigerte, wurden die Italiener in Ljubljana mit höchstem bischöflichen Segen empfangen. Zu Deportationen kam es in weit geringerem Maße als im deutschen Teil. Die Westslowenen verweigerten denn auch die Mitarbeit in den Widerstandszirkeln und später in der jugoslawischen Partisanenarmee.

Obwohl das Kontrollnetz in der Untersteiermark durch die vielen alteingesessenen Deutschen optimal funktionierte, wurden immer wieder Zellen des politischen, später auch des bewaffneten Widerstandes gebildet. Jede dieser Initiative endete durch Verrat, und wirkliche militärische Erfolge wurden den slowenischen Partisanen erst kurz vor Kriegsende beschert. Viel mehr als im italienisch besetzten Teil Sloweniens stellte sich in der Untersteiermark nach Kriegsende die Frage nach potentiellen Kollaborateuren. Im Grunde hatte sich ja die gesamte slowenische Bevölkerung durch die Mitgliedschaft im »Steirischen Heimatbund« verdächtig gemacht. Nachdem in Maribor und Ostslowenien vier Jahre nur Deutsch gesprochen worden war, galt nun jedes unbedachte deutsche Wort als Beweis für die Komplizenschaft mit dem ehemaligen Besatzer. Die letzten verbliebenen Deutschstämmigen wurden vertrieben. Etwa 10 000 Slowenen, die als »Weiße Garden« mit den Besatzern gemeinsame Sache gemacht hatten, wurden am Kočevski Rog exekutiert.

Die beiden Weltkriege und die Zeit unter Tito

1914–1941   Den Ersten Weltkrieg erleben die Slowenen an der Seite der Habsburger, in deren Reich sie sich nach wie vor eine halbautonome Zukunft erhoffen. Nach Kriegsende dieser Perspektive beraubt, schließen sich Slowenen, Kroaten und Serben zu einem eigenständigen Königreich zusammen, dessen konstitutionelle Verfassung unter König Alexander in eine absolutistische Monarchie umgewandelt wird. Große Gebiete Sloweniens fallen in den Verträgen von Rapallo und Paris anderen Staaten zu: Prekmurje im Osten gehört zu Ungarn, Primorska und das slowenische Istrien zu Italien und Koroška zu Österreich. 1937 wird die Kommunistische Partei Sloweniens als Ableger der von Josip Broz-Tito gegründeten Mutterpartei ins Leben gerufen.

1941   Der serbische Kronprinz Paul unterzeichnet ein Abkommen mit den Achsenmächten; kurz darauf wird Jugoslawien von Deutschland und Italien besetzt. Slowenien wird zweigeteilt: der Osten (Štajerska, Gorenjska und Koroška) gerät unter deutsche Oberhoheit, der Westen (Ljubljana, Primorska, Notranjska, Dolenjska und Bela Krajina) wird italienischer Verwaltung unterstellt, Prekmurje an der ungarischen Grenze geht an Ungarn. Im Gefolge der Besetzung werden Volksdeutsche in Slowenien angesiedelt.

1942–1945   Unter Führung der Kommunistischen Partei Jugoslawiens wird der Widerstand gegen die Besatzungsmächte organisiert. In Slowenien formiert sich die Befreiungsbewegung *Osvobodilna Fronta,* in der neben Kommunisten auch bürgerliche und christliche Parteien vertreten sind. Die jugoslawischen Partisanen befreien Slowenien mit Unterstützung der Alliierten im Mai 1945 und besetzen kurz darauf auch Triest. Slowenien wird Teilrepublik der serbisch dominierten und straff zentralistisch geführten Volksrepublik Jugoslawien unter Führung des Partisanengenerals Tito.

1946   wird die Küstenregion vertraglich zwischen Italien und Jugoslawien aufgeteilt: Zone A (Triest und Umgebung) wird unter anglo-amerikanische Verwaltung gestellt, Zone B (Koper und Teile Istriens bis Buje) fällt an Jugoslawien. Als Zone A 1954 schließlich Italien zugesprochen wird, zementiert dies ein Konfliktpotential, das bis heute das Verhältnis zwischen Slowenien und Italien trübt. Denn beide Länder erheben Anspruch auf die jeweilige Zone des anderen und werfen dem

Gegner die Unterdrückung der eigenen nationalen Minderheit in seinem Gebiet vor.

1947–1980 Tito experimentiert mit Verstaatlichung und Kolchosenwirtschaft, findet schließlich aber zu einem jugoslawischen Modell der Arbeiterselbstverwaltung und gestattet den Bauern Privatbesitz von bis zu 20 ha Land. Als nördlichste und am meisten industrialisierte der jugoslawischen Teilrepubliken trägt Slowenien einen wesentlichen Anteil an der Entstehung des gesamtjugoslawischen BIP. Dies verstärkt wiederum nationalistische Tendenzen, die sich gegen die »unterentwickelten« südlichen Brüder richten.

1980 Josip Broz-Tito stirbt und hinterläßt ein wirtschaftlich schwer angeschlagenes Land, das sich in ethnischen Konflikten aufreibt.

Der Weg in die Autonomie

1987 werden in einem Artikel der slowenischen Nova Revija Richtlinien für eine eigenständige slowenische Politik mit Mehrparteiensystem, demokratischen Wahlen und nationaler Autonomie formuliert. Die ersten Parteien werden gegründet.

1988 reagieren die Slowenen mit Massendemonstrationen auf die Verhaftung von vier prominenten, regimekritischen Journalisten. Der serbische Druck auf die nach Unabhängigkeit strebende Republik wird härter.

1989 verhängen alle von Serbien angeführten Teilrepubliken, außer Kroatien, ein Handelsembargo gegen Slowenien. Die daraus resultierenden Exporteinbußen von 25 % sind ein harter Schlag für die slowenische Wirtschaft. Ein Jahr später verlassen die slowenischen Delegierten aus Protest gegen den serbischen Zentralismus den Kongreß der jugoslawischen Kommunistischen Partei.

1990 Im April werden in Slowenien die ersten freien Wahlen abgehalten. Das Bündnis DEMOS gewinnt 55 % der Stimmen. Im Dezember 1990 sprechen sich 89 % der Slowenen bei einer Volksabstimmung für die Unabhängigkeit aus.

1991 Am 26. Juni wird Sloweniens Unabhängigkeit proklamiert, einen Tag später marschieren jugoslawische Streitkräfte auf slowenischem Territorium. Der als 10-Tage-Krieg in die Geschichte eingegangene Konflikt kostet 66 Menschenleben.

Dank der völlig unerwarteten heftigen Gegenwehr der Slowenen ziehen die jugoslawischen Panzer schließlich ab; im Dezember verlassen die verbliebenen Kontingente der jugoslawischen Restarmee das Land.

1992 erkennt die EG Slowenien an, das Land wird Mitglied der UN.

1996 wird ein Assoziationsabkommen mit der EU unterzeichnet, und 1997 wird Slowenien von der EU zu Gesprächen über eine künftige Mitgliedschaft eingeladen. Diese Entwicklung wird erst durch die Annäherung zwischen Slowenien und Italien möglich, die sich wegen der Entschädigungsansprüche auf italienischen Grundstücksbesitz in der ehemaligen Zone B schließlich doch näherkommen. Im gleichen Jahr finden Parlamentswahlen statt. Der größte Stimmenanteil fällt auf die Liberaldemokratische Partei LDS, die nach langen Verhandlungen Anfang 1997 eine Koalitionsregierung mit SLS und DESUS (S. 23) bildet.

1998 Die Beitrittsverhandlungen mit der EU werden aufgenommen. Bei einer Umfrage äußern 38,7 % der Befragten, daß sie sich vom EU-Beitritt eine Verbesserung der wirtschaftlichen Lage versprechen, 12 % befürchten einen wirtschaftlichen Einbruch.

1999 Nach Ausbruch des Kosovo-Krieges erteilt das slowenische Parlament den Nato-Flugzeugen eine Überfluggenehmigung für slowenisches Territorium und erklärt sich bereit, zusätzlich zu den bereits im Land lebenden 3000 Kosovo-Flüchtlingen weitere 1600 aufzunehmen. Die politische Lage im Land ist stabil, vom Konflikt in der ehemaligen Bruderrepublik Serbien ist in Slowenien nichts zu spüren.

2000 Vorgezogene Parlamentswahlen im Herbst bringen Drnovšeks LDS 36,2% der Stimmen. Regierungsbündnis mit ZLSD, DESUS und SLS/SKD.

Kunst und Kultur

Architektur und Plastik – Von der Romanik zur Postmoderne

Der Slowenen liebster Architekturstil ist der Barock. Keine andere Phase der europäischen Baugeschichte hat soviele gut erhaltene Monumente hinterlassen. Kirchen und Schlösser aus früheren Epochen wurden fast alle außen wie innen barockisiert. Die ältesten romanischen Bauten wie die Kirche Sv. Vid in Dravograd oder die Zisterzienserklosters Stična (1156) sind unter ihrer barokken Fülle heute kaum noch als romanisch zu erkennen. Ähnlich verhält es sich mit Burgen und Schlössern – erst vor kurzem entdeckten Architekten in der Burg von Ptuj romanische Elemente. Auch gotische Bauwerke wurden barockem Prunk unterworfen, so Sloweniens herausragendstes und in den strengen Linien noch relativ klar erkennbares gotisches Ensemble, die Wallfahrtskirche in Ptujska gora. Im Gegensatz zur Architektur ist die gotische Plastik in unzähligen Heiligen- und Marienstatuen unverfälscht geblieben. Die berühmteste gotische Mariendarstellung, die »Schutzmantelmadonna« ziert den Altar der oben genannten Wallfahrtskirche. Hervorragend erhalten sind die Zeugnisse dieser Epoche in den Bürgerhäusern und Repräsentativbauten der Küstenstädte Piran und Koper.

Wehrarchitektur prägte das 15. und 16. Jh. Die Einfälle der Türken ließen den Menschen wenig Raum für künstlerisches Schaffen. Sowohl Sakralbauten wie die Schlösser und Burgen der Adeligen wurden mit Bollwerken zur Verteidigung gesichert. Herausragendes Beispiel dieser Epoche ist das Kirchlein Sv. Trojica in Hrastovlje im slowenischen Karst. Ursprünglich im Stil der Romanik errichtet, wurde die Umfassungsmauer der Kirche im 16. Jh. mit Wehrtürmen verstärkt.

Nachdem ein verheerendes Erdbeben im Jahre 1511 zahlreiche Orte zerstört hatte, schlug die Stunde der Renaissance. Architekten aus dem italienischen Friaul waren maßgeblich am Wiederaufbau beteiligt und schmückten Schlösser und Burgen mit Renaissance-Elementen. Auch diese sind besonders gut in der venezianischen Architektur der Küstenstädte erhalten.

Mit etwas Verspätung, aber dafür mit durchschlagendem Erfolg setzte sich der Barock um die Wende vom 17. zum 18. Jh. durch. Wiederum waren es Adelige und die Kirche, die sich den Luxus barocker Aus- und Umgestaltung leisten konnten. Eines der prächtigsten Beispiele der Epoche ist Schloß Dornava bei Ptuj. Auch die Liebe zu barocken Gartenanlagen ist bis heute in vielen Schlössern erkennbar. Erstmals kamen slowenische Künstler zum Zuge. Aus Maribor stammten der Architekt Janez Fuchs und der Bildhauer Jožef Straub. Letzterer kreierte einen besonderen, steirischen Stil des Barock, während der von Venezianern dominierte italienische Barock vor allem in Ljubljana in höchster Blüte stand. Dort errichtete der Slowene Gregor Maček beispielsweise das Rathaus (1717) und den Dom (1700); der Venezianer Francesco Robba schuf den berühmten »Brunnen der drei Flüsse«, der noch heute den Mestni trg (Platz) in Ljubljana schmückt. Während der Klassizismus in Mitteleuropa den barok-

ken Trend längst hinter sich gelassen hatte, wurde in Slowenien immer noch barockisiert. Bis zur Mitte des 19. Jh. währte der Siegeszug. Klassizistische Bauten wie der Bäderkomplex in Rogaška Slatina blieben Ausnahmen.

Erst das Erdbeben von 1895 sorgte für eine innovative Architektur. Ljubljana wurde stark zerstört und im Jugendstil neu errichtet. Neben österreichischen Architekten mach-

Jugendstilfassade am Centromerkur in Ljubljana

te sich dabei auch ein Slowene einen Namen: der im Karst geborene Maks Fabiani, der sich besonders für den Erhalt historischer Ortsensembles wie Štanjel einen Namen machte, zeit seines Lebens aber im Schatten seines wesentlich berühmteren Kollegen Plečnik stand. Nach dem Ersten Weltkrieg erlebte die slowenische Architektur ihren unbestrittenen Höhepunkt im Schaffen des 1872 geborenen Jože Plečnik. Nach erfolgreichem Wirken in Prag und Wien übernahm der Architekt ab 1922 die Neugestaltung des Ljubljanica-Ufers in Ljubljana, errichtete die Nationalbibliothek und entwarf die Friedhofskirche in Žale. Plečnik schuf eine völlig eigene Formensprache, die aus antiken Traditionen ebenso schöpfte wie aus der Moderne und vor allem durch die unbekümmerte Verwendung unterschiedlichster Baumaterialien eigenwillige Kunstwerke schuf. Sein Zeitgenosse Vladimir Šubic errichtete 1931 Sloweniens ersten »Wolkenkratzer«, den *Nebotičnik,* in Ljubljana.

Das Kunst- und Architekturschaffen nach dem Zweiten Weltkrieg zeigt den in den ehemaligen sozialistischen Ländern verbreiteten Hang zu Monumentaldenkmälern, die der Heroisierung der Partisanen und der Arbeiterschaft sowie dem Andenken an die Opfer des Krieges gewidmet sind. Als herausragendes Beispiel postmoderner slowenischer Architektur wird der in den 1980er Jahren erbaute Autobusbahnhof von Maribor gefeiert.

Literatur und Theater – Schreiben für die nationale Identität

Das älteste Dokument slowenischer Sprache sind die sogenannten Freisinger Denkmäler, die im 10./11. Jh. aufgeschrieben wurden und Anweisungen für die Abhaltung der Beichte enthalten. 500 Jahre später wurden auf Initiative des Reformators Primož Trubar die ersten kirchlichen Texte ins Slowenische übersetzt und gedruckt. 1584 erschien die erste slowenische Bibelübersetzung, allerdings nicht in Slowenien, sondern in Wittenberg.

Erst um die Wende vom 18. zum 19. Jh. bildete sich in Slowenien eine eigenständige Literaturszene um Baron Žiga Zois, der die einheimischen Schriftsteller förderte: Anton Tomaž Linhart (1756–1795) war der berühmteste Vertreter dieses literarischen Zirkels. Seine Komödien waren eine perfekte Adaption der von Beaumarchais geschriebenen Stücke an die slowenische Mentalität. Ihren ersten Höhepunkt erreichte die slowenische Literatur in den Werken des Lyrikers France Prešeren (1800–1849). Aus seiner Feder stammt nicht nur das »Trinklied« *(Zdravljica),* dessen 2. Strophe heute als slowenische Nationalhymne dient. Auch zahlreiche andere Gedichte spiegeln das Erwachen des Nationalgefühls wider. Der früheren Geschichte seines Volkes hat Prešeren in seiner Erzählung »Die Taufe an der Savica« (Krst pri Savici, 1836, deutsch 1998) ein Denkmal gesetzt. Mit Prešerens Wirken wurde auch endgültig die Abspaltung der eigenständigen, slowenischen Schriftsprache vom damals propagierten »Illyrismus« vollzogen, der eine gemeinsame Sprache für alle Südslawen forderte. In Prešerens Werken manifestierte sich also nicht nur ein gegen die Habsburger Kulturhegemonie gerichtetes slowenisches Nationalgefühl, sondern auch die literarische Abkehr von den slawischen Brüdervölkern der Kroaten und Serben.

Von der Romantik zum literarischen Realismus leiteten mehrere Autoren über: Volksdichtung fand Eingang in die Erzählung »Martin Krpan« von Fran Levstik, die Geschichte eines pfiffigen Schmugglers, der als Salzhändler zu Geld und Ansehen kommt. In der Person Martin Krpans scheinen die Nationaleigenschaften der Slowenen, Fleiß, List und Emsigkeit, vereint. Sloweniens erster historischer Roman, der in der Geschichte einer Bauernfamilie die Zeitspanne von der Gegenreformation bis Anfang des 19. Jh. umfaßt, ist Ivan Tavčars »Chronik von Visoko«.

Die zweite, überragende Persönlichkeit der slowenischen Literatur neben Prešeren war Ivan Cankar (1876–1918). Seine Werke erzählen vor allem von persönlichen Schicksalen, vom Elend der Menschen im ländlichen und städtischen Slowenien. Als »poetische Umdichtung« des Kommunistischen Manifestes wurde seine Erzählung »Der Knecht Jernej« berühmt.

Die Moderne hat eine Vielzahl slowenischer Autoren hervorgebracht, deren Themen nach Ende des Zweiten Weltkrieges um den Widerstand der Partisanen und um die sozialistische Arbeitswelt kreisten. Doch 1952 forderten die slowenischen Autoren beim Schriftstellerkongreß in Ljubljana den Vorrang der Kunst vor der Ideologie und legten damit den Grundstein für eine von der Politik unabhängige Literatur. In deutscher Sprache sind bislang nur wenige Werke moderner slowenischer Autoren erschienen. Einen guten Überblick über das Literaturschaffen Sloweniens gibt die von der Deutsch-Slowenischen Gesellschaft herausgegebene Broschüre »Slowenische Literatur in deutscher Übersetzung«, die 1997 erschienen ist und bei der Gesellschaft bestellt werden kann (Adresse s. S. 219).

Kein Bühnenautor, sondern ein begnadeter Theaterregisseur sei beispielhaft für die jüngste Generation slowenischer Künstler vorgestellt: Tomaž Pandur, Jahrgang 1963, hat es bislang als einziger Slowene geschafft, nicht nur Eingeweihte, sondern ein breites Publikum mit seinen kühnen Inszenierungen zu begeistern. Bereits mit 27 Jahren wurde er zum künstlerischen Leiter des Mariborer Theaters berufen, wo er mit seinem engagierten Ensemble ein wahres Feuerwerk am Theaterhimmel entzündete. Seine Adaption von Dantes »Divina Comedia« wurde bei allen wichtigen Festivals in Europa gefeiert – und das obwohl in slowenischer Sprache gespielt. Weitere Inszenierungen von »Faust«, »Maria Stuart« und des orientalischen Märchenspiels »Scheherasade« festigten Panduras Ruf, einer der begabtesten jungen europäischen Theaterregisseure zu sein. 1996 verließ Pandur nach Differenzen mit dem Magistrat seine Heimatstadt.

Musik – Vom Teufelsgeiger Tartini zum Exportprodukt Oberkrainer

Wohl kein anderes Ensemble ist so sehr mit der Vorstellung slowenischer Musik verbunden wie die »Oberkrainer« von Slavko Avsenik. Dabei besitzen die Slowenen durchaus eine Musiktradition jenseits medienwirksamer Folklore. Unter den berühmten Geigenvirtuosen des 18. Jh. glänzte beispielsweise der Slowene Giuseppe Tartini. Er wurde 1692 in der Hafenstadt Piran geboren. Vor seiner Familie, die ihn als Geistlichen sehen wollte, flüchtete der musikbesessene junge Mann nach Ancona und fand eine Anstellung als Orchestergeiger. Dank seiner Virtuosität machte er bald Karriere, spielte in berühmten Kirchenorchestern und gründete in Padua eine Musikakademie. Legenden kreisten zu Lebzeiten um seine Fingerfertigkeit, man unterstellte ihm einen Pakt mit dem Teufel – und der alternde Tartini festigte diesen Aberglauben noch, indem er vorgab, der Beelzebub selbst hätte ihm im Traum seine schönsten Stücke und

den berühmten »Teufelstriller« eingegeben. Tartini starb 1770 und hinterließ ein umfangreiches kompositorisches Werk mit über 130 Violinkonzerten.

Auf ein wesentlich größeres Repertoire können die »Oberkrainer« nach knapp 50 Jahren emsigen Schaffens zurückblicken. Gegründet wurde das Ensemble im Ort Begunje, wo die Eltern von Slavko und Vilko Avsenik eine Dorfkneipe betrieben. Die Brüder spielten für die Gäste und entwickelten dabei einen eigenen Stil, den sie später mit mehreren Musikern des angesehenen Radio-Orchesters von Lijubljana perfektionierten. Slavko Avsenik griff auf traditionelles Liedgut zurück, das er für die slowenische Volksmusik ungewöhnlich instrumentierte: Mit Klarinette und Bariton-Horn schuf er den besonderen Avsenik-Sound. Als der BR-Moderator Fred Rauch 1953 im Österreich-Urlaub zufällig eine Einspielung der Avsenik-Brüder hörte, begann ihr Siegeszug im deutschsprachigen Raum. Rauch holte die Truppe nach München, nannte sie »Oberkrainer«, sorgte für Plattenverträge und spielte ihre Musik in seinen Sendungen. Slavko Avsenik kann sich heute mit Recht als Begründer der inzwischen so beliebten Pseudo-Volksmusik fühlen, die besonders in Deutschland unzählige Nachahmer gefunden hat. In Slowenien selbst waren die »Avseniki« übrigens bei weitem nicht so beliebt wie bei uns.

Eines haben die Pseudo-Volksmusiker allerdings gründlich geschafft. Die traditionelle Musikfolklore Sloweniens ist durch ihr Wirken fast völlig in Vergessenheit geraten. Instrumente wie die Panflöte *žvegla* oder die *plonarca,* eine Ziehharmonika aus dem Westen Sloweniens, kann heute kaum noch jemand spielen, die alten melancholischen Weisen wurden durch Polka und Walzer verdrängt. Die slowenische Musikethnologin Mira Omerzel-Terlep hat einige Musikanten und Orchester aufgestöbert, die dem Sog der populären Volksmusik trotzend die Kenntnis der alten Weisen und Instrumente erhalten haben. Sie hat eine umfangreiche Sammlung der traditionellen Musik aus den verschiedenen Regionen Sloweniens zusammengestellt, und der Münchner Trikont-Verlag wagte die sicherlich unrentable Aufgabe, die schönsten Weisen Sloweniens auf einer sehr sorgfältig dokumentierten CD herauszubringen. Sie erschien 1991 unter dem Titel »Der Bleiche Mond – bledi mesec« und ist in gut sortierten Folklore-Plattenabteilungen erhältlich oder kann direkt beim Verlag bestellt werden (Trikont – unsere Stimme, Kistlerstr. 1, 81539 München).

Bevölkerung und Religion

Sloweniens Bevölkerung ist auch heute noch von den beiden benachbarten Sprach- und Kulturzonen Österreich und Italien geprägt. In den Grenzregionen zu Österreich, in Štajerska, Koroška und teils auch in Gorenjska, sprechen die meisten Menschen neben dem Slowenischen fließend deutsch. Das Brauchtum mit seinen Volksliedern, Tänzen, Schützen- und Weinfesten erinnert an alpenländische Traditio-

Oberkrainer-Kapelle aus Begunje

nen, allerdings verfremdet mit einem Schuß slawischer Melancholie. In Notranjska und Primorska dagegen wird italienisch parliert, gehören Cappuccino und Prosecco zum genießerischen Alltag. Begierig wird das Songfestival von San Remo verfolgt, und Berichte über italienische Stars und Sternchen füllen die Klatschspalten der slowenische Zeitungen und Fernsehsender aus Koper.

Die Sprache der Bauern

Das Slowenische gehört zu den südslawischen Sprachen und ist in eine erstaunliche Vielzahl von Dialekten unterteilt: Sieben Hauptgruppen mit insgesamt 46 Unterdialekten werden von den nur 2 Mio. Slowenen gesprochen. Die Zersplitterung führen Linguisten auf die geographische Isoliertheit der ländlichen Bevölkerungsgruppen und auf die erst spät entstandene Schriftsprache zurück. Sie ist eine Synthese der Dialekte, die in Gorenjska und Dolenjska (Ober- und Unterkrain) gesprochen werden. Die Slowenen benutzen seit der ersten Aufzeichnung eines slowenischen Dokumentes in den Freisinger Denkmälern (s. S. 43) die lateinische Schrift, die für die Buchstaben š, č und ž mit diakritischen Zeichen ergänzt wurde. Durch die politische wie kulturelle Vorherrschaft des Deutschen fand die slowenische Sprache erst Mitte des 19. Jh. auch unter den Intellektuellen eine größere Verbrei-

tung. Noch damals dichtete sogar der slowenische Nationalautor France Prešeren in deutscher Sprache:

>*»Deutsch sprechen in der Regel*
>   *hier zu Lande*
>*Die Herrinnen und Herren die be-*
>   *fehlen*
>*Slowenisch die, so von dem Die-*
>   *nerstande.«*

Ab dem 8. Jh. war Slowenien kulturell zweigeteilt: in die weltliche und kirchliche Oberschicht deutscher Provenienz und in die einfache slowenische Bevölkerung. Wer den Herren dienen wollte – sei es als Sekretär, als Zimmermädchen oder als Köchin –, mußte die deutsche Sprache beherrschen. Slawische und die älteren illyrisch-keltischen Ortsnamen wurden germanisiert. Viele Städte und Regionen Sloweniens tragen heute noch ihren slowenischen und den deutschen Namen; besonders in Österreich ist es gang und gäbe, Maribor als Marburg oder Ljubljana als Laibach zu bezeichnen. Der Großteil der Bevölkerung war sprach- und schriftlos, bis unter dem Einfluß der Reformation die ersten im Slowenischen aufgeschriebenen Bücher erschienen. Kein Wunder, daß sie als Zeugnisse einer eigenen, von den Deutschen unabhängigen Kultur aufgenommen und von den Herrschenden verbissen bekämpft wurden. Ihnen lag nicht nur der Sprengstoff reformatorischen Gedankenguts inne, sondern vor allem der einer drohenden slowenischen Identitätsfindung.

Die Sprache prägte schließlich auch den letzten großen deutsch-slowenischen Konflikt. Kaum hatten deutsche Truppen im Zweiten Weltkrieg slowenisches Gebiet besetzt, wurden die alten deutschen Orts- und Straßennamen wieder offiziell eingeführt und der slowenische Unterricht in der Schule beendet. Mit dem neuen Schuljahr 1941/2 gab es nur noch deutschsprachige Lehrer. Aus den Bibliotheken und Museumsarchiven verschwand die slowenische Literatur – in Maribor blieben von 40 000 Bänden der Universitätsbibliothek nach der Säuberung nur noch knapp 3500 erhalten. Slowenen, die als »nicht eindeutschungsfähig« angesehen wurden, ließ man kurzerhand nach Kroatien deportieren oder in KZs verschwinden. Slowenien, so Hitler anläßlich seines Besuches in Maribor am 26. April 1941, sollte deutsch werden. Im Gegenzug verfuhren die Partisanen nach ihrem Sieg 1945: Jeder, der Deutsch sprach, war der Kollaboration mit den Nazis verdächtig.

Die Hinwendung der Slowenen zu den südslawischen Brudervölkern der Kroaten und Serben mag eine Folge davon gewesen sein, daß der deutsche Kulturkreis durch die gesamte slowenische Geschichte bis 1945 nur als repressive Kultur der Herrschenden in Erscheinung trat. Erst in jüngerer Zeit gehen die Menschen unbefangener mit der deutschen Sprache um, doch noch heute werden die im Land verbliebenen Deutschstämmigen weder als nationale Gruppe registriert noch als »nationale Minderheit« klassifiziert – im Gegensatz zu den Italienern.

Die Entwicklung in den von Venedig beherrschten Küstenstädten verlief ähnlich: Italienisch war die Sprache der Oberschicht, und nach dem slawischen Intermezzo im Königreich der Slowenen, Kroaten und Serben kehrte es mit der Okkupation 1941 unter Mussolini mit voller Gewalt zurück. Dennoch sind an den Gebrauch der italienischen Sprache nie dieselben Ressentiments gebunden gewesen wie an das Deutsche. Noch heute leben im slowenischen Teil Istriens viele ältere Menschen, die das Slowenische nie gelernt haben und beim Einkaufen oder bei Behördengängen ganz selbstverständlich italienisch sprechen.

Die Slowenen und ihre nationalen Minderheiten

Trotz der wechselhaften Geschichte besitzt Slowenien eine erstaunlich homogene Bevölkerung: Fast 90 % der knapp zwei Mio. Einwohner sind slowenischer Herkunft, über 5 % stammen aus Kroatien und Serbien. Die restlichen Einwohner kommen aus Bosnien, Montenegro und Albanien oder sind ungarischer und italienischer Abstammung. Außerdem leben etwa 7000 Roma auf slowenischem Staatsgebiet. Über deutschstämmige Slowenen geben die Statistiken zwar Auskunft, doch werden sie nicht als nationale Minderheit anerkannt. Dieses Recht steht ausschließlich Ungarn und Italienern zu.

Ähnlich wie italienische Sprache und Lebensweise die gesamte Region des Primorska prägen, sind Einflüsse der ungarischen Kultur im äußersten Osten Sloweniens, in Prekmurje, unübersehbar. Die Verfassung garantiert den nationalen Minderheiten das Recht, in ihren Heimatregionen in der eigenen Sprache unterrichtet zu werden und sich ihrer auch auf Ämtern und Behörden zu bedienen. Im Parlament sind Italiener und Ungarn durch einen gewählten Abgeordneten der jeweiligen Volksgruppe vertreten.

Die Roma dagegen werden nicht als nationale Minderheit mit Sonderstatus betrachtet. Zwar gibt es Forderungen nach Roma-sprachigem Unterricht zumindest in den ersten Grundschuljahren, doch scheitert dies, so die offizielle Lesart, bislang am Mangel geeigneter Lehrkräfte. Im Gegensatz zu Italienern und Ungarn leben die Roma – viele der Familien wurden bereits im 14. Jh. auf slowenischem Gebiet heimisch – auf der untersten Sprosse der sozialen Stufenleiter. Armut, hohe Säuglingssterblichkeit, großer Anteil an Analphabeten sind kennzeichnend für die Roma-Gemeinschaft, die vor allem entlang den Grenzen zu Ungarn und Kroatien lebt. Die slowenische Bevölkerung begegnet den *cigani* (Zigeuner) mit Ablehnung. »Holt die Wäsche von der Leine, die Zigeuner kommen« ist nur eines der vielen Sprichwörter, die negativ auf

Roma Bezug nehmen. Darin unterscheiden die Slowenen sich nicht von ihren Nachbarn in Europa.

Slowenische Minderheiten leben in den Nachbarländern Österreich (Kärnten) und Italien (um Triest). Das Verhältnis zu den Kärntner Slowenen ist spannungsgeladen. Einerseits sieht man sich in Ljubljana auch als Verfechter der Minderheitenrechte im Nachbarland und unterstützt die Forderungen der Landsleute nach der Gleichstellung slowenischer und deutscher Sprache in den von Slowenen bewohnten Gebieten. Andererseits stellten die grundkonservativen Slowenen jenseits der Grenze die Solidarität ihrer Landsleute vor allem in gesamtjugoslawischen Zeiten vor eine schwierige Zerreißprobe. Ungeachtet der ideologischen Grundhaltung haben die Kärntner Slowenen einiges zum Erhalt und zur Verbreitung slowenischer Literatur im deutschen Sprachraum beigetragen. Die beiden wichtigsten Verlage, Drava und Hermagoras, beide mit Sitz in Klagenfurt, haben die Werke fast aller bedeutenden slowenischen Autoren in deutscher Sprache publiziert.

Die schwierigen Nachbarn

Die Slowenen stehen ihren südlichen Nachbarn und ehemaligen Landsleuten mit großer Skepsis gegenüber. Die Erfahrungen mit dem serbischen Zentralismus zwischen 1918 und 1941 im Königreich Jugoslawien und zwischen 1945 und

1991 in der Sozialistischen Republik waren nicht dazu angetan, das Vertrauen in die südslawischen Brudervölker zu stärken. Die Slowenen stellten 8 % der Bevölkerung, erwirtschafteten aber 16 % des BSP. Mit slowenischen Gewinnen wurden defizitäre Staatsunternehmen im Süden finanziert, slowenische Steuerzahler unterstützten die unterentwickelten Republiken anstatt für den eigenen Wohlstand zu wirtschaften. Der latent schon immer bestehende Nord-Süd-Konflikt zwischen den »fleißigen« Slowenen und den »Müßiggängern« gewann dadurch an Schärfe.

Die kulturelle Hegemonie der Serben war den Slowenen ein besonders großer Dorn im Auge: Durch die Wahl des Serbokroatischen zur Amtssprache konnte man

Die Religiösität hat den Sozialismus auch in Slowenien überlebt: Marienverehrung am Wegesrand

sich plötzlich mit den Kollegen in den Ministerien, mit Beamten und Geschäftsleuten nur noch in einer Sprache verständigen, die dem Slowenischen zwar verwandt, aber durchaus fremd genug ist, daß sie in den Schulen eigens unterrichtet werden mußte. Die Gegenreaktion nach der Unabhängigkeit folgte prompt und heftig: Englisch und Deutsch verdrängten das Serbokroatische vom Unterrichtsplan, und mit diebischer Freude ließ so mancher Slowene Touristen aus Zagreb oder Belgrad auflaufen, indem er vorgab, kein Serbokroatisch zu verstehen und zu sprechen.

Die Kraft der Religion

Der katholische Glaube hat in Slowenien tiefe Wurzeln geschlagen. Dem protestantischen Intermezzo kam weniger religiöse als kulturelle Bedeutung als Sprachrohr einer eigenständigen slowenischen Identität zu. Noch heute ist der Anteil der Protestanten und Serbisch-Orthodoxen verschwindend gering. Die katholische Kirche unterstand mit ihren zahlreichen Klöstern den Diözesen Salzburg und Aquilea und war stets ein Hort der deutsch dominierten Kultur in Slowenien. Auch in der sozialistischen Ära lebte die katholische Kirche weiter. Wirkliche Repressionen waren zwar nicht zu erwarten, doch war übergroße Frömmigkeit nicht gern gesehen. Mit der Unabhängigkeit Sloweniens erlebte die katholische

Kirche ihr großes Comeback. Nun konnten die Slowenen endlich wieder in Prozessionen und Wallfahrten durchs Land ziehen und ihre kirchlichen Feiertage begehen, die zuvor abgeschafft worden waren. 1996 kam Papst Johannes Paul in die junge Republik und löste einen wahren Freudentaumel aus.

Im Zentrum des Volksglaubens steht unübersehbar die Marienverehrung. Zahllos die Kirchen und Kapellen, die der Muttergottes geweiht sind; fast alle bedeutenden Wallfahrten wie die nach Ptujska gora führen zu einem besonders verehrten Marienbild oder einer -statue. Unter dem Dach des Katholizismus hat sich wie in vielen anderen Ländern eine gehörige Portion Aberglauben erhalten. Auch prächristliche Riten sind heute noch lebendig, im Kurentenlaufen von Ptuj beispielsweise, wenn in den Faschingswochen furcherregende Masken die Dämonen des Winters vertreiben, oder in der Region von Bohinj, wo die Šeme die Geister der Toten verkörpernd den Lebenden Glück und Fruchtbarkeit fürs neue Jahr bescheren sollen.

Feste und Brauchtum

Die großen Volksfeste der Slowenen finden fast ausschließlich an den hohen kirchlichen Feiertagen statt, wobei der Karwoche eine besondere Bedeutung zukommt. In der Nacht vom Karsamstag zum Ostersonntag versammeln sich die Gläubigen in den Kirchen, um Eier und Fleisch segnen zu lassen. Viele pilgern am Karsamstag auch zu den großen Wallfahrtsstätten. Eine zweiter bedeutender kirchlicher Festtag ist die »Kreuzerhöhung«, die am 14. September gefeiert wird. Auch der 15. August (Mariae Himmelfahrt) wird als bedeutender Festtag in den zahlreichen der Gottesmutter geweihten Kirchen und Kapellen begangen.

Namenstage von Schutzheiligen feiern die Menschen auf dem Land häufig mit einem *sejem,* einer Art Jahrmarkt im Umkreis der Kirche. Die Bevölkerung nutzt die Gelegenheit, sich mit Freunden und Verwandten zu treffen und bei einem *dezi* Wein oder einem Glas Bier neue Kontakte zu knüpfen. Häufig sind bei diesen Gelegenheit auch Musikkapellen und Volkstanzgruppen anzutreffen. Auf dem Markt gibt es Allerweltswaren zu kaufen, aber auch kunsthandwerkliche Töpfer- oder Flechtarbeiten aus der Region.

In den Weinbauregionen Ostsloweniens finden zur Zeit der Traubenernte Ende September/Anfang Oktober zahlreiche Volksfeste statt. Zusammen mit den Erntehelfern feiert man auf den Weingütern und in Weingenossenschaften den neuen Tropfen. Die Weinernte selbst ist trotz der Strapazen ein beliebter Zeitvertreib. Bekannte und Freunde des Weinbauern kommen zum Helfen und erhalten dafür abends eine deftige Mahlzeit, natürlich immer mit fröhlicher musikalischer Untermalung.

Traditionelles Brauchtum ist in der ländlichen Architektur und in den Trachten lebendig. Die Unterschiede zwischen ungarischem, alpenländisch-deutschem und italienischem Einfluß sind in Häusern und Tracht deutlich auszumachen. In der Pannonischen Tiefebene stehen noch viele Bauernhöfe aus bunt bemaltem Holz und mit Stroh gedeckt. Die weißleinenen Trachten mit den weiten, gefälteten Blusen und die mit Bändern geschmückten Hauben der Frauen sind deutlich ungarischer Herkunft, ebenso die Felljacken oder -Westen der Männer. Eine Besonderheit des östlichen Slowenien sind die *klopotci* (sing. *klopotec*). Sie werden im Herbst in den Weinbergen aufgestellt, um die räuberischen Vögel fernzuhalten. Auf einer hohen Stange ist ein hölzernes Windrad montiert, das einen Schlegel anhebt und wieder freigibt, so daß er gegen die Stange schlägt. Das dabei entstehende Klappern vertreibt die Vögel, die es auf die reifen Trauben abgesehen haben. Das vielstimmige Geklapper der *klopotci* zeigt jedem an, daß die Weinlese nicht mehr fern ist.

Reisende aus dem 18. und 19. Jh. berichten, daß Blau die Lieblingsfarbe der Alpen-Slowenen gewesen sei – und noch heute sieht man so manchen älteren Bauern zwar nicht in blauem Gewand, aber doch mit einer blauen Arbeitsschürze auf dem Hof oder im Weinberg hantieren. Die Häuser in Kranjska und Štajerska bestehen zumeist aus fest gemauertem Erdgeschoß und einem aus Holz errichteten ersten Stock, das Dach mit Schindeln gedeckt. Auch ein besonderer »Scheunen«-Typ hat sich in der Region erhalten: Die *kozolci* (Sing: *kozolec*) genannten Heuharfen dienen zum Trocknen des frisch gemähten Grases und bestehen aus einem überdachten Holzgestell mit Querstreben, über die das Heu geschichtet wird. Wohlhabende Bauern errichten einen *topler,* einen doppelten *kozolec.* Er hat den Vorteil, daß zwischen den beiden Heuharfen unter dem

Schutz des Daches auch noch landwirtschaftliches Gerät Platz findet. Auf dem *kozolec* werden auch Maiskolben getrocknet.

Da in Slowenien viele Imker ihrem Beruf oder Hobby nachgehen, haben sich die Menschen seit Jahrhunderten um die Verschönerung ihrer Bienenstöcke bemüht. Die mit naiven Bildern bemalten »Bienenkorbbrettchen« findet man heute allerdings nicht mehr an Ort und Stelle. Als Sammelstücke wurden die hübschen Holzmalereien an Museen und Liebhaber naiver bäurischer Kunst verkauft. Alpenländisch gewandet kommen die Menschen darauf zu den Volksfesten: Knielange Hosen und Tirolerhut schmücken die Männer, ein Dirndlähnliches Kleid mit Schürze die Frauen. Auch zahlreiche Szenen aus der abergläubischen Geschich-

Beliebte Volkskunst in Teilen Sloweniens: Bienenkorbmalerei

tenwelt wurden auf den Bienen-korbbrettchen abgebildet: Der Teufel als schwarze, mit Flügeln und Bocksfuß gezeichnete Gestalt, wie er mit energischen Bäuerinnen verhandelt und schließlich vor den schlagfertigen Weibern fliehen muß, ist ein beliebtes Motiv. Ebenso die Jungmühle, in die alte Weiblein geworfen werden. Nach dem Mahlen werden sie als hübsche junge Mädchen »wiedergeboren«. Die Bienenkorbmalerei ist nur in einer eng begrenzten Region Sloweniens, in Gorenjska, Koroška und dem Westen von Štajerska beheimatet, die schönsten Exponate sind im slowenischen ethnographischen Museum in Ljubljana (s. S. 75) und im Imkermuseum von Radovlica (s. S. 101) ausgestellt.

Gegen Westen dominieren Steinhäuser romanischer Prägung, geschmückt mit Blumentöpfen, in denen die Mittelmeerpflanzen Oleander und Hibiskus wuchern. Viele Dächer bestehen hier aus schweren Steinplatten. Sie müssen der Wucht des Nordostwinds Bora widerstehen, der die Küstenregionen im Herbst und Winter heimsucht. Die kleinen Fenster halten Hitze und Wind draußen und geben den istrischen Höfen einen sehr verschlossenen, defensiven Charakter. Der italienische Einfluß spiegelt sich in den Trachten. Die Frauen tragen ein weites, gerade geschnittenes langes Hemd und ziehen darüber ein ärmelloses in hundert Falten fallendes und vorne geöffnetes Kleid. Den Kopf ziert eine weiß bestickte Haube, die *peča*.

Aus Küche und Keller

Eine deftig-bäuerliche Küche, in die Einflüsse aus den Nachbarländern Ungarn, Österreich, Italien und den südlichen jugoslawischen Republiken hineinspielen, erwartet den Gast in Slowenien. Allerdings ist es nicht immer einfach, die wahren Köstlichkeiten zu entdecken, denn der Einheitsbrei internationaler Gerichte hat die Originalität der regionalen Küchentraditionen gründlich verwischt. Erst in jüngster Zeit besinnen sich die Köche nicht nur in den als Geheimtips gehandelten ländlichen Gasthöfen, sondern auch in eleganten Restaurants ihrer kulinarischen Wurzeln und kehren zum mütterlichen Rezeptbuch zurück. Wiener Schnitzel oder die südjugoslawischen Nationalspeisen Čevapčiči und Ražniči sollten in Slowenien tabu sein – die slowenische Küche hat besseres zu bieten!

Über hundert verschiedene Suppen werden in Slowenien aufgetischt. Klare Fleischbrühe mit Fleischeinlage, *obara,* oder mit Hühnchen, *kurja obara,* werden gehaltvoller, wenn Nudeln *(rezanci)* oder die in vielen Variationen beliebten *ajdovi žganci* (s. u.) eingekocht werden. In der Pilzsaison serviert so gut wie jedes Lokal Suppe mit Pfifferlingen *(lisičke)* oder Steinpilzen *(jurčki),* verfeinert mit Sahne. Häufig gibt es auch Kartoffelsuppe *(krompirjeva juha)* oder Bohnensuppe *(fižolova juha).* Der Übergang zum Gemüseeintopf *enolončnica,* in dem alles verkocht wird, was der Küchengarten hergibt, ist fließend. Häufig wird er mit Graupen angedickt. Ein beliebter Eintopf auf den Speisekarten der küstennahen Regionen ist die aus Rauchfleisch, Kraut und Bohnen komponierte *jota*.

Beliebteste kalte Vorspeise ist der in der Bora luftgetrocknete Schinken aus Istrien, *pršut*, serviert mit Oliven. Dazu gibt es in ländlichen Gaststätten deftige Wurst *(klobasa)* aus der hauseigenen Schlachterei und eine riesige Haube *zaseka*. Diese besteht aus gemahlenem rohen Speck, der mit Rauchfleisch eingepökelt wird.

Štruklji, Strudel, fungiert in Slowenien nicht nur als süßer Nachtisch, sondern mit unterschiedlichsten Füllungen auch als Vorspeise oder Beilage zum Hauptgericht. Mit Fleisch, Griebenfett oder *pehtran* (Estragon) verfeinert wird der Strudel gekocht und als Entrée serviert. Der Teig der *Ajdovi štruklji* wird aus Buchweizenmehl geknetet und sieht gräulich aus. Lange Zeit war diese Arme-Leute-Speise nicht fein genug für die Gastronomie, heute gilt es fast schon als Gütesiegel, wenn ein Restaurant Buchweizenprodukte, *štruklji* oder *žganci* (s. u.) auf der Speisekarte führt.

Vielfältig variierbar ist das Nationalgericht schlechthin, die *žganci*, im italienischen Einflußbereich Polenta genannt. Slowenische *žganci* werden aus Weizengries, Buchweizenmehl *(Ajdovi žganci)* oder aus Mais *(polenta)* zu einem dicken Brei

Das Dessert darf nicht fehlen!

gekocht, der je nach Tageszeit mit Beilagen und Saucen verfeinert wird: Zum Frühstück ißt man *žganci* mit Milch und Zucker, gelegentlich aber auch deftig mit ausgelassenem Griebenschmalz übergossen. Als Beilage werden *žganci* zu Wild- und Fleischgerichten oder zu einer aromatischen Pilzsauce serviert. Auf »Krainer Art« kommen sie mit Sauerkraut und *Kranjska klobasa*, Krainerwurst, auf den Tisch. Hinter dem Begriff *žganci* können sich auch Gnocci-ähnliche Klößchen aus Kartoffelteig verbergen. Ebenfalls zur *žganci*-Familie zählen die um Idrija heimischen *žlikrofi,* Teigröllchen aus Weizenmehl, die wiederum je nach Region und Tageszeit süß oder salzig gefüllt als Beilage oder Nachspeise gereicht werden.

Fleisch gab es früher in ländlichen Regionen nur an Festtagen; heute sind Hauptgerichte vor allem aus Schwein und Geflügel nicht mehr vom heimischen Herd wegzudenken. Schwein, Ferkel, Hühnchen und häufig auch Poularde *(puran)* werden zumeist als Braten serviert, während Rindfleisch nicht selten gekocht als Tafelspitz mit Gemüse und Salz- oder Röstkartoffeln auf den Speisekarten steht. Köstlich schmecken die Rindsrouladen *zvitki,* die als Spezialität von Gorenjska gelten. Im Herbst bereichert Wild die slowenische Küche. An den Schlachttagen im Herbst verwandeln sich die Bauernhöfe in improvisierte Gasthäuser, zu denen man pilgert, um *koline* zu essen. Koline umfaßt alle Schlachterzeugnisse, vom Fleisch über Innereien bis zu den vielfältigsten Würsten. Über 20 slowenische Wurstarten soll es geben, und die heimische Küche kennt über 50 Variationen, Schweinefleisch zu verarbeiten! Obenan auf der Hitliste der Gemüsebeilagen steht Kraut: Im Sommer Weißkraut, *sladko zelje,* im Winter meist Sauerkraut, *kislo zelje.*

In den Weinbauregionen kommt manchmal ein tierischer Schädling der Rebenpflanzungen auf den Tisch: Weinbergschnecken. Obwohl sie als Delikatessen gelten, sind sie in Slowenien recht preiswert. Auch Frösche aus den Flußauen im Osten Sloweniens landen gelegentlich auf der Speisekarte, ebenso die inzwischen recht seltenen Flußkrebse.

Womit wir bei der Fischküche angelangt wären: Sloweniens Seen und Flüsse sind die Heimat von Forellen und Karpfen. Forellen werden meist *bleu* oder vom Grill und mit viel Knoblauch verfeinert serviert, gelegentlich aber auch paniert, was nicht jedermanns Geschmack ist. Die wasserreiche Region um Bled und Bohinj ist ein wahres Forellenparadies. Berechnet werden die Fische nach Gewicht. Die Meeresfauna ist im Vergleich zum Artenreichtum der süßen Gewässer recht arm – kein Wunder bei der Dichte der Besiedlung und der großen Zahl von Häfen. Viel Sauerstoff bleibt den Fischen angesichts der Verschmutzung ihrer Umwelt nicht. Dafür gedeihen aber Miesmuscheln und Tintenfisch, in Slowenien *kalamari* genannt. Letztere werden frittiert oder paniert zubereitet.

Wer nach so viel gehaltvoller Kost noch Platz im Magen hat, kann sich auf eine breite Palette köstlicher Süßspeisen stürzen, deren traditionelle Basis, *štruklji,* bereits beschrieben wurde. Nach den Hauptspeisen kommen sie süß und gefüllt mit Quark *(skuta),* Mohn *(mak),* Äpfeln *(jabolke)* oder Nüssen *(orehi)* auf den Tisch. Ein Hochgenuß ist die *gibanica,* die im Nordwesten beheimatet ist: Der Strudelteig wird in mehreren Lagen übereinandergeschichtet und mit all den oben beschriebenen Füllungen bestrichen.

Ihr Pendant im übrigen Slowenien ist die *potica,* die meist mit Nüssen gefüllt wird, zu besonderen Gelegenheiten wie zu Ostern oder am Schlachttag aber auch mit Speck und Grieben als Beilage zum Fleisch gereicht wird. Der Bienenzuchttradition entspringt eine der ältesten slowenischen Süßigkeiten, die man heute aber nur noch selten bekommt: Lebzelten, *medeno pecivo.* Beheimatet sind die meist herzförmig gebackenen Kuchen aus Honigteig, der stark mit Zimt und Pfeffer gewürzt wird, im mittleren Slowenien.

Soviel zu den Grundlagen der slowenischen Kochkunst! Je nach Jahreszeit und Region wird auf der Basis dieser Gerichte stark variiert: Gewürze und Rezepte aus den Nachbarländern beleben die Küche, und die gerade gereiften Beeren, Pilze und Früchte sorgen für den besonderen, zur Jahreszeit passenden Geschmack. Sloweniens Küche ist sehr bäuerlich und selten kalorienarm. Doch gibt es inzwischen auch Spitzenköche, die ihre Aufgabe nicht im Nachkochen internationaler Rezepte, sondern in der Verfeinerung der traditionellen Gerichte und in ihrer Anpassung an moderne Eßgewohnheiten sehen. Solche besonders empfehlenswerten Lokale werden ausführlich im Reiseteil vorgestellt.

Zum Essen trinkt man Wein *(vino),* Bier *(pivo),* Mineralwasser *(mineralna voda,* meist die Marke Radenska) oder Fruchtsäfte *(sadni sok).* Die Menge wird immer in *deci,* also Deziliter, gemessen. Den Abschluß eines gehaltvollen Essens bildet der türkische Kaffee *(turška kava),* zu dem man gerne einen Schnaps kippt. Am berühmtesten ist natürlich der aus Pflaumen gebrannte Slivovitz *(slivovka),* der meist aus einer heimischen Destillerie stammt. Der beste Slivovitz Sloweniens wird angeblich von den Kartäusermönchen des Klosters Pleterje gebrannt; sie stellen auch einen herben Birnenschnaps *(Pleterska hruška)* her. Gute Tresterschnäpse, *loza* oder *tropinovec* genannt, kommen aus den Weinbauregionen.

Noch ein Wort zu den Restaurants: In einer *restavracija* wird Küche unterschiedlicher Provenienz serviert, heimische Spezialitäten sind natürlich auch dabei. *Gostilna* oder *gostišče* läßt sich mit Gasthaus übersetzen und bietet, je nach Standard, vor allem lokale Spezialitäten, oft auf recht einfachem, häufig aber auch auf Feinschmeckerniveau. Ein *pušenšank,* in Österreich Buschenschank genannt, kann, muß aber nicht ganzjährig geöffnet sein. Häufig sind es mehr oder weniger improvisierte Kneipen oder Gartenlokale, die um die Zeit der Weinlese herum eröffnet und dann wieder geschlossen werden. Sie servieren den jungen Wein und eine kleine Auswahl bäuerlicher Gerichte. Die Portionen sind überall sehr großzügig bemessen; wer sich durch Vor-, Haupt- und Nachspeise essen möchte, braucht eine gute Kondition und Riesenhunger!

Kleine Weinkunde

Die besten slowenischen Weine kommen aus der Region Podravje im Osten

Vor dem Zweiten Weltkrieg galten Sloweniens Weine, vor allem jene aus der Region Ljutomer/Jeruzalem, als hervorragende Tropfen. In der jugoslawischen Epoche ist vom guten Ruf wenig übriggeblieben, denn die heimischen Trauben wurden mit Trauben aus anderen Republiken Jugoslawiens zu billigem Tafelwein verpanscht. Seit der Unabhängigkeit sind Sloweniens Winzer nun mit aller Kraft bemüht, dem schlechten Ruf ihrer Tropfen entgegenzusteuern. Mit zahlreichen internationalen Auszeichnungen wurden sie für die Mühe belohnt.

Slowenien besitzt drei große Weinbaugebiete: das an Italien und Adria grenzende Karstland **Primorska,** das südlich der Save in Doljenska gelegene **Posavje** und die nördlich davon angesiedelte Region **Podravje,** die im Osten fast bis nach Ungarn reicht. Die meisten Winzer sind in örtlichen Weinbaugenossenschaften zusammengeschlossen (VINAG Koper, VINAG Maribor) und lassen ihre Trauben in den zentralen Weinkellern pressen. Einige große Unternehmer verkaufen edle Namen unter eigenem Namen und Etikett. Zu diesen Markenweinen gesellen sich unzählige heimische Weine *(domače),* die von den kleinen Weinbauern für den Eigenbedarf produziert oder an nahe Gaststätten und Restaurants verkauft werden. In den »Buschenschänken«, die nach der Traubenernte in den Weinhügeln ihre Pforten öffnen, gibt es jedes Jahr den ersten jungen Wein zu verkosten. Allgemein kann man sich folgende Regel merken: Aus dem Karst kommen hervorragende Rotweine, während weiße Sorten in den östlich von Ljubljana liegenden Regionen gekeltert werden.

Teran, Refošk und **Merlot** stammen aus den Weinbaugebieten Koper und Kras (Karst, Kellerei in Sežana). Es sind schwere Weine, genährt von der Fruchtbarkeit der roten Erde, die sich hervorragend mit dem Schinken *pršut* vertragen. Nur im Norden der Primorska werden auch weiße Tropfen wie **Rebula, Malvasier** und **Tokaj** gekeltert: Ihr Zentrum ist der Weinkeller von **Goriška Brda**, wo auch ein hervorragender **Pinot blanc** und **gris** der Vollkommenheit entgegenreift. Aus dem Vipava-Tal (Weinkeller Vipava) kommt neben den oben beschriebenen Sorten auch der elegante, weiße **Vipavec.**

Dolenjska, das ehemalige Unterkrain, produziert hervorragende Weißweine wie **Sauvignon, Chardonnay** und den weit über die Grenzen der Region berühmten **Cviček.** Vor allem in den Klöstern wie Kostanjevica und Pleterje widmen sich die Mönche der Pflege dieses stark säurehaltigen Weines. **Bela Krajina** ganz im Süden der Podsavje-Region hat sich einen guten Namen mit der Aufzucht von Trauben für **Eiswein** gemacht. Daneben gedeiht auch ein hervorragender **Welschriesling** (Weinkeller Metlika).

Podravje produziert unbestritten die Spitzenreiter unter den slowenischen Weinen. Im historischen Weinkeller von Maribor werden die edlen Sorten aus dem nordwestlichen Teil der Region gelagert: Welsch- und Rheinriesling, Grüner Sylvaner, Sauvignon, Pinot blanc und gris sind in sehr guten Qualitäten vertreten. Aus mehreren Rebsorten mischt die VINAG Maribor einen der beliebtesten Tafelweine dieser Gegend, den weißen **Mariborčan,** der leicht und kühl an Sommertagen am besten schmeckt. Ljutomer ist das Weinbauzentrum von Prekmurje und Ormoške gorice: Mit dem **Lendavčan** besitzt es einen sehr geschätzten Weißwein, **Ljutomerčan** heißt ein weiterer, angenehmer (weißer) Tropfen aus der Umgebung. **Ormož** ist mit seiner Weinkellerei der Tempel der slowenischen Winzer, zumindest, was Weißweine betrifft. Preisgekrönt präsentieren sich die meisten der bereits oben beschriebenen Sorten. Eine Spezialität der Ormožer sind Spätlesen, Trockenbeerenauslesen und Eiswein.

Fast alle Weinkellereien kann man nach Voranmeldung besichtigen, die Weine verkosten und preiswert kaufen. Besonders eindrucksvoll sind die alten Kellergewölbe von Maribor (s. S. 190), wo auch die älteste Weinrebe Europas wächst.

UNTERWEGS
IN SLOWENIEN

Ljubljana

Wander- und
Freizeitparadies
Triglav-Nationalpark

Grotten und Pferde:
Der Karst

Venezianisches
Erbe an der Küste

Maribor und das
Weinland

Die Hauptstadt: Ljubljana und Umgebung

Zwischen Barock und Jugendstil: Die Stadt des Jože Plečnik

Mittelalterliches Handels-zentrum: Škofia Loka

Wildromantisch: Die Steiner Alpen

Das Lieblingstal der Slowenen: Logarska dolina

Industriestadt mit keltischen Wurzeln: Celje

Ljubljana: Dreiflüssebrunnen mit Dom

Die Hauptstadt:
Ljubljana und Umgebung

Der Stararchitekt und seine Stadt • Rückblende: mittelalterliches Škofja Loka • Wanderparadies Kamniške Alpe • Die stille Schöne: Logartal • Das slowenische Camelot: Celje

Nur eine knappe Stunde Autofahrt von der österreichisch-slowenischen Grenze entfernt öffnet sich die Alpenwelt und schafft Raum für das Becken von Ljubljana, eines der ältesten slowenischen Siedlungsgebiete. Die sumpfige Region wird von zahlreichen Flüssen durchschnitten: der Sava, die ihren Weg vom Triglav-Nationalpark kommend durch das Becken von Ljubljana nimmt, der Ljubljanica, die als Karstflüßchen mehrere Grottensysteme durchquert, bevor sie kurz vor der Hauptstadt endgültig überirdisch weiterfließt, und vielen kleineren Gewässern, die in den slowenischen Alpen und im südlichen Moorgebiet, dem *Ljubljansko barje,* entspringen. Wo früher Menschen in Pfahlsiedlungen hausten, ist heute ein Großteil der slowenischen Industrie angesiedelt. Die Sümpfe wurden trockengelegt, doch im Herbst und Winter gibt es immer noch undurchdringliche Morgennebel.

Auf den ersten Blick hat die Region um Ljubljana wenig Attraktives zu bieten. Die Fabriken von Kranj und die zersiedelte Peripherie der Hauptstadt lassen kaum vermuten, daß sich hinter den Industriegürteln hübsche Altstädte mit hervorragend erhaltener Bausubstanz verbergen. Wer das unverfälschte Naturerlebnis sucht, ist in Ljubljana sicherlich fehl am Platze. Dafür begegnet der Reisende in der Region dem slowenischen Alltag, der Studentenszene, innovativer Architektur und einem regen Kulturleben, das mit Folklore nichts gemein hat. Als Ausgangspunkt für Ausflüge in fast alle Teile Sloweniens ist Ljubljanas Lage geradezu ideal – in ein bis zwei Autostunden sind bis auf den äußersten Osten alle reizvollen Regionen zu erreichen.

Ljubljana – die Stadt des Jože Plečnik

Die slowenische Metropole hat mit etwa 300 000 Einwohnern wenig Großstädtisches, sondern vermittelt eher die Stimmung einer etwas aus den Fugen geratenen Kleinstadt. Der Kern zwischen Ljubljanica und Burgberg mit seinen herrlichen Barockhäusern, den vielen Straßencafés und schicken Läden wird vor allem während des Semesters belebt, wenn 25 000 Studenten seine Beschaulichkeit mit jugendlichem Elan und modischem Auftritt bevölkern. Während der Semesterferien in den Sommermonaten, in denen viele *Ljubljančani* ihre *vikend*-Häuschen (von Weekend) an der Küste beziehen, wirkt Ljubljana ausgestorben. Die besten Monate für einen Besuch Ljubljanas sind Frühjahr und Frühsommer. Dann ist auch das weiche, mediterrane Licht am intensivsten. Doch an etwa 120 Tagen im Jahr macht sich in Ljubljana Nebel breit; der mediterrane Zauber ist in der Stadt dann kaum noch zu erahnen.

Geschichte

Ljubljanas Geschichte beginnt mit der Argonautensage: Jason und seine Mannen sollen durch die *Ljubljanska vrata,* jenem durch tektonische Verschiebungen entstandenen »Tor« zwischen Alpen und Karst, mit dem endlich errungenen Goldenen Vlies auf Flüssen in Richtung Schwarzes Meer gesegelt sein. Historisch bezeugt ist eine möglicherweise temporäre Niederlassung von Fischern um das zweite vorchristliche Jahrtausend: Aus den Jahrhunderten um 1200 v. Chr. stammen die Reste einer Ansiedlung auf dem Burgberg.

15 v. Chr. zogen römische Eroberer in Emona, so der damalige Name Ljubljanas, ein, legten eine nach römischen Bautraditionen konzipierte Stadt mit Forum, Insulae und dem Decumanus maximus an und umgaben sie mit einer Mauer. Nach Zusammenbruch des Römischen Reiches verblieben die römischen Bürger in Julia Emona, mußten im 6. Jh., aber vor den Hunnen flüchten und wählten Istrien zur neuen Heimat. Ab dem 7. Jh. sind slawische Siedler in der Region bezeugt, und 1144 wird Ljubljana erstmals unter dem Namen Laibach in schriftlichen Quellen erwähnt. Im Jahre 1335 geriet Laibach unter habsburgische Oberhoheit und verblieb dort bis zur Ausrufung des jugoslawischen Königreichs 1918.

Unter den Habsburgern wurde Ljubljana zur Hauptstadt des »Herzogthums Krain«, im napoleonischen Intermezzo Verwaltungszentrum der illyrischen Provinzen (1809–1813), im jugoslawischen Königreich Hauptstadt Sloweniens. Im Zweiten Weltkrieg verlief östlich von Ljubljana die Grenze zwischen deutschem (Osten) und italienischem Einflußgebiet. 1941 wurde die Stadt von Italienern besetzt und ein Jahr später nach einem Aufstand mit einem 30 km langen Sicherungszaun und Gräben in ein einziges, riesiges Konzentrationslager verwandelt. Nach der italienischen Kapitulation zogen deutsche Truppen ein, am 9. Mai 1945 wurde Ljubljana schließlich befreit. Seit der slowenischen Unabhängigkeit 1991

ist Ljubljana Hauptstadt der Republik Slowenien, Verwaltungssitz aller bedeutenden Institutionen und Bankinstitute und industrielles Zentrum des kleinen Landes.

Architekturgeschichte

Die Baugeschichte Ljubljanas wurde durch zwei dramatische Erdbeben maßgeblich geprägt. Im Jahre 1511 legten Erdstöße einen Großteil der mittelalterlichen Bausubstanz in Schutt und Asche. Die Katastrophe öffnete den Weg für die

Baumeister der Renaissance, deren Werke heute unter dem barockisierenden Wirken späterer Generationen allerdings kaum noch sichtbar sind. Die zweite Zäsur im Stadtbild löste ein Erdbeben im April 1895 aus. Die Stadtoberen luden namhafte Architekten ein, einen neuen Plan für das moderne Ljubljana zu entwerfen. Den Zuschlag für die Stadtplanung erhielt schließlich der aus dem slowenischen Karst stammende **Maks Fabiani** (s. S. 139). Er entwarf den gesamten Stadtbereich

Stolz thront die Burg über der Stadt

wenen, Kroaten und Serben übernahm dann in den 20er und 30er Jahren **Jože Plečnik** die Aufgabe, das von Fabiani begonnene Werk fortzuführen. Mit seiner eigenwilligen Formensprache setzte er dem neuen Ljubljana und zahlreichen Sakralbauten in den Dörfern der Umgebung einen eigenwilligen und faszinierenden Stempel auf.

Rundgang 1:
Von der Burg durch die Altstadt zum Prešeren-Platz

(siehe Stadtplan: hintere Umschlaginnenklappe!)

Vom **Burgberg** über dem barocken Altstadtkern hat der Besucher einen schönen Ausblick auf die slowenische Hauptstadt. Zu Füßen der Burg drängen sich in einem schmalen Bogen die Gassen und Häuser der Altstadt zwischen Berg und Ljubljanica, jenseits des Flusses beherrscht das übersichtliche und großzügige Straßenraster der von Fabiani konzipierten neueren Stadtviertel mit zahlreichen Hochhäusern das Panorama. Die Ringstraße *Tivolska cesta* bildet eine breite Schneise zu den Neubauvierteln, die vor allem in den 60er und 70er Jahren des 20. Jh. errichtet wurden. Auf den ersten Blick sieht man, daß Ljubljana nicht nur eine Stadt verschiedenster

westlich der Ljubljanica neu, legte ein geradliniges Straßenraster an und ließ slowenische und österreichische Kollegen zahlreiche Repräsentativbauten, darunter das Hotel Union, errichten. Zwischen dem alten, barocken Ljubljana östlich des Flusses und dem neuen im Westen überspannte die »Drachenbrücke« im schönsten Jugendstil die Ljubljanica. Die Umgestaltung Ljubljanas wurde durch den Ausbruch des Ersten Weltkriegs jäh unterbrochen. Im Königreich der Slo-

architektonischer Stile, sondern auch eine sehr grüne Metropole ist. Die Rasen- und Waldflächen des Burgbergs finden ihre Entsprechung im Nordwesten im großen Tivolipark, dazwischen leuchten viele kleine Parkanlagen und Grünflächen aus dem Häusermeer empor.

Die **Burg** erhielt ihr heutiges Aussehen nach dem Erdbeben von 1511, davor stand auf dem Burgberg bereits eine prähistorische Siedlung, später unter römischer Herrschaft ein Wachtturm, der in späteren Jahrhunderten mit einer Wehrmauer gesichert wurde. Heute ist in einem Flügel der Burg eine Ausstellung untergebracht, die die historische Entwicklung auf dem *Grajski grič* (Burgberg) dokumentiert. Mittwochs und freitags werden hier gerne Hochzeiten gefeiert – zwei Räume des Schlosses wurden eigens dafür zu »Heiratssälen« umgebaut. Öffnungszeiten der Burg: 11–18 Uhr, Mi und Fr erst nach den Trauungen, Sa und Mo geschlossen: den Turm kann man täglich ab 10 Uhr besteigen.

Vom Burgberg führt ein Fußpfad hinunter in die Altstadt und erreicht über die Reber ul. die Straße Stari trg. Hier geht's nach links zum **Levstikov trg** mit dem spätbarocken **Palais Gruber** (1770), dessen ovales, mit reichen Stukkaturen geschmücktes Treppenhaus zu besichtigen ist. Der Wiener Architekt Gabriel Gruber entwarf das Palais, machte sich aber besonders um Ljubljanas sumpfige Umgebung verdient. Nach seinen Plänen wurde das Moor im Süden der Stadt trok-

kengelegt. Gegenüber erhebt sich die äußerlich schlichte, im Inneren aber reich dekorierte, barocke **Jakobskirche** vom Anfang des 17. Jh. 1732 schnitzte der italienischstämmige Künstler Francesco Robba den Hauptaltar. Das Kloster nebenan beherbergte lange Zeit Ljubljanas erstes Gymnasium. Den Mittelpunkt des Platzes bildet die Mariensäule. Sie wurde von den Bürgern Anfang des 17. Jh. gestiftet, nachdem das Osmanische Heer seinen Versuch, Ljubljana zu erobern aufgegeben hatte und abgezogen war. Jože Plečniks Handschrift ist in der Gesamtkonzeption des Platzes mit seinen klaren Linien und den im Kreis gesetzten Steinkugeln deutlich zu erkennen; 1927 wurde Levstikov trg nach seinen Plänen umgestaltet.

Stari und **Mestni trg** führen als Fußgängerzone zwischen Burgberg und Ljubljanica-Ufer durch das Herz der Altstadt. Beide Straßen – eigentlich werden sie *trg*, also Platz genannt – werden von gutbürgerlichen Häusern und Palazzi aus dem Barock gesäumt. Einige der dekorverliebten Fassaden zeigen auch die verspielte Leichtigkeit des Rokoko, so beispielsweise das **Schweiger-Haus** (Nr. 11a), dessen Balkon ein knieender Atlant trägt. Er hält den Finger vor den Mund, als sollte er das figürliche Namensschild für den Palazzo des Herrn »Schweiger« abgeben. Hier ist unbestritten Ljubljanas lebhafteste Ecke mit zahlreichen Cafés, Geschäften und Kneipen. Bei schönem Wetter stellen die Lokale Tische und Stühle hinaus auf den

Gehsteig, und an lauen Sommerabenden promenieren Jung und Alt in einem richtig italienischen Corso die Straßen bzw. Plätze entlang.

Am **Mestni trg** steht das 1718 erbaute Rathaus **Rotovž**, ein Barockbau, der von Gregor Maček errichtet wurde. Ihm gegenüber schmückt der berühmte Barockbrunnen der Drei Flüsse den mit Mustern gepflasterten Stadtplatz. Francesco Robba, der in Ljubljana mit seinem leichten, italienisch inspirierten Barockstil zahlreiche Bauten verschönert hat, zeichnet für Entwurf und Ausführung verantwortlich. Die drei wasserspeienden Gestalten symbolisieren die drei wichtigsten Flüsse des Herzogtums Krain, die Sava, die Ljubljanica und die Krka. Über den **Ciril Metodov trg** erreicht man schließlich den religiösen Mittelpunkt Ljubljanas, den **Dom** *(stolnica)* und den **Bischofspalast** *(Škofijski dvorec),* beide in ihrer heutigen Gestalt aus dem barocken 17. Jh. Ein erstes Gotteshaus wurde bereits im 13. Jh. an dieser Stelle errichtet und dem hl. Nikolaus geweiht, der als Schutzpatron der Fischer und Bootsleute über das Wohlergehen der Stadt wachen sollte. Gotisches Schmuckwerk ist noch an der Außenfassade (Kapitell mit Christuskopf rechts vom Hausportal) und im Inneren (Pietà aus dem 15. Jh.) erhalten. Anläßlich des Papstbesuches in Ljubljana 1996 wurden von den namhaften slowenischen Künstler Tone Demšar die Bronzetore geschaffen, die der Papst persönlich segnete, worauf man in Ljubljana

sehr stolz ist. Im Kirchenraum begegnet man wieder einem Werk des genialen Francisco Robba (in der Seitenkapelle); Plečniks Handschrift ist im Chorgestühl sichtbar. Hinter dem Dom wurde im 18. Jh. das Priesterseminar errichtet, dessen Bibliothek leider nur nach Voranmeldung von Gruppen besichtigt werden kann. Der mit Holz getäfelte Raum, dessen Decke ein illusionistisches Fresko des Malers Domenico Quaglio schmückt, beherbergt wertvolle alte Manuskripte und Bücher.

Mit etwas Zeit und Lust kann man nun die schmalen Gassen erkunden, die von den drei Hauptstraßen bzw. Plätzen in Richtung Burgberg oder gegenüber zum Ljubljanica-Ufer führen. Ihre Namen erzählen noch von der früheren Bestimmung: Čevljarska ulica war die Straße der Schuhmacher, in der Krojaška ul. arbeiteten die Schneider, und am Ribni trg wurde der Fischmarkt gehalten. Heute haben sich in den alten Läden schicke Boutiquen breitgemacht; Souvenirgeschäfte verkaufen Mitbringsel aus allen Regionen Sloweniens, vor allem aber Kristall.

Auf der berühmtesten Brücke Ljubljanas überqueren wir die Ljubljanica: **Tromostovje** – Drei Brücken – ist eines der elegantesten Bauwerke des allgegenwärtigen Plečnik, dessen Entwürfe sonst gerne im Monumentalen schwelgen. Die alte, aus dem 19. Jh. stammende Brücke umrahmte der Meister mit zwei zusätzlichen Brücken links und rechts und schmückte sie mit klassizisti-

Jože Plečnik

Ljubljanas großer Architekt

Plečnik wurde am 23. Januar 1872 in einem Vorort von Ljubljana geboren. Schon früh machte sich sein großes zeichnerisches Talent bemerkbar, doch der Vater, ein Möbelschreiner, bestand darauf, daß Jože den Familienbetrieb übernehmen und die entsprechende Ausbildung machen sollte. In der Handwerksschule in Graz machte der junge Plečnik 1888 erstmals Bekanntschaft mit Stadtplanung und Architektur; als Hilfskraft durfte er die Pläne für die neue »Ringstraße« zeichnen.

Nach dem Tod des Vaters ging Plečnik 1892 nach Wien, wo er von Otto Wagner, einem Vorreiter der »Wiener Sezession«, als Schüler aufgenommen wurde. In seinen ersten Jahren widmete sich Plečnik vor allem mit innenarchitektonischen Projekten und entwarf Möbel; dieser Bereich seiner Arbeit sollte ihn bis zu seinem Tode immer wieder beschäftigen, nicht zuletzt, weil er eine sichere Geldquelle in den mageren Nachkriegszeiten darstellte.

Mit einem Lehrauftrag wurde der Architekt 1911 nach Prag berufen, wo er bei der Umgestaltung des Königsschlosses und Präsidentensitzes Hradschin endlich auch seine architektonischen Talente realisieren konnte. Die Leitlinien seiner Formensprache übernahm Plečnik von sei-

schen Säulen und Steinkugeln. Damit wollte er Ljubljana etwas vom venezianischen Flair wiedergeben, das die Stadt im 19. Jh. ausgezeichnet hatte.

Der **Prešeren-Platz** (Prešernov trg) am anderen Ljubljanica-Ufer ist von Bauten verschiedener Epochen gesäumt: Die im 17. Jh. errichtete Franziskanerkirche mit roséfarbener Fassade birgt mit dem Hauptaltar ein weiteres Meisterwerk Francesco Robbas. Schräg gegenüber erhebt sich die eigenartig schmale und hohe Fassade der **Šmalčeva hiša** oder ura (Uhr), wie das Haus im Volksmund heißt, in schönstem Jugendstil. Die Citizen-Reklame auf dem Dach tut dem Ensemble nicht gerade gut – ob daher der Spitzname »Uhr« stammt? Ein weiteres Prunkstück des Jugendstils ist Ljubljanas ältestes Kaufhaus (»Centromerkur«) in der **Urbančeva hiša.** 1903 wurde der erste Verkaufstempel eröffnet. Leider erinnert das triste Warenangebot eher an die mageren Jahre der sozialistischen Ära als an den nun florierenden Kapitalismus. Der aufmerksame Besucher kann Architekturdetails des Jugendstils im Inneren erkennen.

nem großen Vorbild Gottfried Semper, dessen Forderung nach einer Rückbesinnung auf die Kraft archaischer antiker Architekturelemente er sich zu eigen machte. In fast allen seinen Arbeiten kehren Säulen, Kapitelle, Obelisken und Steinkugeln wieder. Mit einheimischen Materialien wie dem grauen Kalkstein aus dem Karst verkleidete er Fassaden in Mustern archaischer Webkunst, wie sie früher Tempel und Bauten in Hellas und Rom schmückten. Der Antike entlehnt mag auch der Anspruch sein, große Stadtbereiche mit ordnender Hand in Gesamtkunstwerke umzuwandeln, zu denen nicht nur Straßennetz und Architektur, sondern auch sorgfältig plazierte Grünanlagen gehörten. Im Gegensatz zu seinem Kollegen Maks Fabiani kümmerte sich Plečnik allerdings wenig um den tatsächlichen Lebensbereich der Menschen, die seine Kunstwerke bewohnen sollten – die Ästhetik stellte er über die Funktion.

1921 kehrte Plečnik nach Ljubljana zurück und übernahm die Professur an der Technischen Hochschule. Trotz seines internationalen Rufes wurde er in seiner Heimatstadt nur zögernd anerkannt. Ab dem Ende der 20er Jahre verlagerte er sein Wirken aber endgültig von Prag nach Ljubljana, wo er 1957 starb. Trotz der unzähligen Bauten, die er Ljubljana und Slowenien hinterließ, geriet er schnell in Vergessenheit. Eine wahre Plečnik-Renaissance löste erst die umfassende Retrospektive seiner Arbeiten aus, die 1986 vom Centre Georges Pompidou in Paris ausgerichtet wurde. Seitdem herrscht auch in Slowenien eine wahre Plečnik-Euphorie.

Sloweniens Nationaldichter France Prešeren wird auf dem Platz mit einem Bronzedenkmal gewürdigt, das Maks Fabiani zusammen mit dem Bildhauer Ivan Zajec geschaffen hat. Der Prešeren-Platz ist ein sehr beliebter Treffpunkt der Jugend, die im Sommer mit Rollerblades und Skateboards ausgerüstet um den Dichter ihre Kreise dreht. Sternförmig führen Einkaufs- und Geschäftsstraßen vom Prešernov trg in die City mit vielen schönen Beispielen der von Wiener Architekten importierten Jugendstilära wie dem mit bunten, graphischen Mustern geschmückten, ockerfarbenen Haus der **Genossenschaftsbank** in der Miklošičeva cesta. Über die Čopova ul. erreicht man die Slovenska cesta, die Hauptgeschäftsstraße der Innenstadt. Hier steht Ljubljanas erster »Wolkenkratzer« **Nebotičnik,** der 1933 von einem Plečnik-Schüler gebaut wurde und sich lange Zeit stolz als »höchstes Haus des Balkans« feiern ließ. Wir wollen unseren Rundgang aber entlang der Ljubljanica auf den Spuren jenes Mannes fortsetzen, der wie kein anderer das Bild von Sloweniens Hauptstadt geprägt hat: Jože Plečnik.

Rundgang 2:
Vom Tromostovje entlang der Ljubljanica zum Plečnik-Haus

Eine der großen Aufgaben und Leistungen Plečniks war die Gestaltung des Ljubljanica-Ufers zwischen Drachenbrücke und Gradaščica, sein Meisterstück das schon erwähnte Tromostovje. Dieser Spaziergang beginnt an den »Drei Brücken«, allerdings auf der Altstadtseite, und führt zunächst zu den **Plečnik-Markthallen,** die der Architekt 1940–1942 als Teil eines neuen Rathausprojektes für Ljubljana realisiert hatte, dessen Vollendung der Zweite Weltkrieg mit der italienischen Besetzung nicht möglich machte. Was blieb, sind die steinernen, überdachten Marktstände mit Kolonnaden, die ihr antikes Vorbild kaum verleugnen können.

Zurück auf dem Prešeren-Platz folgt man nun der Ljubljanica entlang des Hribarjevo nabrežje nach Süden und biegt am Gerberjevo stopnišče nach rechts ab. Der Kongreßplatz **Kongresni trg** ist ein Erbe der Franzosen. Die rechteckige Parkanlage mit sternförmig verlaufenden Wegen zeigt sich in bester gallischer Tradition, doch hat Jože Plečnik dafür gesorgt, daß das Ensemble verfremdet wurde, indem er die gepflanzten Kastanienbäume durch Platanen ersetzte. Den Park

schmückt eine Kopie des »Bürgers von Emona«, einer hervorragend erhaltenen, römischen Bronzestatue, die im Stadtgebiet gefunden wurde und deren Original im Nationalmuseum zu besichtigen ist. Aus römischer Zeit stammen auch die Überreste des nördlichen Stadttores von Emona. Ende des 19. Jh. wurde der Universitätspalast errichtet, in dem heute die juristische Fakultät untergebracht ist. Im selben Zeitraum entstand die Philharmonie anstelle eines älteren Theaters, in dem 1789 das erste slowenische Stück, eine Komödie Anton T. Linharts, aufgeführt wurde. Ein Prunkstück des Barock ist die **Ursulinenkirche** (1718–1726) mit einem von F. Robba gestalteten Hauptaltar, auf dem sich die allegorischen Gestalten von Glaube, Hoffnung und Liebe ein Stelldichein geben. Zurück zu Plečnik: Er schuf die Außentreppe der Kirche und ließ davor eine Barocksäule aus der Hand Robbas aufstellen, die ursprünglich aus Ajdovščina stammte.

Der lebhaften Geschäftsstraße Gosposka ulica folgt man weiter südwärts und erreicht nach wenigen Schritten eines der herausragenden Baudenkmäler der Plečnik-Epoche, die **Universitätsbibliothek.** In den Jahren 1936–1941 wurde das Projekt realisiert, und an diesem Bau wird das Zusammenspiel antiker und kunsthandwerklicher Motive in der Arbeit Plečniks am deutlichsten. Ziegel und Karststein verbinden sich in der Gesamtwirkung zu einem »Webteppich«, der die mit Kolon-

---

Das Treppenhaus im Nebotičnik

Die Drei Brücken

naden geschmückte Fassade um-
hüllt. Auch wenn sich dem unbefan-
genen Betrachter die symbolische
Absicht nicht erschließt, ist die Wir-
kung des Baus doch außerordentlich. Noch eindrucksvoller wird es
im Inneren: Durch ein düsteres, von
grauen Marmorsäulen gesäumtes
Treppenhaus schreitet der Besucher
nach oben in lichtdurchflutete, küh-
le Räume – von der Dunkelheit, die
den Nichtwissenden umfängt, ins
Licht der Erkenntnis.

Die Gosposka ulica führt weiter
nach Süden zu den **Križanke,** dem
ehemaligen Kreuzherrenkloster, im
Jahre 1230 in gotischem Stil erbaut
und in den folgenden Epochen
mehrmals im Stil der jeweiligen Zeit

verändert. Der letzte Architekt, der
an den Križanke, vor allem aber an
der Parkanlage, arbeitete, war Jože
Plečnik. Dieses Projekt, 1950–56
ausgeführt, blieb sein letztes großes
Bauvorhaben. Zentrales Anliegen
Plečniks war es, das ungenutzte
Kloster in ein Freilufttheater zu verwandeln; drei Höfe schmückte er
mit Arkadengängen und ließ ein La-
pidarium errichten. In den Križanke
finden bei guter Witterung Theater-
und Musikvorführungen statt.

Die Rimska cesta nach Westen
führt vom Kreuzherrenkloster zum
Trg francoske revolucije. Den
Platz der Französischen Revolution
schmückte Plečnik 1929 mit der Illyrischen Säule, die an das kurze Intermezzo französischer Herrschaft
über Slowenien erinnert. Die Jahre
unter Napoleon wurden und werden in Slowenien als Initialzündung

für das slowenische Nationalbe-
wußtsein empfunden, deren Protagonisten die Ideen der französischen
Revolution in der Heimat verwirk-
licht sehen wollten.

Zum Wohnhaus Plečniks folgt
man weiter der Ljubljanica bis zur
Mündung der Gradaščica, biegt an
ihr entlang nach rechts und erreicht
die vom Meister gestaltete **Trnovo-
Brücke,** die mit Pyramiden und
Steinkugeln eigenwillig dekoriert ist
und auf der filigrane Weiden wachsen. Hinter der barocken **Trnovo-
Kirche** verbirgt sich in der Karunova
ulica 4 das Haus, in dem der Architekt zwischen 1920 und 1957 lebte
und das heute als **Architekturmu-
seum** unterhalten wird. Interieur
und Arbeitsmaterialien sind ausgestellt und vermitteln ein eindringli-
ches Bild von dem tiefreligiösen
Mann, der nicht nur stadtplanerisch
tätig war, sondern auch zahlreiche
Kirchen gebaut und Objekte für die
Liturgie entworfen hat. Das Museum
ist nur Dienstag und Donnerstag
von 10–14 Uhr geöffnet.

Weitere Sehenswürdigkeiten

Im Gegensatz zum geschäftigen
Zentrum Ljubljanas östlich der Slovenska cesta wirkt der westliche
Innenstadtbereich mit seinen in Gärten eingebetteten Villen, Repräsen-
tativ- und Verwaltungsbauten recht
ruhig. Oper, Nationalgalerie und
Parlament sind hier angesiedelt. An
der Prešernova cesta befindet sich
eines der wichtigsten Museen

Sloweniens, das **Narodni muzej**
(Nationalmuseum) in einem 1885
fertiggestellten Monumentalbau der
Neorenaissance. Es zeigt drei
Sammlungen, wobei das eigentliche
Nationalmuseum mit archäologischen Funden und kulturhistori-
schen Ausstellungsstücken sicherlich der interessanteste Teil ist: Hier
sieht man die schönsten Fundstücke
aus illyrischer Zeit (Situla von Vače)
und Artefakte, die bei Grabungen
im römischen Emona zutage gefördert wurden, darunter jenen bronze-
nen »Bürger von Emona«, dessen
Kopie den Kongreßplatz schmückt.
Eine eigene Abteilung ist historischen Münzen gewidmet, unter anderem keltisches Geld. Im *Slowenischen Ethnographischen Museum*
dreht sich alles um Volkskunst und -
kultur: Die bunt bemalten Bienen-
korbbrettchen nehmen darin einen
breiten Raum ein, Trachten, Alltags-
gegenstände und traditionelle Mu-
sikinstrumente stellen die einzelnen
Regionen und ihre Besonderheiten
vor. Im *Naturkundlichen Museum*
können sich geologisch und zoolo-
gisch Interessierte über Gesteine,
Flora und Fauna Sloweniens informieren (Muzejska cesta 1, Di–So
10–18 Uhr, am Do bis 20 Uhr).

Jenseits der Tivolska cesta steht
am Eingang zum Tivoli Park die **Moderna galerija** (Museum für moderne Kunst), die vor dem Zweiten
Weltkrieg begonnen und 1948 fertiggestellt wurde. Die Galerie zeigt
slowenische Kunst des 20. Jh. und
dient als Veranstaltungsort für die
alle zwei Jahre stattfindende Interna-

tionale Graphische Biennale. Hier und in vielen kleinen Galerien schlägt das Herz der slowenischen Kulturszene; auch die Gruppe IRWIN (s. NSK s. S. 79) war und ist in der Moderna galerija aktiv.

Eine von Jože Plečnik mit Säulen gestaltete Allee führt vom Museum hinein in den **Tivoli-Park.** Sie mündet nach einem schattigen Spaziergang am Tivolski grad. Feldmarschall Radetzky, der seinen Namen einem der berühmtesten Märsche der Musikgeschichte geliehen hat, lebte in der zweiten Hälfte des 19. Jh. einige Jahre in Schloß Tivoli. Der erst kürzlich restaurierte Bau dient während der Graphischen Biennale als zweiter Veranstaltungsort und beherbergt das Internationale Zentrum graphischer Kunst. Der Ljubljančani liebster Park wird von Hügeln begrenzt: Auf dem Rožnik (394 m) bietet sich den Spaziergängern ein weiter Blick über Ljubljana hinüber zum Burgberg.

Weitere Plečnik-Ziele

In den Randbezirken Ljubljanas, geprägt von tristen Wohnblöcken der sozialistischen Ära, verbirgt sich ein weiteres Meisterwerk Jože Plečniks. Der **Friedhof in Žale** ist neben der Nationalbibliothek und der Kirche in Črna vas (s. u.) das eindrucksvollste Projekt des Architekten, weil es isoliert von der Umgebung eine geschlossene Einheit bildet, die von

der Formensprache Plečniks bis ins letzte Detail durchdrungen ist. Weiß, kühl und zugleich durch die antikisierenden Kapitele und Arkaden sehr verspielt konzipierte Plečnik Friedhofskirche, Kapellen und Wege als symbolischen Übergang von der Welt der Lebenden in die der Toten. Man erreicht den Friedhof von der Tivolska cesta oder Slovenska cesta aus über die Dunajska cesta nach Norden (Richtung Jesenice) und biegt dann in die Linhartova nach rechts ab. Am Kreisverkehr sieht man die Ausschilderung zum Friedhof und zum Parkplatz.

Schloß Fužine beherbergt die Plečnik-Ausstellung, mit der das Centre Georges Pompidou in Paris die Renaissance des Architekten einleitete. Das Anfang des 16. Jh. erbaute Schloß liegt malerisch am Ufer der Ljubljanica und war in der Reformationszeit ein wichtiger literarischer Treffpunkt der slowenischen und deutschen Protestanten. Dem Interessierten bietet es einen umfassenden Überblick über die verschiedenen Aspekte des künstlerischen Schaffens von Plečnik. Es befindet sich im Stadtteil Nove Fužine im Osten Ljubljanas, zu erreichen über die Žaloška cesta nach Osten. Am Ende der Siedlung biegt man in die Chengdujska cesta nach Süden ab und sieht vor der Brücke über die Ljubljanica die Burg rechts liegen. Geöffnet ist das Museum wochentags von 10–15 Uhr.

Die **Michaelskirche** in **Črna vas** (Ljubljansko barje) soll als letzte Verbeugung von Plečniks Genie

Friedhof in Zale

vorgestellt werden. Ljubljansko barje ist das von Gruber (s. S. 68) im 19. Jh. trockengelegte Sumpfgebiet im Süden und Südwesten Ljubljanas, und Črna vas, 1830 gegründet, ist die älteste Siedlung. Die meisten Häuser im Moor werden auch heute noch mit Stelzen im weichen und feuchten Grund verankert. Die Kirche des hl. Michael wurde nach Plänen Plečniks 1937 als Holzkonstruktion errichtet und mit Ziegeln und grauem Bruchstein ausgeführt. Der Kirchenraum liegt im ersten Stock, zu dem eine langgezogene, an eine anmutige Brücke erinnernde Treppe hinaufführt. Außen wie innen präsentiert sich die Kirche als schlichtes und zugleich geniales

Bauensemble. Man erreicht Črna vas über die Autobahn Ljubljana–Novo Mesto; die Abzweigung in Richtung Ig und Črna vas ist ausgeschildert.

TIC, Stritarjeva cesta, im Kresija-Gebäude, ✆ 01/3 06 12 15, Fax 3 06 12 04, ljubljana.si.

Grand Hotel Union, $$$$, Miklošičeva 1, ✆ 4 25 41 33, Fax 3 08 10 15: Das altehrwürdige Union wurde kürzlich renoviert und bietet seinen Gästen modernen Komfort im schönsten Jugendstilambiente. Pool- und Fitneßbereich sind im benachbarten Holiday Inn. Das Kaffeehaus im Union in bester Wiener Tradition ist alleine einen Besuch wert. **Slon,** $$$$, Slovenska cesta 34, ✆ 4 70 11 00, Fax 2 51 71 64: Auch das Slon gehört zu den Traditionshotels von Ljubljana und erstrahlt heute als Mitglied der »Best Western-Kette« in neuem Glanz. Angenehme Innenausstattung, guter Service. **Park,** $$, Tabor 9, ✆ 4 33 13 06, Fax 4 33 05 46: Einfaches Haus in Zentrumsnähe, Zimmer mit und ohne Bad, in der Nebensaison kann ein Preisnachlaß ausgehandelt werden. **Pri Mraku,** $$, Rimska cesta 4, ✆ 4 21 96 00, Fax 4 21 96 55: Freundliches, zentral gelegenes und dennoch ruhiges Haus mit nett eingerichteten Zimmern und angeschlossenem Restaurant. **Pension-Restaurant Lieber,** $, Šmartno, Gameljne 32e, ✆ 5 37 40 80, Fax 5 37 68 62: Zehn Fahrminuten vom Zentrum in ruhiger Lage, sehr persönlich geführte und individuell eingerichtete Pension mit gutem Restaurant. **Privatzimmer und einfache Pensionen:** Vermittlung durch die Touristeninformation.

Špajza, $$, Gornji Trg 28, ✆ 4 25 30 94: Rustikales Speiselokal in historischem Gemäuer in der Altstadt, landestypische Gerichte. **Stara Ljubljana,** $$, Čopova ul. 5A, ✆ 4 25 88 22: Freundliches Speiselokal im Stadtzentrum. **Rotovž,** $$, Mestni trg 4, ✆ 4 25 22 22: Restaurant mit hübscher Sommerterrasse, internationale Küche mit slowenischen Spezialitäten. **Smrekarjev hram** im Hotel Union, $$$: Speisen umgeben von schönstem Jugendstil, hervorragende Küche, gesalzene Preise. **Operna klet,** $$$. Župančičeva 4, ✆ 2 52 70 03: Im »Opernkeller« gibt es ausgezeichnete Fischgerichte; gehobenes Preisniveau. **Ljubljanski nebotičnik,** $$, Štefanova 1, ✆ 050/62 90 18: Restaurant-Café in der obersten Etage des »Wolkenkratzers«, schöner Blick über Ljubljana, Terrasse, durchschnittliches Essen.

Ljubljanski nebotičnik (s. Essen): Hier trifft man sich abends auf einen Drink, das Lichtermeer Ljubljanas zu Füßen. **Cutty Sark Pub,** Knafljev prehod 1: ist eine beliebte Kneipe der Studentenszene. **K4,** Kersnikova 4, im Gebäude der Studentenvereinigung der Universität Ljubljana: Szene-Treff mit Disco und Live-Musik, Techno, Rap, Salsa – das Programm steht im Monatsheft »Where to? in Ljubljana« und liegt in der Uni und ev. auch im TIC aus. So treffen sich homosexuelle Pärchen im K4.

Obst und Gemüse gibt's am **Markt** in den Plečnik-Marktarkaden am Vodnikov trg, tgl. außer So, am lebhaftesten am Vormittag. **Ars** in der Čevljarska 2 ist auf Antiquitäten und Bücher spezialisiert. Landkarten und Reiseführer hat **Kod in kam,** Trg francoske revolucije 7, im Sortiment. Eine große Auswahl von Musik-CDs verkauft **Big Bang** in Wolfova ul. 12. Naturheilmittel, Tees und Biokost gibt's im **Sidro,** Kongresni trg 3. Eine große Auswahl slowenischer Weine kann man in der **Vinoteka** verkosten und kaufen (Dunajska cesta 18). Allerdings ist es immer wesentlich günstiger, den Wein beim Erzeuger oder in den großen Weinkellern (Ormož, Maribor) zu erstehen. Souvenirs aus allen slowenischen Regionen verkaufen die Galerien im **Hotel Slon** und im **Grand Hotel Union** sowie einige Läden in der Altstadt. Der Flohmarkt wird am **Cankarjevo nabrežje** abgehalten: Sa von 9–15 Uhr stehen Bücher zum Verkauf, So dann alles andere.

Von Ljubljana aus sind alle Teile Sloweniens per Bus und Bahn zu erreichen. Busse verkehren von der Station am Bahnhof (Trg OF 4, ✆ 3 06 52 00) beispielsweise stündlich nach Koper, Maribor, Novo Mesto, Bled/Bohinj und halbstündlich nach Kamnik. Auch die Bahnverbindungen sind hervorragend, nur meist etwas langsamer. Es gibt ein dichtes Stadtbusnetz, der Fahrpreis wird beim Fahrer entrichtet.

NSK

Seit Anfang der 1980er Jahre provoziert eine Bewegung die slowenische Kulturszene: NSK, Neue Slowenische Kunst. Bereits die Wahl des deutschen Namens zeigt, worauf sich die Anhänger der NSK besonders gut verstehen, auf die Provokation und das verwirrende Spiel mit Symbolen. Die berühmtesten Protagonisten sind die Musikgruppe Laibach und der bereits erwähnte Theaterregisseur Tomaž Pandur. Weitere, in Slowenien sehr bekannte Mitglieder sind das Scipion Nasice Sisters Theater aus Ljubljana (inzwischen Noordung) und IRWIN (darstellende Kunst). 1996 gründeten die NSK-Anhänger einen eigenen Staat mit Währung, Paß, Briefmarken, aber natürlich ohne territoriale Ansprüche in Slowenien. Ziel der Aktion war und ist, »die nur reflexiv arbeitenden Strukturen der Kunstszene und das damit verbundene Denken aufzubrechen«.

Das Konzept der NSK erschließt sich für Nichtslowenen vor allem aus dem musikalischen Werk von Laibach. Die 1980 gegründete Gruppe bewegt sich musikalisch irgendwo zwischen Punk und Techno, mit großer Vorliebe für mystifizierende Inszenierungen. Gerne entlehnt die Band ihre auf der Bühne verwendeten Symbole dem Faschismus und Stalinismus, während die meist zweideutigen Texte ihrer Songs die Greuel des Krieges oder die totalitäre Macht des Geldes geißeln. Ähnlich wie Tomaž Pandur müssen sich auch Laibach den Vorwurf gefallen lassen, daß in ihrem Hang zum Pompösen, symbolisch Überladenen ein totalitärer Kunstbegriff transportiert wird. Es ist nur ein Spiel, daß den engstirnigen Betrachtern die Vieldeutigkeit von Symbolen vor Augen führt – kontern die NSK-Anhänger. So gewannen Laibach-Freunde Anfang der 80er Jahre einen vom sozialistischen Jugoslawien ausgepriesenen Wettbewerb für das beste Jugendplakat. Nach der Preisverleihung outeten sich die Künstler. Das Plakat war die exakte Kopie eines Machwerks der Nationalsozialisten. Ein anderes Beispiel: Auf ihrem 1987 erschienenen Album »Opus Drei« spielte Laibach eine Cover-Version des Queen-Hits »One Vision« ein, allerdings in deutscher Sprache. Der Entrüstungssturm war groß, denn der von Laibach gesungene Text schien direkt aus dem Hirn eines Nazi-Ideologen entsprungen zu sein. Amüsiert erklärten die Musiker darauf, sie hätten nichts anderes getan, als das englische Original Wort für Wort zu übersetzen.

Wer sich im Internet die Laibach-Homepage (laibach.nsk.si) ansieht, kann sich allerdings eines Gruselns nicht erwehren. Zum Abschluß ein Zitat: »Nur Gott kann Laibach unterwerfen, Menschen und Dingen wird dies nicht gelingen!«

Ausflüge ins Umland

Škofja Loka

Eine knappe halbe Stunde Fahrt ist es von Ljubljana nach Škofja Loka im Nordwesten der Hauptstadt. Loka, wie die Siedlung früher hieß, wurde 973 erstmals urkundlich erwähnt, damals schenkte Kaiser Otto II. Stadt und Umgebung den Freisinger Bischöfen. Bischoflack, so die deutsche Bezeichnung von Škofja Loka, war im Mittelalter ein kleines, lebhaftes Handelszentrum der Region und erhielt 1274 Stadtrechte. Im 14. Jh. wurde der Ort mit Stadtmauer und Graben gegen potentielle Angreifer geschützt, was die Türken allerdings nicht daran hinderte, Škofja Loka 1476 zu überrennen. Bis 1803 gehörte die Stadt den Freisinger Bischöfen und ging dann in Habsburgischen Besitz über. Ein Erdbeben und mehrere Brände vernichteten im 17. Jh. einen Großteil der mittelalterlichen Bausubstanz, doch ist trotz mancher Neu- und Umbauten im Stadtkern noch erstaunlich viel vom alten Loka erhalten.

Haupteinfallstraße ist die Poljanska cesta, die von Westen auf den alten Stadtkern zuführt. Parkmöglichkeiten gibt es hier am Übergang zur Altstadt oder an deren nordöstlichen Ende jenseits des Flusses Selška sora in der Nähe des Kapuzinerklosters. Vom Kloster überquert man die Sora auf der Ka-puzinerbrücke, passiert Kloster und Kirche der Klarissinen (1358 gegründet und mehrmals umgebaut, die Kirche stammt aus dem Barock) und wendet sich links zum Cankarjev trg mit der spätgotischen **Jakobskirche** aus dem 13. Jh. Ihr sternförmiges Deckengewölbe ist mit Blumenfresken geschmückt. Neben Werken älterer Meister kann man im Inneren Jože Plečniks Handschrift am Taufbecken und in den Kirchenlüstern wiederfinden. Eine schmale Gasse führt zum Stadtplatz **Mestni trg,** der gesäumt ist von den ältesten und schönsten Häusern Škofja Lokas. Gotische und barocke Elemente sind in den verspielten Hausfassaden zu erkennen, an der **Homanova hiša** aus dem Jahre 1524 sind Fresken der Renaissance erhalten. Parallel zum Mestni trg verläuft der **Spodnji trg,** ehemals die Straße der kleinen Läden und Handwerksateliers. Eine Chronik aus dem Jahre 1673 verzeichnete in Loka alleine 95 Handwerksmeister, die in Gilden organisiert waren. Die wichtigsten Produkte aus der Region – schmiedeeiserne Arbeiten und feines Leinen – wurden sogar ins Ausland exportiert. Die ursprünglich hölzernen, einstöckigen Wohn- und Geschäftshäuser wurden ab dem 16. Jh. durch repräsentativere Bauten im Stil der Renaissance ersetzt. An Torbögen und in den arkadengeschmückten Innenhöfen sind aber noch gotische Elemente erhalten.

Die **Burg Loški grad** im Norden über der Altstadt gelegen wurde im

13. Jh. erstmals erwähnt, 1511 bei einem Erdbeben stark zerstört und danach im Stil der Renaissance wiederaufgebaut. Größere Veränderungen wurden ab dem Ende des 19. Jh. an der Substanz vorgenommen, als die Burg vom Ursulinenorden zum Mädcheninternat umgestaltet wurde. Seit 1959 ist hier das **Städtische Museum** untergebracht. Seine Ausstellung über Handwerk und Geschichte der Region widmet den Lebzeltbäckern eine eigene Abteilung. Die Honigkuchen gelten als besondere Spezialität von Škofja Loka (geöffnet Di–So von 9–17 Uhr).

Eine lebhafte Vorstellung vom Leben im Loka des 17. Jh. vermittelt

Die Umgebung von Ljubljana

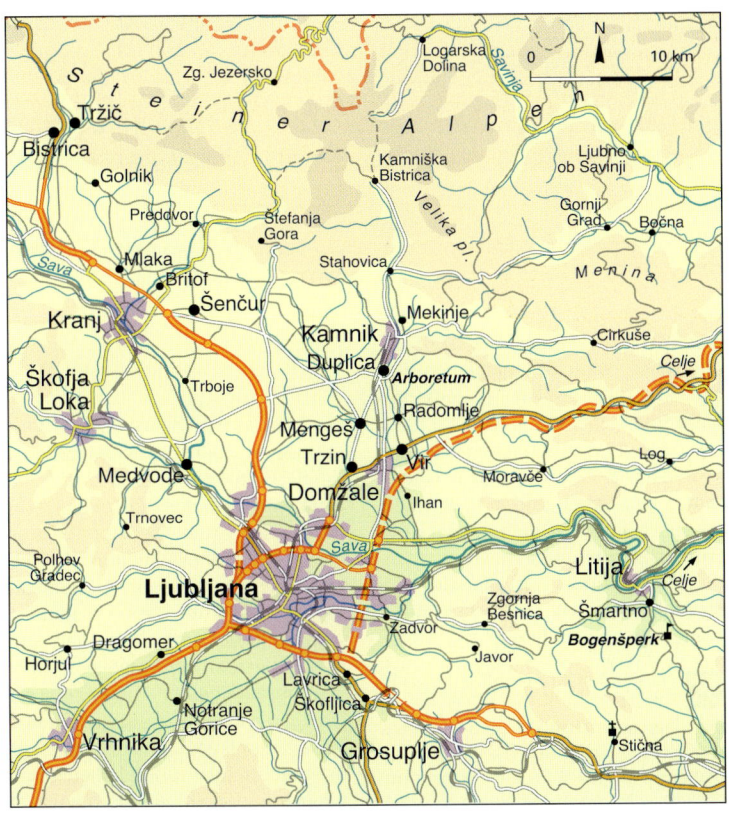

Škofja Loka

Küche allerdings hält sich an die alten Traditionen und serviert eine köstliche, lokale Variation von Rindsrouladen, *Poljanski zvitki*.

der Roman »Die Chronik von Visoko« von Ivan Tavčar, der 1996 in deutscher Sprache erschienen ist. Mit diesem prallen Bauernepos kann man in Lokas Straßencafés, beispielsweise im beliebten Plevna, schmökernd einen sonnigen Nachmittag verbringen und in dem heute so verträumten Städtchen den Zeiten nachspüren, in denen Marktgänger, Handwerker und Händler die schmalen Gassen und schummerigen Gasthäuser füllten.

❌ **Restaurant Krona,** Mestni trg 32, ✆ 04/ 5 12 09 95: Leider haben die Innenarchitekten des Etablissements wenig Geschick bewiesen und das Lokal in dem schönen alten Stadthaus in einem düster-modernen Stil eingerichtet. Die

Kranj

Das von einem Industriegürtel umschlossene Kranj (Aussprache wie Kran) 26 km nördlich von Ljubljana läßt kaum vermuten, daß es einen sehenswerten Altstadtkern birgt. Kranj war traditionell ein Zentrum der slowenischen Textilindustrie, nach dem Zweiten Weltkrieg hat die Stadt eine kometenhafte Karriere hingelegt, ihre Einwohnerzahl verdoppelte sich in 50 Jahren (heute knapp 40 000 Einw.), wichtige Industriebetriebe siedelten sich an. Dank der Nähe zur österreichischen und italienischen Grenze sind die Kranjer Firmen auch international sehr aktiv, und auf der Sava-Insel Savski Log werden jedes Jahr die wichtigsten slowenischen Exportmessen abgehalten.

Historisch verlief die Entwicklung Kranjs ähnlich wie in Škofja Loka, nur daß Krainburg den Bischöfen von Brixen verliehen wurde und unter Habsburger Ägide ab 1355 als Lehen Ende des 14. Jh. an die Grafen von Celje (Cilli) fiel. Im 16. Jh. bildete sich in der Stadt eine wichtige Keimzelle der Reformation, die sogar die Gründung einer protestantischen Schule betrieb. Von Anfang an war Kranj vor allem eine Stadt des Handwerks und des florierenden Handels, und noch heute scheinen die Kranjer dieser Tradition besonders eifrig nachzustreben.

Ein Erdbeben und mehrere verheerende Brände haben die mittelalterliche Bausubstanz der Stadt schwer geschädigt. Der hübsche Stadtkern mit seinen Bürgerhäusern aus Renaissance und Barock lohnt aber durchaus einen Besuch. Mittelpunkt ist der **Mestni trg** und die **Kirche des hl. Kancian** aus dem 15./16. Jh. mit einem wunderbaren Kreuzrippengewölbe und dem gotischen Hauptportal, über dem ein Relief Christus auf dem Ölberg zeigt. Neben der Kirche wurde ein frühslawisches Gräberfeld entdeckt, dessen Funde das **Gorenjski muzej** nun in einem unterirdischen Ausstellungsraum der Öffentlichkeit präsentiert (Besichtigung vereinbaren unter ☎ 04/2 02 10 71). Der Glavni trg führt von der Kirche nach Norden, links und rechts kann man an den zwei-

stöckigen Häusern Spuren der Spätgotik entdecken: Fresken und ein hübscher Arkadenhof schmücken die Pavšlarjeva hiša, eine römische Gedenktafel aus dem 2. Jh. wurde in die Südwand der Petrčkova hiša (Nr. 5) eingemauert. Die **Mestna hiša,** das Rathaus, stammt im älteren Teil aus dem 16. Jh. und beherbergt in ihren Räumen eine Ausstellung des Museums **Gorenjski muzej** mit Exponaten der lokalen Handwerkskunst. Im Erdgeschoß sind frühslawische Gräber zu sehen (Di–So 10–12 und 16–18 Uhr).

Der Glavni trg geht in die Prešernova ul. über, wo sich unter der Hausnummer 7 das Wohnhaus des Dichters France Prešeren verbirgt. Wer kein Slowenisch versteht, wird dem Besuch des kleinen **Prešeren-Museums** (geöffnet Di–So 10–12 und 16–18 Uhr) wenig abgewinnen können. Neben dem mit Originalmöbel eingerichteten Arbeits- und Schlafzimmer werden in erster Linie die vom Dichter veröffentlichten Texte gezeigt.

 M-Ars in der Cankarjeva ul. 4: Einer der wenigen Läden in Slowenien, die recht originelle Handwerkskunst, hier sind es formschöne und schlichte Töpferwaren, verkaufen.

Kamnik und die Steiner Alpen

Auch Kamnik, 23 km nordöstlich von Ljubljana, war wie Kranj und Škofja Loka vor allem eine Stadt des Handwerks und des Handels. Im sozialistischen Jugoslawien entwickelte es sich zu einem bedeutenden Zentrum der Textil-, Möbel-, Chemie- und der elektrotechnischen Industrie. Mit 10 000 Einwohnern hat Kamnik noch heute trotz der von Fabriken geprägten Peripherie ein sehr kleinstädtisches Flair, und mit zahlreichen, gut erhaltenen Bauten aus dem 16. Jh. bietet es dem Besucher genug Anschauungsmaterial, um durch die Geschichte des Städtchens zu streifen. Sehenswert sind auch die beiden Burgen **Stari** (alt) und **Mali** (klein) **grad.** Letztere besitzt mit einem romanischen Portal in der Burgkapelle eines der wenigen Zeugnisse der vorgotischen Epoche in dieser Region.

In erster Linie ist Kamnik aber Ausgangspunkt für Wanderungen und Bergtouren in den wildromantischen **Steiner Alpen** (*Kamniške alpe*). Die Gebirgsregion mit Gipfeln bis zu 2500 m Höhe ist ein sehr anspruchsvolles Wandergebiet, das unerfahrene Bergsteiger nicht unterschätzen sollten. Beliebt ist die Region auch bei den Gleitschirmfliegern, die hervorragende thermische Verhältnisse vorfinden. Eine leichte Wanderung führt von Kamnik zu der volkskundlich interessanten **Velika Planina** (1666 m), der Hochalm der Kamniker Region. Zu Fuß folgt man dem ausgeschilderten Weg (*Gradišče*) ab Stahovica (auf dem Weg von Kamnik nach Kamniška Bistrica) und erreicht in ca. drei Stunden die Velika Planina. Bequemer ist es, mit der Gondelbahn (Start an der Straße nach Kamniška Bistr.)

bis zum 1407 m hoch gelegenen Hotel Šimnovec zu fahren und die restlichen 250 Höhenmeter bis zur Hütte Dom na planini zu Fuß zu gehen (ca. 45 Min.). Velika Planina ist die größte Hochebene in den Steiner Alpen; noch Anfang des 20. Jh. wurden hier oben 108 Sennerhütten gezählt. Die ursprünglich bewaldete Hochebene wurde nach und nach abgeholzt, um Raum für die Weiden zu schaffen. Heute präsentiert sie sich als große, leicht gewellte Grasfläche mit einigen kleinen Seen und den für diese Region typischen Hirtenhäusern. Sie stehen auf einem elipsenförmigen Grundriß, das Dach ist im rückwärtigen Teil und an den Seiten tief, fast bis zum Boden heruntergezogen, nur die Vorderfront zeigt sich relativ ungeschützt der Witterung. Woher diese eigentümliche und nur in den Steiner Alpen bekannte Architektur der Sennerhütten stammt, ist ungewiß. Möglicherweise reichen ihre Ursprünge bis in die Bronzezeit zurück.

Das Logartal – die stille Schöne

Das Logartal (*Logarska dolina*) gilt fast allen Slowenen als schönstes ihrer Alpentäler. Das höchstens 500 m breite und etwa 9 km lange Tal am oberen Lauf des Flüßchens Sa-

Schloß Bogenšperk

vinja führt von Norden her in die Savinja- und Steiner Alpen. Zu erreichen ist es von Kamnik aus auf der Regionalstraße über Gornji grad, die nach knapp 30 km in die Hauptstraße Celje–Logarska dolina mündet (von Kamnik wie von Celje etwa 60 km).

Tektonische Brüche und eiszeitliche Gletscher haben das Tal ausgeformt, und noch vor 10 000 Jahren soll es von Schnee bedeckt gewesen sein. An seinem Endpunkt entspringt in 1280 m Höhe der Fluß Savinja als eiskalte Quelle, stürzt im 90 m hohen Wasserfall **Rinka** zu Tale und vereinigt sich im Lauf talabwärts mit unzähligen weiteren Bergbächen. Die Savinja-Quelle ist umgeben von den majestätischen Gipfeln der Mrzla gora (2203 m), der Koroška und der Štajerska Rinka (2433 und 2289 m). Die Autostraße durch das Tal endet etwas unterhalb des Wasserfalls (ca. 10 Min. Fußweg).

Das Logartal steht als Regionalpark unter Naturschutz, deshalb wird bei der Einfahrt eine Gebühr (900 SIT) erhoben.

ⓘ Die **Touristeninformation** im Hotel Plesnik etwa in der Mitte des Tales, ℰ 03/5 84 71 11, hilft bei der Organisation und vermittelt Zimmer.

🛏 **Hotel Plesnik,** \$\$\$\$, ℰ 8 39 23 00, logarska-dolina.si: Wer in dem geschmackvollen, mit allem modernen Komfort ausgestatteten Hotel absteigt, braucht einen gut gefüllten Geldbeutel.

🏃 Dem Aktivitätsdrang sind keine Grenzen gesetzt: Wandern, Mountainbike-Fahren, Gleitschirmfliegen, Klettern, Skifahren, Reiten und Rafting sind nur einige der vielen Möglichkeiten, die Urlauber hier ausprobieren können.

Schloß Bogenšperk

Die Burg knapp 40 km östlich von Ljubljana (in der Nähe von Litija an der Save) führt die Besucher zurück in die Ära des großen Universalgelehrten Johann Weichard Valvasor (1641–1693), der mit seinem Werk »Die Ehre des Herzogthums Crain« die erste akribische Beschreibung Sloweniens vorlegte. Valvasor kaufte das im Jahre 1533 erstmals erwähnte Schloß und richtete sich darin eine Studierstube, eine umfangreiche Bibliothek sowie die erste Druckerei Sloweniens ein. Tief verschuldet mußte Valvasor allerdings schließlich das Anwesen verkaufen. Nach mehrmaligem Besitzerwechsel gehörte Bogenšperk ab Mitte des 19. Jh. bis zum Zweiten Weltkrieg den Grafen Windischgraetz, wurde 1972 renoviert und als Valvasor-Museum eingerichtet. Mit je zwei runden und einem eckigen Turm gesichert, wirkt das kleine Renaissanceschloß auf seinem tiefgrünen Hügel wie aus einem Märchen entstiegen. Man kann die Wohn- und Arbeitsräume sowie die »antike« Druckerpresse besichtigen und danach im idyllischen Schloßhof eine deftige Mahlzeit einnehmen (Öffnungszeiten Di–So 9–17 Uhr).

Celje

Die Industriestadt liegt nordöstlich von Ljubljana auf dem Weg von der Hauptstadt nach Maribor. Mit 40 000 Einwohnern und einer großen Zahl von Fabriken zählt Celje zu den wichtigen wirtschaftlichen Zentren Sloweniens. Seit 1945 fanden die Chemo- und Schwerindustrie Sloweniens in und um Celje ihre Heimat, und die neugeschaffenen Arbeitsplätze ließen die Einwohnerzahl der traditionell landwirtschaftlich ausgerichteten Region sprunghaft steigen. Historisch gilt Celje den Slowenen als Wiege ihres Nationalstaates, denn im 14./15. Jh. residierten hier die Grafen von Cilli – die einzigen Feudalherren, unter deren Oberhoheit das von fremden Besatzern geknechtete Volk eine, wenn auch nur kurze, Hoffnung hegen konnte, die nationale Unabhängigkeit zu erlangen. So jedenfalls die romantische Lesart der Geschichte. Realisten halten es lieber mit Zahlen und Fakten, und diese belegen, daß das Geschlecht der Cillier Grafen durch ehrgeizige Bündnispolitik und eigenes Verschulden den Zug zu einem autonomen slowenischen Herzogtum verpaßte.

Geschichte

In der Jungsteinzeit war die Region von Celje bereits besiedelt, im 1. vorchristlichen Jh. ließen sich Kelten nieder und gründeten eine der größten Siedlungen im slowenischen Raum, in der auch Münzen geprägt wurden. Celje gilt daher als bedeutender Fundort keltischen Geldes. Die Römer übernahmen die keltische Stadt Keleia um 15 v. Chr., nannten sie Celeia und verliehen ihr 45 das Stadtrecht. Wie bedeutend Celeia gewesen sein muß, belegen heute noch zahllose Funde, die im Stadtgebiet gemacht werden. Die schönsten Stücke kann man im Museum von Celje besichtigen. Im Hunnensturm 451–452 wurde Celeia zerstört, und als Slowenen im 6. Jh. in die Region kamen, fanden sie vom einst blühenden Municipium nur noch Ruinen vor.

Die zweite bedeutende Epoche der Stadt Celje begann im 14. Jh. mit der Ernennung eines unbedeutenden Grafengeschlechts aus dem Sanntal in den Stand der Feudalherren von Celje bzw. Cilli, wie die Stadt damals genannt wurde. Die Dynastie der Žovneker Fürsten machte sich durch ihren herausragendsten Protagonisten, Graf Hermann II., einen Namen, der weit über die Grenzen der Grafschaft geachtet wurde. Hermann II. rettete auf einem Kreuzzug gegen die Osmanen im Jahre 1393 dem ungarischen König Sigismund das Leben. Dieser dankte ihm, indem er eine Tochter des Grafen zur Frau nahm. Als Sigismund 1410 zum deutschen Kaiser gekürt wurde, waren die kleinen Žovneker Grafen von Cilli plötzlich mit dem deutschen Kaiser verwandt. Diese Verbindung, aber auch zahlreiche andere strategische Heiratsverträge knüpften die Cillier Grafen zu einem umfangreichen Netz von Verwandtschaftsbeziehungen, das alle bedeutenden Fürstenhöfe Mittel- und Südosteuropas mit ihnen verband. Auf dem Zenith der Macht unterstand der Grafschaft Cilli nicht nur die Untersteiermark (Štajerska), sondern auch Teile Kärntens, Ungarns und Kroatiens – kurz und gut, die Grafschaft Cilli bedeckte den größten Teil des heutigen Slowenien.

Die Wende kam mit Hermanns Nachfolger Ulrich II., der die Heiratspolitik seines Vaters fortsetzte, sich aber zugleich berufen fühlte, den Habsburgern in Wien die Stirn zu bieten. Dem Kaiser soll er einmal entgegnet haben, er solle ihm keine Befehle erteilen, denn herumkommandieren dürften nur Sieger. Noch unersättlicher als sein Drang nach Macht war angeblich Ulrichs Hunger nach Frauen, und während er den diversen Damen hinterherjagte, merkte er nicht, wie sein Reich zerfiel und nacheinander seine legitimen Kinder starben. 1456 wurde Ulrich schließlich von einem Attentäter in Belgrad ermordet. Das unabhängige Geschlecht der Cillier Grafen war damit ausgestorben, und Cilli fiel an die Habsburger. Die historische Chance auf ein unabhängiges slowenisches Reich war vertan.

Besichtigung

Celje ist durch die Industrieansiedlungen eine der ungesündesten Städte Sloweniens, und an dem deprimierenden Eindruck, den die Schadstoffemmissionen auf Baudenkmälern und Landschaft hinterlassen haben, kann auch die hübsche Altstadt nicht viel ändern. Sehenswert ist die gotische **Kirche des hl. Daniel** am Slomškov trg, 1306 gegründet und 1400 mit einer wunderschönen, gotischen Marienkapelle ergänzt, deren Pietà zu den herrlichsten gotischen Skulpturen Sloweniens gerechnet wird. In der Prešernova ul. steht die Marienkirche **Marijina cerkev** aus dem 14. Jh. Ein Relief über dem Portal der Sakristei zeigt die beiden Celjer Grafen Hermann I. und II. kniend vor der Gottesmutter. Am Muzejski trg, dem Museumsplatz, erhebt sich der elegante Rennaissancebau der **Stara grofija** (Grafensitz), in dem heute das Museum von Celje untergebracht ist. Die Schwerpunkte der Ausstellung widmen sich den keltischen und römischen Funden aus Celeia sowie der ruhmreichen Epoche der Cillier Grafen. Das illusionistische Deckengemälde Celjski strop aus der Hand eines polnischen Künstlers wurde 1600 vollendet. Es zieht das Auge des Betrachters über die durch die Decke vorgegebene Grenze hinaus in eine imaginäre Stadtszenerie bis zum mit Putten und Engeln bevölkertem Himmel (geöffnet Di–Fr von 10–18 Uhr, Sa von 10–12 Uhr).

Auf den Spuren der Cillier Grafen wandert man hinauf zum Burgberg und zur alten Burg **Stari grad** auf einem 407 m hohen Hügel am Stadtrand (von der Kapuzinerkirche südlich der Savinja über Maistrova ul.). Die Ruinen der im 17. Jh. aufgegebenen Festung sind heute noch sehr beeindruckend und lohnen den etwa 20-minütigen Spaziergang mit einem weiten Blick über die Stadt.

✂ Im Hotel **Turška mačka** (»Türkische Katze«) residiert eines der originellsten Speiselokale Sloweniens. Die **Istrska konoba,** $$, ✆ 03/5 48 34 11, serviert istrische Spezialitäten in einem Ambiente, das der aus dem Karst gebürtige Künstler Lojze Spacal entworfen hat.

Kloster Stična

Im Südosten Ljubljanas, ca. 35 km von der Hauptstadt entfernt, liegt eine der schönsten und ältesten Klosteranlagen Sloweniens, die im Rahmen einer Führung auch besichtigt werden kann. Stična wurde 1132 von Zisterziensern gegründet, im 15. Jh. durch Mauern und Türme gegen die Türkeneinfälle gesichert und nach dem Erlaß Kaiser Josephs II. über die Schließung der Klöster (Josephinische Reformen) aufgegeben. 1898 zogen wieder Mönche in die leerstehenden Gebäude ein. Stična ist eines der wenigen Bauensemble in Slowenien, wo sich trotz der Umbauten späterer Jahrhunderte einige schöne romanische und frühgotische Elemente erhalten haben. Dazu gehört der schlichte Kreuzgang mit seinem frühgotischen Sternrippengewölbe, das mit mittelalterlichen Fresken ausgemalt wurde. In der Wand des Kreuzganges sind noch zwei, inzwischen zugemauerte, romanische Fenster zu sehen. Eigenartige, aus Stein gemeißelte Frauen- und Männerköpfe schmücken die Konsolen der Ge-

Kreuzgang im Kloster Stična

wölbebögen im Westteil des Kreuzganges. Die Klosterkirche wurde im 17. Jh. grundlegend im Geiste des Barock umgestaltet und läßt ihren romanischen Ursprung nur noch im dreischiffigen Aufbau und den halbkreisförmigen Arkadenreihen erkennen. Das Innere ist erstaunlich zurückhaltend und schlicht dekoriert; auffällig ist die elegante, mit Putten verzierte Orgel. Die Brüder von Stična haben sich auf die Herstellung von Naturheilmitteln und Kräutertees spezialisiert, die sie in einem kleinen Laden am Eingang verkaufen. Besichtigung Di–So 8–12 und 14–18 Uhr, mehrmals täglich Führungen (auch in deutscher Sprache).

Zlatorogs Reich: Die Julischen Alpen

Wanderparadies:
Der Triglav-Nationalpark

Freizeitspaß für Familien:
Bled und Blejsko jezero

Sport und Aktivurlaub:
Bohinjsko jezero

Dreiländereck im Norden:
Kranjska Gora

Historische Stätte in
grandioser Alpenlandschaft:
Das Soča-Tal

Im Triglav-Nationalpark

Die Julischen Alpen

Triglav-Nationalpark • Gletscherauge Blejsko jezero • Fitness und Fun um Bohinj • Dreiländereck: Kranjska Gora und der Norden • Die Waffen schweigen: Ins Tal der Soča

Der Triglav-National-park

Wer den Triglav-Nationalpark besucht, tut gut daran, feste Schuhe einzupacken. Das Gebiet um Sloweniens höchsten Berg ist eine der schönsten Wanderregionen Euro-

Julische Alpen und Triglav-Nationalpark

pas. Es ist mit markierten Wegen, gesicherten Klettersteigen und gemütlichen Schutzhütten hervorragend erschlossen und überrascht dennoch durch seine naturbelassene, urwüchsige Landschaft. Doch nicht nur als Wanderparadies verdient der Triglav-Nationalpark einen Besuch: Es gibt wohl kaum einen Sport, den man hier nicht ausüben könnte – und wer lieber faulenzt, kann sich im Sommer in den Strandbädern an

den Seen von Bled und Bohinj entspannen oder das deftige Essen in unzähligen kleinen Gasthäusern und Restaurants genießen. So idyllisch erscheint die slowenische Alpenwelt, daß man die Zeugen der jüngeren Geschichte am liebsten verdrängen möchte: Im Tal der Soča, dem italienischen Isonzo, wurde eine der verlustreichsten Schlachten des Ersten Weltkrieges geschlagen, und am Südrand des Parks erzählen restaurierte Häuser und Krankenbaracken bei Cerkno vom Widerstandskampf der Partisanen in dieser unzugänglichen Gegend.

Aufbau und Relief

Mit 84 805 ha ist die Alpenregion um den Triglav (2864 m) Sloweniens einziger Nationalpark. Er bedeckt nahezu die gesamte Fläche der slowenischen Julischen Alpen. Gegründet 1924, wurde er seitdem mehrmals vergrößert und in zwei Zonen eingeteilt: Die Zentralregion (52 000 ha) unterliegt strengen Naturschutzbestimmungen und umfaßt Hochtäler und Hochgebirge ab der Waldgrenze; das tiefergelegene Gebiet wird seit alters her intensiv forst- und landwirtschaftlich genutzt und ist deshalb nur eingeschränkt schützbar. Siedlungsbau, Tourismus und Bodenwirtschaft unterliegen der Kontrolle der Nationalparkverwaltung, die versucht, die traditionelle, ländliche Architektur zu bewahren und der Zersiedlung und rigorosen Ausnutzung der natürli-

chen Ressourcen durch den Tourismus Einhalt zu gebieten. In diesem Teil gibt es 24 Ortschaften mit etwa 2000 Bewohnern.

Landschaftlich bietet das Naturschutzgebiet eine große Vielfalt: Von den sanften, bewaldeten tieferen Hängen und Almwiesen steigt man hinauf zu den zu scharfen Zakken erodierten Kalkgipfeln des Hochgebirges. Dazwischen liegen als Spuren der Gletschertätigkeit tief eingeschnittene Täler und türkisblaue Bergseen. Die im Gebirge entspringenden Bäche und Flüsse bahnen sich ihren Weg durch steile Schluchten oder stürzen in spektakulären Wasserfällen in die Tiefe. Eine auffällige Besonderheit sind die Hochplateaus (Pokljuka, Mežakla) mit ihren Almwiesen und Hochmooren. Der geologisch interessierte Wanderer kann im Nationalpark eine Fülle unterschiedlicher Formationen entdecken. Im Gegensatz zu den von Graniten und metamorphen Schiefern aufgebauten Zentralalpen sind die Julier von Karsterscheinungen geprägt. Neben den im Kapitel Karst (s. S. 122ff.) beschriebenen Landschaftsphänomenen, den Dolinen, Poljen und Einbruchstrichtern, gibt es in den Julischen Alpen Besonderheiten, die unter Hochgebirgsbedingungen ausgeformt wurden: *Karren* sind nebeneinanderverlaufende schmale Spalten im porösen Kalkstein, durch die das Wasser versickert. Das Gestein sieht aus, als hätte ein Riesenrechen darin seine Furchen hinterlassen. Unter bestimmten Bedingungen brechen

Mythen

Dreikopf und Goldhorn

Am Jasna-See hat man dem legendären Zlatorog ein Denkmal gesetzt

Mit seinen markanten drei Gipfelzacken ziert der Triglav das slowenische Staatswappen und die Flagge. Als Triglav, Dreikopf, verkörpert der Berg eine alte slawische Gottheit, den dreiköpfigen Terglov, der mit einem Kopf den Himmel, mit dem zweiten die Erde beherrscht und seinen dritten dem unterirdischen Reich zuneigt. So ist der Berg auch ein passendes Symbol für Slowenien mit seinen hohen Gipfeln, den weiten Ebenen und dem unterirdischen Reich von Grotten und Höhlen. Die berühmteste slowenische Legende kreist um das Massiv dieses mythischen Berges, und es ist wohl kein Zufall, daß gerade die majestätische Alpenlandschaft der Julier die Kulisse für das Motiv der mutwilligen Naturzerstörung von Menschenhand abgibt. Vor langer Zeit nämlich lebte hier der wundertätige Steinbock Zlatorog. Mit seinen goldenen Hörnern (*zlato* = Gold, *rog* = Horn) beherrschte er Berge, Wiesen und Wälder und die Schätze, die in unterirdischen Höhlen verborgen waren. Zlatorog war unsterblich, und wenn er sich verletzte, sproß aus dem mit Blut benetzten Boden eine Wunderblume, die alle Leiden der Menschen heilen konnte. Doch eines Tages trieb die Gier nach Gold zwei Jäger so weit, daß sie Zlatorog überlisteten und schwer verwundeten. Im Todeskampf zertrampelte Zlatorog die blühenden Almwiesen, zerstörte die Wälder, hinterließ den Menschen eine trostlose Steinwüste und verschwand. Kein Strauch, kein Gras wuchs mehr auf den Kalkflächen der höheren Lagen, und die Wunderblume – man identifiziert sie mit dem Dolomiten-Fingerkraut – verlor ihre heilende Kraft. Dieser Frevel stieß die Menschen in tiefe Armut und schlug sie mit der Bürde schwerster Arbeit, um ihr Leben fristen zu können.

diese Karren zu querverlaufenden Stufen, die wie von Menschenhand ins Gestein gehauene Treppen über die Felsen führen: Dieser Schichttreppenkarst ist in der Umgebung des dritten Triglav-Sees gut zu studieren. Der hochalpine Karst ist auch reich an Höhlen.

Neben dem leicht formbaren und porösen Kalkgestein prägen die Spuren der eiszeitlichen Gletschertätigkeit das Landschaftsbild. Bei Stara Fužina in der Nähe von Bohinj kann man die Endmoränen, die der in der Eiszeit wohl bis zu 50 km lange Gletscher hinterlassen hat, hervorragend studieren: ebenso ist der Talkessel von Bled von Rückzugsmoränen geprägt. Die Spuren der Gletschertätigkeit sind auch im Tal der Sieben Seen (s. S. 108) als Rundhöckerlandschaft zwischen viertem und fünftem See sichtbar.

Der Triglav-Nationalpark bildet die hydrologische Grenze, an der das Einzugsgebiet von Adria und Schwarzem Meer aufeinanderstoßen. Im Park entspringen die Flüsse Sava (Save) und Soča (Isonzo), die vom Gebirge aus in zwei unterschiedliche Richtungen dem Meer zustreben: die Soča nach Südwesten, wo sie in die Adria mündet, die Save nach Osten, wo sie mit der Donau vereinigt ihren Weg im Schwarzen Meer beendet.

Klima

Der Triglav-Nationalpark liegt im Grenzgebiet des mitteleuropäisch-kontinentalen Klimas und des sanfteren Mittelmeerwetters. Die Entfernung zum Meer und die relative Meereshöhe bestimmen das klimatische Geschehen. So muß man im Hochgebirge mit starken Schwankungen, niedrigen Temperaturwerten und häufigen Niederschlägen rechnen, während in den nach Südwesten ausgerichteten Tälern deutlich wärmeres und trockeneres Wetter zu erwarten ist. Im Gegensatz zur Temperatur sind die Niederschlagsmengen im gesamten Parkgebiet relativ gleichmäßig verteilt. Das Jahresmittel liegt bei 1500 mm, ein Drittel des Jahres regnet es im Durchschnitt, wobei der Höhepunkt der »Regenzeit« im November und in den Monaten Juli und August liegt, während sich der Winter niederschlagsarm präsentiert. Als sichere Schneelagen gelten die Gipfel und Hänge im östlichen und nördlichen Teil des Parks, der Westen (Soča-Tal) weist unter Einfluß des Mittelmeerklimas selten eine geschlossene Schneedecke auf.

Gletscherauge Blejsko jezero

Der See von Bled am Ostrand des Triglav-Nationalparks ist neben dem venezianischen Piran wohl das meistfotografierte und bekannteste Motiv Sloweniens. Aus der Vogelperspektive betrachtet liegt er wie ein ovales Auge zwischen steil aufsteigenden Hängen, vom Felsen am Nordufer blickt trutzig eine Burg über Wälder und Orte am Seeufer, und die winzige Insel in seiner Mitte schmückt ein Kirchlein, dessen Glocke, wenn sie bei einmal ziehen dreimal ertönt, Wünsche von unglücklich Liebenden erfüllen kann. Die von einem eiszeitlichen Gletscher geschliffene Kuhle zwischen den Bergen lief erst vor etwa 14 000 Jahren mit Wasser voll; damals war der Bleder See etwa doppelt so tief wie heute. Der Abfluß, ursprünglich durch den flachen Gletscherkorridor nach Osten gerichtet, nimmt heute als Flüßchen Jezernica seinen Weg aus dem See nach Süden. Weil mehr Wasser weg- als herantransportiert wird, schrumpft der See beständig. Er ist heute an der tiefsten Stelle 31 m tief, 2 km lang und etwa 1 km breit.

Marienkirche auf Blejski otok, der Insel im See von Bled

Der See liegt knapp außerhalb der Grenzen des Naturschutzgebietes und ist eines der ältesten und wichtigsten Fremdenverkehrszentren Sloweniens. Das Angebot an Unterkunftsmöglichkeiten jeder Kategorie ist enorm, die flachen Seeufer im Sommer bis auf den letzten Platz gefüllt mit Badenden. Im Gegensatz zu Bohinj, wo sich die Anwohner bereits früh der Zersiedlung der Seeufer widersetzt haben, ist Bleds Uferlinie vor allem im Osten mit Hotels und Pensionen zugebaut. Der von der Autobahn Jesenice–Ljubljana kommende Reisende erreicht den See im Hauptort Bled.

Bled

Die Region um den See diente bereits steinzeitlichen Menschen als Lebensraum; eine intensivere Besiedlung erlebte sie in der Eisenzeit, als in den umliegenden Bergen mit dem Abbau des metallhaltigen Gesteins begonnen wurde (um 800 v. Chr.). Während römische Spuren fast völlig fehlen, sind die Zeugnisse zweier Einwanderungswellen slawischer Völker sehr reich (6./7. und 10. Jh.). Gräber mit Schmuck- und Alltagsgegenständen wurden beispielsweise am Fuße des Burgberges, im Bereich des heutigen Friedhofs und im Park des Hotels Villa Bled entdeckt. Im Jahre 1004 verlieh Kaiser Heinrich II. Bled und Umgebung als Lehen an die Bischöfe von

Brixen, diese wiederum gaben ihre Feudalrechte an die Familie von Kreigh, bis 1558 das Adelsgeschlecht von Auersperg seinen Sitz in Bled nahm und das Schloß errichten ließ. Bis zum Beginn des 19. Jh. blieb Bled unter der formellen Oberhoheit der Brixener und ihrer jeweiligen Verwalter. Ende des 19./Anfang des 20. Jh. wurden Schloß, See und die wertvollen Baugrundstücke mehrfach an reiche Industrielle veräußert, bis sie 1919 mit dem Hotelier Ivan Kenda, einem gebürtigen Bleder, in slowenische Hände übergingen.

Bereits 1855 initiierte der Schweizer Arzt Arnold Rikli in Bled die Gründung einer Kuranstalt für Naturheilverfahren und ließ 1895 eine einfache Pension für seine Patienten errichten. Riklis Heilmethoden bestanden in erster Linie aus Luft- und Sonnenbädern im gesunden Klima von Bled, unterbrochen von genau festgelegten Spaziergängen, die seine Patienten beispielsweise am frühen Morgen barfuß im Morgentau zu unternehmen hatten. Parallel zur Entwicklung des Kurbades lockte Bled immer mehr »normale« Badegäste an, denen mit dem Bau komfortabler Hotels Rechnung getragen wurde. Die jugoslawische Königsfamilie unterhielt eine Sommerresidenz am Seeufer, und nach dem Zweiten Weltkrieg zog Tito in das komplett renovierte Schloß der Ex-Könige ein. Heute steht der geschichtsträchtige Bau als Hotel Villa Bled allen (zahlungskräftigen) Gästen offen.

Der Ort zieht sich entlang einer hübsch gestalteten Parkanlage am östlichen Seeufer und wird im Norden vom Burgfelsen, im Süden von dem Berg Straža begrenzt. Außer Hotels, Restaurants und Cafés bietet Bled selbst kaum Sehenswertes. Eine Pause sollte man unbedingt im Café des Hotels Park einlegen: Die Spezialität des Hauses (und der ganzen Region um Bled) sind köstlich-lokkere Cremeschnitten! Einen Besuch verdient die knapp 140 m über dem See gelegene Burg **Blejski grad,** zu der ein schattiger Fußweg hinaufführt. In ihrer heutigen Gestalt stammt die Burg aus dem 16./17. Jh., doch haben Ausgrabungen ergeben, daß hier wahrscheinlich ein romanischer Wachtturm stand, der in die späteren barocken Bauten miteinbezogen wurde. Der Komplex besteht aus einem unteren Hof mit Wirtschaftsgebäude und dem oberen Burgteil mit dem Wohnhaus der Adelsgeschlechter. Hier befindet sich die den Heiligen Albuin und Ingenuin geweihte Schloßkapelle (16. Jh.), die im Inneren komplett mit Fresken ausgemalt ist. Das Schloß nebenan beherbergt ein sehr interessantes **Museum** zur Geschichte von Bled, in dem auch Funde aus Stein- und Eisenzeit sowie aus der slawischen Besiedlung ausgestellt sind (geöffnet März bis Okt. 9–19 Uhr, im Winter 9–16 Uhr).

Blejski otok, die Insel im Blejsko jezero, ist das Ziel von Bootsfahrern und Schwimmern von allen Seiten des Sees. Wie eigens vom Fremdenverkehrsverband hingestellt sieht das Inselchen mit seiner Marienkirche aus. Auf dem vom See umspülten Felsen haben bereits die ersten slawischen Siedler eine ihrer wichtigsten weiblichen Gottheiten verehrt. Die Spuren des altslawischen Heiligtums wurden erst im 20. Jh. entdeckt, doch Sloweniens Nationaldichter France Prešeren erahnte bereits wesentlich früher die Magie des Ortes und siedelte einen Schauplatz seines Epos »Taufe an der Savica« (Krst pri Savici, 1836) auf der Insel an: Hier leben die Priester Staroslav (Alter Slawe) und seine Tochter Bogomila (die Gottgefällige) am Tempel der Živa, bis die Stätte in den Auseinandersetzungen zwischen Christen und heidnischen Slawen zerstört wird. Anstelle des alten Heiligtums wird eine Kirche errichtet, der die beiden Bekehrten weiterhin treu dienen, während sich Bogomilas Bräutigam und Heerführer der Heiden, Črtomir, nach Zureden seiner Auserwählten am Wasserfall Savica (s. S. 108) taufen läßt. Den beiden Liebenden ist im Diesseits kein Glück beschert, erst im Jenseits sollen sie zueinanderfinden. Črtomir bricht nach Aquileia auf, um sich in den Dienst der dortigen Patriarchen zu stellen; Bogomila aber betet nun nicht mehr zu Živa, sondern zur Jungfrau Maria.

Die visionären Verse Prešerens wurden durch archäologische Ausgrabungen bestätigt: Das altslawische Heiligtum auf der Insel wich spätestens im 9. Jh. der ersten christlichen Kultstätte. 1142 wurde eine dreischiffige romanische Basilika eingesegnet, im 15. Jh. folgten Umbauten im gotischen und im 16. Jh. im Barockstil. Im 17. Jh. wurde die Treppe erbaut, die in 99 Stufen vom kleinen Hafen hinauf zum Gotteshaus führt. Etwas älter ist die Wunschglocke (1534). Wer einmal an ihr zieht und sie dreimal hört, darf hoffen, daß es ihm besser ergeht als Bogomila und Črtomir. Gemessen am beständigen Bimmeln des Glöckchens, das vom frühen Morgen bis spät abends über den See hallt, muß die Zahl unglücklich Verliebter außerordentlich hoch sein!

TIC, Turistično društvo Bled, 4260 Bled, Cesta svobode 15, ✆ 04/5 74 11 22, Fax 5 74 15 55, bled.si: Das TIC vermittelt Privatzimmer und Appartements und besitzt eine Fülle an Info-Material sowie Wanderkarten.

Vila Bled, (A), $$$$, Cesta svobode 26, ✆ 5 79 15 00, Fax 5 74 13 20: Die ehemalige Sommerresidenz des jugoslawischen Staatspräsidenten Tito ist ein luxuriöses Denkmal der 1950er Jahre-Architektur. Idyllische, ruhige Lage in einem großen Park, eigenes Seebad, perfekter Service und gute Küche. **Grand Hotel Toplice,** $$$$, Cesta svobode 12, ✆ 5 79 10 00, Fax 5 74 18 41: Traditionsreiches Kurhotel mit Thermenanlage und Schwimmbad, direkt am See. Die Zimmer zur Straße sind sehr laut. **Ribno,** $$$, Izletniška c. 44, ✆ 5 74 13 21, Fax 5 74 11 84: Angenehmes Haus im Vorort Ribno. **Pension Alp,** $-$$, Zankarjeva 20a, ✆ 5 74 16 14, Fax 5 74 45 90: gute, einfache Unterkunft 1 km vom Zentrum. **Pension Mlino,** $, Svobode 45, ✆ 5 74 14 04, Fax 5 74 15 06: Hotel-Restaurant an einem lebhaften Strandabschnitt, viel Rummel, nette Atmosphäre.

Jugendherberge *(Mladinsko prenočišče),* Grajska ul. 17, ✆ 5 74 52 50, Fax 5 74 52 51: Unter dem Burgberg.

Camp Šobec, Sobčeva ul. 25, 64248 Lesce, ✆ 5 31 81 04, Fax 5 31 90 01: Der hervorragend ausgestattete Campingplatz liegt östlich des Sees in Lesce und gilt als einer der besten Sloweniens. **Camp Zaka,** Kidričeva c. 10, ✆ 5 74 17 12: Am Westende des Sees mit eigenem Strand.

Blejski grad, $$$, ✆ 5 74 16 07: Schloßrestaurant mit malerischer Atmosphäre, gesalzene Preise. **Blejski otok,** $$, ✆ 5 74 17 15: Nettes Restaurant auf der Insel, die Überfahrt wird organisiert. **Okarina,** $$, Rikljeva 9, ✆ 5 74 14 58: Traditionsreiches Gasthaus, das sich *Restaurant gastronomique* nennt und weder in Leistung noch Preis überzeugen kann. Wer's trotzdem versuchen möchte, sollte unbedingt reservieren. **Mlino,** $$, ✆ 5 74 14 04: Hausmannskost im »Biergarten«. **Veslaški center Zaka** (Soklič & Soklič), $, Župančičeva 9, ✆ 5 74 17 09: Nettes Gartenrestaurant auf dem Gelände des Ruderclubs.

Bootfahren: Die traditionelle Fahrt mit den pletna-Booten zur Insel gehört zum Standardprogramm in Bled. Eine einfache Fahrt kostet etwa 1200 SIT. Man kann aber auch Ruderboote oder Kajaks mieten und sich auf eigene Faust aufmachen. **Kutschenfahrt:** Mit der Pferdedroschke kann man den ganzen See umrunden oder kürzere Strecken in Angriff nehmen. Von Bled zur Burg kostet es ca. 3500 SIT, zur Vila Bled 4500 SIT. **Zu Fuß:** Etwa 6 km lang ist der hübsche Spaziergang am Ufer entlang. Unterwegs passiert man kurz hinter dem Hotel Vila Bled einen monumentalen, weißen Bau, den von Stararchitekt

Jože Plečnik entworfenen Pavillon. Er soll renoviert werden und zukünftig als Terrassencafé mit schönem Blick über den See dienen.
Golf: Golf & Country Club Bled, C. svobode 11, ✆ 5 37 77 00, Fax 5 31 82 25: Größter Golfplatz Sloweniens. 2 Parcours mit 18 und 9 Löchern in herrlicher Gebirgslandschaft. **Rafting, Kajak, Mountainbike-Touren** etc. organisieren mehrere Büros in Bled, z. B. Klub Extrem, Poljska pot 1, ✆ 041/67 80 08, und Pro Montana, Ljubljanska c. 1, ✆ 5 74 26 05 (auch geführte Trekkingtouren, Höhlenwanderungen und Klettern). **Reiten:** Hippodrom (zwischen Bled und Lesce), ✆ 5 70 25 10: Reitstunden, Geländeritte. **Parasailing und Fallschirmspringen:** Flughafen Lesce-Bled, ✆ 2 94 41 54. **Skifahren:** Sessel- und Schlepplift auf der Straža (648 m), Schneekanonen.

Bled ist ein Wanderparadies der ungezählten Möglichkeiten. Touren auf die Hochplateaus Pokljuka und Mežakla bis hin zur mehrere Tage dauernden Besteigung des Triglav sind möglich. Wanderführer und -karten gibt es beim TIC Bled. Hier einige lohnenswerte Wege.
– Nach Ribno: Eine schmale Straße führt durch Dörfer, Wiesen und Felder von Mlino am Südufer bis Ribno und weiter durch Waldlandschaft nach Süden. Alte Bauernhäuser und die für die Region typischen Heuharfen vermitteln beidseits des Weges ein Bild von der traditionellen Landwirtschaft dieser Gegend.
– Vintgar-Schlucht: Ausgangspunkt ist der Parkplatz am Restaurant Vintgar außerhalb von Sp. Gorje, 4 km nordwestlich des Sees. Von dort folgt man dem Fluß Radovna nach Nordosten und erreicht schon bald den Eingang in die stellenweise bis zu 300 m hohe Felsenklamm, durch die der Fluß in Wirbeln und kleinen Wasserfällen dahinschießt. Der ca. 2 km lange Weg folgt zunächst dem nördlichen, dann dem südlichen Ufer der Radovna. Nach einer knappen Stunde ist der 13 m hohe Wasserfall Šum erreicht; ein Kiosk verkauft Souvenirs, Proviant und Getränke. Vom Wasserfall kann man über Sv. Katarina in ca. 1 Stunde direkt nach Bled wandern, oder man kehrt auf gleichem Weg zurück und genießt bei einer Rast im Restaurant **Vintgar** die köstlichen Forellen unter schattigen Kastanien (✆ 5 72 50 50).
– Pokljuka-Schlucht: Der Ausgangspunkt liegt über dem Dorf Krnica, 7 km nordwestlich von Bled. Die Schlucht wurde von den Schmelzwassern des Pokljuka-Gletschers ausgewaschen, ist etwa 2 km lang und bis zu 40 m tief. Der vom Wasser geformte Kalkstein zeigt eine Vielfalt eigenartiger Formationen: natürliche Brücken, Höhlen (Loch von Pokljuka) und kleine Felsenplateaus, die *vrtci*, Gärten, genannt werden. Auf gleichem Weg geht es wieder zurück zum Parkplatz oder nach Krnica, wo Busse nach Bled verkehren.
– Babji zob: Der markante, 30 m hohe Felssporn mit dem originellen Namen »Weiberzahn« südlich von Bohinjska Bela ist wegen seiner Karsthöhle *(Jama pod Babjim zobom)* interessant. Die 300 m lange Höhle besitzt eine Rarität: Helektiten, schneckenförmig gedrehte Tropfsteine. Besichtigung nach Absprache nur in den Sommermonaten möglich, Auskunft bei der Gostilna Rot, ✆ 5 72 00 72.

Im Sommer gibt es einen kostenlosen Busservice von Bled am See entlang, der alle 30 Minuten zwischen 9 und 13 und 15 bis 19 Uhr verkehrt. Häufige Verbindungen bestehen nach Kranj und Ljubljana sowie nach Radovljica und Begunje.
Der Busbahnhof befindet sich an der C. svobode 4 (✆ 5 74 11 14).

Der Museumszug startet in Jesenice und fährt über Bled (Bahnhof Bled-jezero, Kolodvorska c. 50, ✆ 5 74 11 13), Bohinjska Bistrica, Podbrdo und Most na Soči bis Tolmin. Die Fahrt dauert etwa 1,5 Stunden und kostet 6550 SIT/Erwachsene und 3550 SIT/Kinder, inkl. Besichtigung von Tolmin und kleinem Imbiß. Abfahrten immer Do um 9.30 in Bled (9.15 in Jesenice), Rückkehr gegen 18 Uhr. Ein Tip für Radler: Im Gepäckwaggon kann man seinen fahrbaren Untersatz mitnehmen und die landschaftlich besonders reizvolle Strecke Podbrdo–Tolmin (32 km) per Fahrrad zurücklegen. Retour geht's dann per Bahn!

Ausflüge in die Umgebung

Im Dorf **Vrba** wurde 1800 der Dichter France Prešeren geboren. 1939 wurde in seinem Geburtshaus ein Museum eingerichtet, das einen Überblick über das lyrische Werk Prešerens gewährt. Besichtigung ist nur nach Voranmeldung möglich unter ✆ 04/5 80 20 92.

Das schmucke Barockstädtchen **Radovljica** hat zwei Attraktionen: Ein ungewöhnliches und überaus interessantes Imkermuseum und eines der besten Restaurants der Region. Das **Imkermuseum** *(Čebelarski muzej)* liegt im Herzen der Altstadt in dem ehemaligen Palais Thurnov grad auf dem von hübschen Barockkhäusern gesäumten Hauptplatz. Ein prunkvoller Treppenaufgang führt hinauf in die erste Etage, wo sich alles um die Bienenzucht dreht. Die Exponate des Museums umfassen neben allerlei tech-

Vintgar-Schlucht

nischem Gerät die schönsten Stücke der volkstümlichen Bienenkorb-brettchen (s. auch S. 53). Sie sind mit naiven Motiven bemalt, die Szenen aus dem Volksglauben, aber auch aktuelle Ereignisse aufnehmen und karikieren. Einige besonders originelle Stücke sind darunter: Wie ein unbekannter Maler beispielsweise darauf gekommen ist, im ländlichen Slowenien ein Brettchen mit dem Schriftzug Oranje Freestate zu versehen, kann man sich kaum vorstellen! Herrlich ist auch der aus Holz geschnitzte Bienenstock, der einen mit Turban und Pluderhosen gewandeten Türken darstellt. Nach dem Rundgang können die Besucher an der Kassentheke Bienenerzeugnisse – von Honig über Propolis bis hin zu Kerzen und Lebkuchen *(medenjak)* – erwerben (Öffnungszeiten: Mai–Aug. Di–So 10–13 und 16–18 Uhr, Sep. u. Okt. 10–12 und 15–17 Uhr, März/April u. Nov./Dez. nur Mi, Sa, So 10–12 und 15–17 Uhr, im Jan. u. Feb. geschlossen).

Gostilna Lectar, ✆ 04/5 37 48 00: In dem 500 Jahre alten Haus am Hauptplatz wurde die Traditionsgaststätte bereits 1822 eröffnet; ihren Namen verdankt sie der früher hier ansässigen Bäckerei, in der die *lectarji* (vom deutschen Lebzelt) Lebkuchen zubereiteten. In der warmen Jahreszeit sitzt man auf einer schattigen Terrasse mit Blick über Dorf und Berge, im Winter in der gemütlichen, holzgetäfelten Gaststube. Serviert werden hervorragende slowenische Spezialitäten wie *Zelšovka,* ein mit Schnittlauch gewürztes Weißbrot, oder die köstliche *Matejeva polenta* mit Pfifferlingen und Käse.

Der Pilgerort aller Oberkrainer-Fans ist das Dörfchen **Begunje** mit der **Gostilna Avsenik,** in der mittwochs und freitags Nachwuchsmusiker den typischen Oberkrainer-Sound kopieren. Das Essen ist gutbürgerlich-deftig, der Service trotz des immensen Ansturms erstaunlich schnell, an den Livemusiktagen muß man unbedingt rechtzeitig reservieren (Di–So geöffnet, ✆ 04/5 33 34 02)! Slavko Avsenik, der Begründer der Oberkrainer, zeigt sich persönlich nur selten, sein Bruder dirigiert den Gastbetrieb mit sicherer und charmanter Hand. Die Familie hat auch ein kleines Museum eingerichtet, das die Geschichte der erfolgreichen Band dokumentiert und Souvenirs verkauft (Di, Do, So 10–17 Uhr, Mi, Fr, Sa 10–15 und 17–19 Uhr, Mo geschlossen).

Ganz im Schatten der Polkarhythmen steht das zweite Museum in Begunje, dessen Thema die Greuel des Zweiten Weltkriegs sind, das **Muzej talcev:** Schloß Katzenstein diente zwischen 1941–1945 als Gestapo-Hauptquartier und Gefängnis. Über 12 000 Menschen wurden hier gefangengehalten, viele von ihnen gefoltert und umgebracht. Die Ausstellung informiert über diese düstere Epoche mit zahlreichen Dokumenten und Fotografien. Besichtigung nur nach Voranmeldung unter ✆ 5 33 37 90.

Die Eisengewinnung hat eine lange Tradition in dieser Region Sloweniens, und **Kropa** ist ein typisches Schmiededorf unter dem Hochplateau Jelovica. Charakteristisch für die Architektur dieser Siedlungen sind die schmalen, mehrgeschossigen Häuser. Während die Herrschaften die großzügigen unteren Etagen bewohnten, waren die Familien der Minenarbeiter und Schmiede in den Dachkämmerchen zusammengepfercht. Im Museum **Kovaški muzej** sind die Arbeits- und Lebensbedingungen der Menschen auf eindringliche Art und Weise dargestellt. Daneben informiert es den Besucher über geologische Besonderheiten und die Geschichte des Bergbaus in der Region zwischen dem 15. und dem 19. Jh. und zeigt schmiedeeiserne Kunstwerke aus der Hand des Meisters Joža Bertoncelj. Eine mit Original-Werkstücken eingerichtete Schmiede liegt etwas bergauf am Ende des Ortes (Besichtigung nur mit Führung möglich). Das Museum ist in der Hauptsaison Di–So von 10–13 und 15–18 Uhr geöffnet, ansonsten gelten kürzere Öffnungszeiten (Auskunft unter ☎ 04/5 33 67 17).

Bohinjsko Jezero

Eine knappe halbe Stunde Autofahrt ist es von Bled zum See von Bohinj im Triglav-Nationalpark. Die gut ausgebaute Schnellstraße führt über Bohinjska Bela und B. Bistrica nach Ribčev Laz. Bohinjsko jezero, deutsch Wocheiner See, ist Sloweniens größter permanenter See (der See von Cerknica, S. 124, ist zwar größer, doch führt er nur im Winter Wasser). Eingebettet zwischen dem 1682 m hohen Berg Vogel (das v wird wie w gesprochen!) im Süden und dem bis zu 1200 m hohen Plateau der Komarča im Norden bleibt nur an den beiden Schmalseiten Platz für Siedlungen. Gespeist wird der See von der Quelle der Savica, die im Westen als malerischer Wasserfall aus dem Karstgestein tritt und den See als Sava Bohinjka im Osten verläßt. Mehr noch als Bled ist die Gegend um Bohinj ein Sport-Wanderparadies par excellence. Neben einigen Hotels gibt es in den Dörfern am Ostrand zahllose Privatzimmer und Appartements für Selbstversorger.

Die Region um Bohinj besitzt eine ins 14. Jh. zurückreichende Tradition des Eisenabbaus und der -Verhüttung. Zeugnis hiervon legen heute Ortsnamen wie Stara Fužina (*fužina* = Hammerwerk) ab. Ende des 19. Jh. war durch die Konkurrenz billigeren Eisens aus dem Norden die Blütezeit des Eisenabbaus vorbei und die Bohinjci mußten umsatteln. Die Weidewirtschaft, auch sie ein alter Erwerbszweig dieser Region, gewann an Bedeutung. Auf den Hochplateaus um den See von Bohinj sind noch heute die einfachen Almhütten zu sehen, an denen die Hirten den Sommer über das Vieh weiden ließen und Käse herstellten. Tradition hat in dieser Region auch der Alpinismus: Der 26. 7. 1778 ist in den historischen Annalen als Datum der Erstbesteigung des Triglav festgehalten. Finanziert wurde die Expedition der vier Bohinjer Bergsteiger vom Baron Žiga

Zois, der sich auch als Förderer slowenischer Literaten einen Namen gemacht hat.

Ribčev Laz am Bohinjsko jezero ist der touristische Mittelpunkt des Wochein. Markantes Wahrzeichen des Ortes ist die Johannes dem Täufer geweihte Kirche Sv. Janez, neben der eine schmale Steinbrücke den Ausfluß der Sava Bohinjka überquert und in die moderne Siedlung

hineinführt. Der ursprünglich romanische Bau des Kirchleins (wahrscheinlich vor 1300 entstanden) wurde im 15. Jh. erweitert und mit einem Kreuzrippengewölbe über dem Presbyterium geschmückt. Älter sind die Fresken, mit denen der Kirchenraum bemalt ist, einige stammen aus dem 14. Jh. und stellen die Schutzpatrone der wichtigsten Wirtschaftszweige dar: St. Bar-

Entspannung pur am Bohinjsko jezero

bara, die Heilige der Bergleute und Schmiede, St. Leonhard, der die Viehzüchter vor Unheil bewahrt und St. Bolfenk, den Hirten, Bootsleute und Holzfäller für sich reklamieren. Wenn die Kirche geschlossen ist, muß man sich mit dem St. Christophorus-Fresko an der Außenwand begnügen (der Patron der Verkehrsteilnehmer und Reisenden sieht allerdings schon recht verwittert aus) oder den Schlüssel im Ort bei der Touristeninformation holen.

Zentrum des Ortes ist ein großer Platz mit Restaurants, Cafés, Supermarkt, Post und Touristenbüro. Die kleine Grünanlage gegenüber ziert ein Bronzedenkmal der »Vier Beherzten«, jener Männer, denen im 18. Jh. die Erstbesteigung des Triglav glückte. Arm in Arm stehen sie stolz vor der majestätischen Alpenkulisse, auf ihren Schicksalsberg blickend, dessen drei Zackengipfel sich bei klarem Wetter deutlich abzeichnen.

Das ehemalige Schmiededorf **Stara Fužina** liegt 2 km vom See entfernt. Mit 543 Einwohnern ist es nach Bohinjska Bistrica die zweitgrößte Ansiedlung des Wochein; in den Sommermonaten leben hier aber wesentlich mehr Menschen, denn fast jedes Haus in Stara Fužina vermietet Zimmer und Appartements an Feriengäste. Zwischen den modernen Einfamilienhäusern ist noch mancher alte Bauernhof zu entdecken, so etwa das Haus der Gostilna Mihovc und das Gebäude, in dem heute das Sennereimuseum **Planšarski muzej** untergebracht ist. Das Museum zeigt Anlage und Ein-

richtung einer traditionellen Sennerei und dokumentiert in historischen und modernen Fotografien die Entwicklung der Almwirtschaft im Raum Bohinj. Eine eigene Abteilung ist der Käserei gewidmet, die bis 1971, als in Srednja Vas eine moderne Käserei ihre Pforten öffnete, noch auf den Almen betrieben wurde. Geöffnet ist das Museum tgl. außer Mo. im Juli/Aug. von 11–19 Uhr, sonst von 10–12 und 16–18 Uhr. Am Ortsrand (Wanderweg in Richtung *Hudičev most,* Teufelsbrücke) liegt das Schloß der Grafen von Zois, der letzten Eigentümer der Eisenhütten von Bohinj. Baron Žiga von Zois (1747–1819) steckte das verdiente Geld in die Förderung slowenischer Kultur und Literatur und ging deshalb als eine der wenigen positiven Ausnahmen unter den Feudalherren in die slowenische Geschichte ein. Heute speist man im Schloßrestaurant Zoisov Grad, $$, Grajska ul. 14, Mobil-✆ 050/64 68 74.

Studor, 2 km von Stara Fužina, ist eine der ältesten und malerischsten Ansiedlungen im Tal von Bohinj. Von der Landstraße aus sieht man zunächst nur eine große Ansammlung der für die Region so berühmten Heuharfen, *kozolci,* fast alle in der »doppelten« Ausführung *(toplar),* wie sie nur die reichen Bauern aufstellen konnten. Zwei aus Holz errichtete Heuharfen werden durch ein Spitzdach und kunstvoll geschnitzten Querstreben miteinander verbunden. Gras, Klee und Mais werden an den Seitensprossen getrocknet und dann auf dem überdachten Heuboden gelagert, denn im Tal von Bohinj »hat der Regen Junge«, so ein lokales Sprichwort. Ohne *kozolec* könnten die Bauern ihre Ernte nicht trocken einbringen. Unter dem Heuboden wird landwirtschaftliches Gerät eingestellt. Die Besonderheit der Heuharfen von Studor ist, daß sie in der gleichen Anordnung erbaut wurden wie die Häuser des eigentlichen Dorfes dahinter. Sie stellen ein Spiegelbild des Dorfgrundrisses dar. Die Siedlung Studor zeigt alle Charakteristika alpenländisch-slowenischer Architektur: Die Höfe bestehen aus einem gemauerten Erdgeschoß und einer aus Holz erbauten ersten Etage, teils mit schattigen Laubengängen geschmückt und durch weit vorkragende Schindeldächer vor Regen und Wind geschützt. Steinmetzbögen umrahmen die alten Hauseingänge, und in den kleinen Gärten vor dem Haus blühen Sommerblumen in schönster Pracht. Ein Musterhaus dient als alpenländisches Museum: In der **Oplenova hiša** (Öffnungszeiten wie beim Sennereimuseum s. S. 105) kann man sich über die Wohntraditionen und die Lebensbedingungen der Alpenslowenen informieren und heimischen Schnaps und Likör verkosten.

Bohinjska Bistrica, mit knapp 2000 Einw. der Hauptort von Bohinj war wie die anderen Dörfer ursprünglich ein Zentrum der Eisenverarbeitung. Auf die lange Besiedlungsgeschichte des Ortes verweisen prärömische und römische Funde, die außerhalb des Ortes in Ajdovski Gradec gemacht wurden. Heute ist B. Bistrica durch die Ende des 19. Jh. angelegte Eisenbahnlinie der verkehrsmäßig am besten erschlossene Ort des Wochein und damit ein wichtiges Touristenzentrum. Besonders die Rodler können stolz auf eine lange Tradition zurückblicken: 1909 wurde die erste Rodelbahn angelegt! Mit dem Bau eines Skilifts auf den Berg Kobla im Jahre 1970 entwickelte sich Bohinjska Bistrica zu einem wichtigen Skizentrum.

Turistbiro Bohinj, Ribčev Laz 48, ☏ 04/5 74 60 10, Fax 5 72 33 30, bohinj.si: Geöffnet tgl. 8–21, So 8–19 Uhr. Infomaterial, Wanderkarten u. -führer, Geldwechsel, Vermittlung von Privatzimmern und Appartements. **Agencia Alpinum,** Ribčev Laz 50, ☏ 5 77 80 00, Fax 5 72 34 46: Infomaterial, Unterkunft, Sport- und Ausflugsprogramme, Angelscheine. **Slovenijaturist,** Bohinjska Bistrica, ☏/Fax 5 72 10 32. Infomaterial, Unterkunft, Sport- und Ausflugsprogramme.

Jezero, $$$, Ribčev Laz 51, ☏ 5 72 33 75: Komforthotel am See, abends viel Rummel. **Bellevue,** $$, Ribčev Laz 65, ☏ 5 72 33 31: In Panoramalage am Ortsrand von Ribčev Laz, angenehmes Hotel im Alpenstil. **Zlatorog,** $$$, Ukanc 64, ☏ 5 72 33 81, Fax 5 72 33 84: Angenehme Anlage am Westende des Sees, Hallenbad, eigener Strand. **Ski,** $$, Ukanc 180, ☏ 5 72 13 01, Fax 5 72 11 05: Skihotel auf dem Vogel mit herrlichem Bergblick, doch leider etwas vernachlässigt.

Preiswerter und oft auch hübscher wohnt man in **Privatzimmern und Appartements,** die das Turistbiro in Ribčev Laz vermittelt: DZ je nach Kategorie zwi-

Paradies für Wassersportler

schen 1200 und 2000 SIT/Person, Appartements für 4 Personen mit 2 Schlafzimmern ca. 7500–10 000 SIT.

Camping Zlatorog, Ukanc 2, ✆ 5 72 34 82: 100 Stellplätze, Restaurant, Boot- und Fahrradverleih, direkt am See.

Gute, aber auch recht teure Küche servieren die Hotelrestaurants. **Pizzeria Center,** $, am Hauptplatz in Ribčev Laz, ✆ 5 72 34 75: Riesenpizzas zu vernünftigen Preisen. **Kristal,** Ribčev Laz 4, ✆ 5 72 33 42, hübsches Gartenrestaurant mit guter slowenischer Kost, vermietet auch Zimmer. **Gostilna Mihovec** $, Stara Fužina 118, ✆ 5 72 33 90, uriges Gasthaus mit slowenischen Spezialitäten.

Gostilna Planšar, Stara Fužina gegenüber dem Sennereimuseum: Kleine, aber gute Karte slowenischer Hausmannskost. **Gostilna Rupa,** $$, Srednja Vas 89, ✆ 5 72 34 01: Am Ortsausgang in Richtung Češnjica, sehr beliebtes Lokal, das vor allem am Donnerstag bis auf den letzten Platz besetzt ist (früh kommen, Reservierung nicht möglich): dann gibt's Spanferkel und dazu Volksmusik live!

Jede Art von sportlichen Aktivitäten vermittelt die Agentur Alpinum (s. Info). **Gleitschirmfliegen:** Ein Tandemflug zwischen 6000 und 8000 SIT, je nach Abflugsort vom Vogel oder Vogar. Die Belohnung für den Nervenkitzel ist ein herrliches Panorama des Sees und der Alpengipfel! **Hydrospeed:** Mit einem Speedschwimmer (und wasserfester Ausrüstung) über die Stromschnellen der Sava Bohinjka treiben, Länge ca. 5 km, Preis 4500 SIT. **Canyoning:** Von der Teufelsbrücke bei Stara Fužina klettert, springt und schwimmt man durch den Canyon der Mostnica, Preis 7400 SIT, Ausrüstung wird gestellt. Außerdem Rafting, Wildwasserfahren, Mountainbiketouren etc. Wenn die Agentur geschlossen ist, kann man Informationen auch bei Borut Jurkovič, Mobil-📞 0 41/69 85 23 erfragen. **Klettern:** Bei Ribčev Laz befindet sich eine Kletterwand mit allen Schwierigkeitsgraden: Climbing Center »Pod Skalco«, 📞 5 72 42 31, eine Klettertour kostet ca. 450 SIT, Kletterkurs (5 × 3 Stunden) ca. 14 000 SIT.

– Zum Savica-Fall westlich des Sees: Ausgangspunkt ist der Parkplatz bei Koča pri Savici, den man auf einer von Ukanc herführenden Straße erreicht. Ein kurzes Stück geht's noch auf Asphalt, dann wird an einem Kassenhäuschen Eintritt bezahlt und man folgt dem in Serpentinen angelegten Waldweg den Berg hinauf. Etwa 20 Min. dauert der Aufstieg, dann blickt man von einer Aussichtsplattform auf die 78 m hohe Felswand, über die das Wasser der Savica hinunterstürzt.

– Auf den Vogel: Der Ski- und Aussichtsberg von Bohinj läßt sich bequem mit der Seilbahn erklimmen. Von der Bergstation in 1540 m Höhe liegen dem Betrachter die Julier und der kristallblaue See zu Füßen. Wer hier oben übernachtet, sollte sich keinesfalls den Sonnenaufgang entgehen lassen.

– Von Ribčev Laz nach Srednja vas: Etwa 5 km lang ist der Spaziergang durch Felder und Wiesen, vorbei an alten Bauernhäusern und Heuharfen. Man folgt der Straße vom See in Richtung Boh. Češnjica, passiert Stara Fužina und Studor und kehrt in Srednja vas in der Gostilna Rupa zu einem Mittagsimbiß ein.

Eine der schönsten Wanderwege in den Juliern führt durch das »Tal der Sieben Seen« unterhalb des Triglav-Gipfels. Ausgangspunkt ist Stara Fužina. In zwei

Tagen läßt sich der Rundweg, der am Savica-Fall endet, bequem bewältigen. Wanderführer gibt's beim Touristenbüro in Ribčev Laz.

Über weitere Wandermöglichkeiten und Fahrradtouren informieren Broschüren, die das Informationszentrum in Ribčev Laz verteilt.

  Züge ab Bohinjska Bistrica in Richtung Jesenice und Nova Gorica; Dampfeisenbahn »Museumszug« s. Bled S. 101. Busse ab Bohinj-jezero (Ribčev Laz) nach Ljubljana sowie häufige Verbindung nach Stara Fužina. Studor, Srednja Vas, nach Ukanc und zum Savica-Fall.

Der Norden: Sava-Tal und Kranjska Gora

Im Norden begrenzt das Flußtal der Sava dolinka den Triglav-Nationalpark. Das Tal trennt die Gebirgszüge der Julier und der Karawanken und verläuft nahezu parallel zur österreichisch-slowenischen Grenze. Nach Nord und Süd führen Gletschertäler vom Sava-Tal in die Gebirgswelt hinein. Im Becken von Jesenice verläßt die Sava dolinka den Bergkorridor, vereinigt sich in der Nähe von Radovljica mit der in Bohinj entspringenden Sava bohinjka und strebt als breite, träge Sava dem Moor von Ljubljana zu. Mit ihren 940 km ist die Sava der längste in Slowenien entspringende Fluß, wenngleich er seine Heimat nur auf einer Strecke von knappen 220 km durchquert.

Kranjska Gora

Touristischer Mittelpunkt der Dolina und zugleich Schnittstelle der von Italien und Österreich nach Slowenien führenden Alpenstraßen ist der 1600-Seelen-Ort Kranjska Gora. Umgeben von Zweitausendern breitet sich die Siedlung mit ihren Skihotels südlich der Sava entlang des hier einmündenden Flüßchens Pišnica am Talboden aus. Obwohl der Ort alte Wurzeln besitzt – 1362 wurde er erstmals erwähnt – ist Historisches kaum noch erhalten. Kranjska Gora steht ganz im Zeichen des Tourismus, der im Sommer Scharen von Wanderern, im Winter Skifahrer und Rodler in das Dreilän-

Kranjska Gora

dereck zieht. Wenn in der Hochsaison alle Betten belegt sind, kommen vier Fremde auf einen Einheimischen.

Lange Zeit war Kranjska Gora ein unbedeutendes Dorf, dessen Einwohner sich von der Landwirtschaft ernährten. Um Ackerflächen zu gewinnen, wurden die dichten Kiefernwälder gerodet, und schon bald hatten die Menschen im Tal ihren Spitznamen weg: *Borovci,* von *borovec,* Kiefer. Der Erste Weltkrieg brachte für Kranjska Gora eine tiefgreifende Veränderung: Um den Nachschub an die Isonzo-(Soča)-Front (s. S. 110) besser organisieren zu können, ließ Österreich seine russischen Kriegsgefangenen eine Straße von Kranjska Gora über den 1611 m hohen Vršič-Pass ins Soča-Tal bauen. Somit war die Verbindung nach Westen und Süden her-

Die Isonzo-Front

Mit dem ersten erfolgreichen »Blitzkrieg« der europäischen Geschichte endete im Oktober 1917 eine der grausamsten Schlachten des Ersten Weltkrieges, der Kampf um die Isonzo-Front. Im Mai 1915 hatte Italien den Mittelmächten (Österreich-Ungarn und Deutschland, Türkei, Bulgarien) den Krieg erklärt und durch einen geschickt plazierten Vorstoß nach Nordosten das strategisch wichtige Soča- (Isonzo-)Tal besetzt. Von dieser Stellung aus hofften die Italiener, direkt ins Herz der Donaumonarchie vorrücken zu können.

Österreich und das mit ihm verbündete deutsche Kaiserreich hatten die Alpenfront vorausschauend durch Bunker und Wälle befestigt und konnten den italienischen Vormarsch stoppen. In den folgenden 29 Monaten wurden zwischen den hohen Felswänden und auf den Bergpässen der Julischen Alpen 12 Offensiven gestartet, um das Patt zu brechen – 11 seitens Italiens, die 12., letztendlich entscheidende durch Österreich-Ungarn. Gekämpft wurde um minimale Geländegewinne und mit enorm hohem Einsatz von Menschenleben. Hunderttausende von Toten forderte das selbstmörderische Gerangel um den Durchbruch an der Soča. Nicht nur Waffen, auch die Natur forderte ihren Preis: Lawinen rissen die Soldaten mit sich, viele Menschen erfroren. Als »Krieg in Schnee und Eis« gingen die Kämpfe um das Soča-Tal in die Geschichtsbücher ein.

Im Oktober 1917 zeigten die militärisch überlegenen Italiener erste Anzeichen von Schwäche. Darauf warfen die Mittelmächte in der 12. Offensive alle verfügbaren Kräfte an die Isonzo-Front und schlugen Italien bis zum Fluß Piave zurück. Die Pläne für die Offensive stammten von einem jungen Leutnant, der im Zweiten Weltkrieg als »Wüstenfuchs« zu Ruhm kommen sollte: Erwin Rommel.

Die Spuren des Krieges sind heute nicht nur in Denkmälern, Beinhäusern und Museen entlang der Soča lebendig. Wer abseits der Hauptwanderrouten im westlichen Teil der Julischen Alpen Touren unternimmt, trifft unweigerlich auf verrostetes Kriegsgerät, auf eingestürzte Bunker und – dies als Warnung – angeblich auch noch auf Minen.

gestellt. Sobald das Militär abgezogen war, kamen die ersten Skifahrer nach Kranjska Gora. Weltberühmt wurde der Wintersportort 1934, als im nahen Planica die erste Skischanze errichtet wurde, auf der seither immer neue Rekorde geflogen werden (sowohl die 100- als auch die

200-m-Marke wurde hier übersprungen). Ab 1950 wurden die ersten Liftanlagen auf dem Vitranc gebaut. Zusammen mit den Nachbargemeinden Villach (A) und Tarvisio (I) hat sich Kranjska Gora um die Austragung der Olympischen Winterspiele 2006 beworben. Die einzige historische Sehenswürdigkeit ist das Volkskundemuseum *Liznjekova hiša* in einem Bauernhaus aus der Mitte des 17. Jh., das einem wohlhabenden Bauern gehörte (geöffnet Di–Fr 10 bis 17 Uhr, Sa u. So 10–16 Uhr).

Kranjska Gora ist ein schneesicheres Gebiet, dem gelegentlich durch Schneekanonen nachgeholfen wird. Zwischen Mitte Dezember und März laufen 14 Schlepp- und 4 Sessellifte, Langlaufloipen führen durchs Tal und auch anspruchsvolle Tourengeher kommen auf ihre Kosten. Die Preise für Liftkarten und Unterkunft sind gemessen am Niveau der beiden Nachbarländer relativ günstig.

Im Zuge der Olympiabewerbung setzen die Partnergemeinden auf »Tourismus ohne Grenzen«: Skipässe gelten auch in Italien und Österreich, und eine achttägige Trekking-Tour führt auf den Spuren Julius Kugys zu den schönsten Karawankengipfeln im Dreiländereck (Informationen bei Touristenbüro).

Turistbiro, Tičarjeva 2, ☏ 04/5 88 17 68, Fax 5 88 11 25, geöffnet 8–14 und 15–19 Uhr, So 9–13 Uhr: Infomaterial, Wanderkarten, Vermittlung von Privatzimmern und Appartements.

Kompas, $$$, Borovška 100, ☏ 5 88 16 61, Fax 5 88 15 30: Modernes Komforthotel mit Hallenbad. **Lek,** $$$, Vršiška 38, ☏ 5 88 20 09, Fax 5 88 13 43: Geschmackvoll ausgestattet, guter Service. **Vila Triglav,** $$$, Naselje Ivana Krivca 6, ☏ 5 88 14 87, Fax 5 88 12 25: Sehr komfortables Garni-Hotel am Ortsrand, familiäre Atmosphäre, Pool und Fitneß-Raum. **Kotnik,** $$, Borovška 75, ☏ 5 88 15 64, Fax 5 88 18 59: Gemütliches Hotel im Ortszentrum. Preiswert und oft auch viel netter sind **Privatzimmer oder Appartements** über das Touristenbüro.

In der Umgebung/Gozd-Martuljek: **Špik,** $$, Jezerci 21, ☏ 5 88 01 20, Fax 5 88 01 15: Futuristisches Alpinhotel mit guter Ausstattung und eigenem Sportzentrum mit Kletterwand und -Schule.

Kotnik, $$, im gleichnamigen Hotel, slowenische Spezialitäten und Grillgerichte. **Pizzeria Pino,** $$, ebenfalls im Hotel Kotnik, Pizza aus dem Holzofen. **Srnjak,** $$, Galerše 3, ☏ 041/74 41 85: Ausflugsgaststätte über Kranjska Gora mit herrlichem Alpenpanorama und guter slowenischer Küche.

– Gozd Martuljek: Das Dorf östlich von Kranjska Gora liegt in einer grandiosen Gebirgslandschaft eingebettet zwischen Zweitausendern der Špik-Gruppe. Vom Ort führt ein Wanderweg durch die Martuljek-Schlucht über Steige und Felspfade zum kleineren Martuljek-Fall (50 m hoch) und etwa einen halben Kilometer weiter zum oberen Martuljek-Fall, der über eine 110 m hohe Felswand herabbraust (Dauer etwa 2 Stunden).

– Zelenci / Sava-Quelle: Direkt an der Straße Kranjska Gora – Rateče befindet sich links der Parkplatz, von dem man auf Spazierwegen das Moorgebiet Zelenci erkunden kann. Die mit kleinen, türkisblauen Teichen gesprenkelte Sumpflandschaft ist der Rest eines Gletschersees; gespeist von sprudelnden Unterwasserquellen nimmt die Sava dolinka hier ihren Anfang. Das Moor ist reich an seltenen Pflanzen und eine beliebte Brutstätte verschiedener Vogelarten.

– **Planica:** Das U-förmige Planica-Tal verdankt seine Berühmtheit den Skischanzen, die 1934 an dieser von der Natur so günstig geformten Stelle errichtet wurden.

🚌 Stündlich Busse in Ri. Jesenice und Ljubljana sowie nach Rateče, mehrmals täglich nach Bled, zweimal/Tag nach Tarvisio (I). Im Sommer fährt ein Bus über den Vršič-Pass ins Soča-Tal bis Bovec.

Der Westen: Ins Soča-Tal

Angesichts der landschaftlichen Vielfalt der slowenischen Alpenregion ist es schwer, immer neue Superlative zu finden, um ihre Schönheit zu preisen. Das Tal der Soča oder des Isonzo, wie die Italiener sie nennen, gehört zu den Highlights, die kein Reisender verpassen sollte. Zwischen den weißgrauen, zackigen Kalkspitzen der Zweitausender stürmt der eiskalte Gebirgsfluß von seiner Quelle unterhalb des Vršič nach Südosten und folgt dabei fast parallel der nur wenige Kilometer entfernten italienischen Grenze, die auf dem westlichen Kamm des Soča-Tals verläuft. Bis Bovec durchquert die Soča dabei den Westteil des Triglav-Nationalparks.

Wären da nicht die Denkmäler, die an die Kriegsopfer erinnern – man könnte kaum glauben, daß ausgerechnet hier eine der grausamsten Schlachten des Ersten Weltkriegs geführt wurde (s. S. 110). Äußerlich hat die Soča dabei keinen Schaden genommen, doch ihr Ökosystem wurde von den Kämpfen empfindlich gestört. Die Bestände der endemischen Soča-Forelle Marmorata, *Salmo Trutta marmoratus,* wurden von den hungrigen Soldaten nahezu ausgerottet. Was das Militär übriggelassen hatte, fiel den aggressiven Regenbogenforellen zum Opfer, die gezielt in der Soča ausgesetzt wurden, um den Fischbestand wieder zu stabilisieren. Lange Zeit hielt man die Marmorata für ausgestorben, bis Wissenschaftler das seltene Tier in einem abgelegenen Wildbach entdeckten. Durch Aufzucht versucht man nun, die Forelle – die größte ihrer Art in Europa – am Oberlauf der Soča wieder heimisch zu machen.

Über den Vršič-Paß nach Trenta

Die Strecke über den Vršič-Paß ist eine der spektakulärsten Alpenstraßen Sloweniens. In den Wintermonaten kann sie oft nicht befahren werden; und auch im Frühjahr und Herbst versperren gelegentlich Erdrutsche den Weg. Im Frühjahr 1998 wurde die gesamte Region von einem Erdbeben in Mitleidenschaft gezogen, und die einzige Nord-Süd-

Verbindung des westlichen, slowenischen Alpengebiets blieb wochenlang gesperrt. Wer sich von Kranjska Gora nach Süden aufmacht, sollte sich zuerst über den Straßenzustand informieren.

Die Straße in Richtung Trenta verläßt Kranjska Gora nach Süden, folgt dem Pišnica-Tal und erklimmt dann in spektakulären Serpentinen den 1611 m hohen Paß Vršič, der den einzigen Übergang vom Sava- ins Soča-Tal bildet. Nach der ersten Kurverei passiert man auf einem relativ geraden Straßenstück die 1917 erbaute, holzverschalte **Russische Kapelle** *(Ruska kapelica)*. Sie wurde von russischen Kriegsgefangenen im Gedenken an die unzähligen Opfer errichtet, die beim Bau dieser Alpenstraße umgekommen sind. Für das kaiserliche Österreich bildete der Vršič den schnellsten und direktesten Weg an die Isonzo-Front. In jahrelanger Arbeit schlugen die Menschen die Straße in den Fels. Viele starben an Kälte, Hunger und Erschöpfung, 110 Russen und 7 Wachleute kamen ums Leben, als sie am 8. 3. 1916 von einer Lawine verschüttet wurden. Ihre Gebeine sind unter dem pyramidenförmigen Grabmahl neben der Kapelle beigesetzt.

Danach werden die Kurven noch enger, die Steigungen kühner. Links erhebt sich der mächtige Gebirgsstock des Prisank (2547 m), rechts die Gipfel der Großen und Kleinen Mojstrovka (2366 m). Man überquert den **Vršič** und kann den gebeutelten Nerven etwas Ruhe gönnen, bevor es erneut in engen Kehren ins schmale Trenta-Tal hinuntergeht. Fast 900 m Höhenunterschied werden auf dem knapp 10 km langen Teilstück überwunden! Links und rechts türmen sich hohe Felswände und ziehen sich bedrohlich immer näher zusammen. Das Denkmal des Bergsteigers Julius Kugy, eines der größten Bewunderer der slowenischen Julier, markiert den Endpunkt der Paßstraße. Den passionierten Alpinisten und Wissenschaftler (1858–1944) verschlug ein botanischer Irrtum in die Julier. Er war auf der Suche nach einer Blume, die der Naturforscher Balthasar Hacquet im 18. Jh. als Endemit dieser Alpenregion beschrieben hatte. Jahre seines Lebens verbrachte Kugy mit der Erforschung der regionalen Flora und bestieg alle wichtigen Gipfel der Julier. Irgendwann kam ihm endlich die Erleuchtung: Hacquet hatte eine Pflanze katalogisiert, die bereits unter anderem Namen bekannt war. Doch das war längst nicht mehr wichtig. Kugy hatte »seine« Berge entdeckt, deren Loblied er zeit seines Lebens singen sollte.

Hier, beim Kugy-Denkmal, liegt die Abzweigung zur **Quelle der Soča,** die etwa 2 km westlich aus einer Karstquelle entspringt und über Felsstufen und durch Canyons gen Tal sprudelt. »Der Isonzo-Ursprung ergriff mit seinen Geheimnissen meine Freunde tief. Wir folgten dem Lauf der farbigen und singenden Wasser …« schreibt Kugy in seinem letzten Buch »Aus vergangener Zeit« über diesen stillen, magischen

Ort. Die Pflanzenwelt der Julier, die Kugy so faszinierte, wird einen Kilometer weiter in einem hübsch angelegten Schaugarten dokumentiert: Über 1000 Blumen, Büsche und Bäume der slowenischen Bergwelt sind im **Alpinetum Juliana** vertreten.

In **Trenta** endet die Vršič-Route nach ihrer angeblich fünfzigsten Kurve auf insgesamt 25 Straßenkilometern. **Na Logu,** der höhergelegene Teil von Trenta besitzt mit dem *Trentarski muzej* und dem Informationszentrum der Nationalparkverwaltung zwei sehenswerte Ausstellungen über Menschen und Umwelt im Trenta-Tal (Dom Trenta, ✆ 05/ 3 88 93 30, unregelmäßige Öffnungszeiten). Von Na Logu führt eine Stichstraße nach Osten in die Dolina Zadnjice. Das Tal wird von den extremsten und höchsten Felswänden der Julischen Alpen umschlossen und führt direkt auf die berüchtigte Kanjavec-Nordwand zu.

schnellen. Die stille, türkisgrüne Schönheit ist dahin, doch auch das Getümmel der Funsportler zwischen den Felswänden der Soča und ihrer Zuflüsse besitzt seinen Reiz. Manch einer läßt sich von soviel nassem Vergnügen gerne anstecken und bucht bei einem der vielen Veranstalter in Bovec eine Wildwassertour.

Entlang der Straße von Trenta über Bovec nach Kobarid fließt die Soča abwechselnd durch enge Schluchten und weite Täler. Hinter Kobarid verläßt sie das Hochgebirge, passiert im nun breiteren Becken Tolmin und wendet sich hinter Most na Soči nach Süden dem Mittelmeer zu. Waren die Einflüsse mediterraner Kultur im Oberlauf des Flusses noch kaum zu erahnen, werden sie ab Tolmin in Architektur, Flora und auch in Sprache und Brauchtum der Menschen überdeutlich.

Das untere Soča-Tal

In Trenta bekommt die wilde Soča Verstärkung durch die von Osten einmündende Krajcarica. Nun führt der Fluß ausreichend Wasser, um die Bedürfnisse von Aktivsportlern jeglicher Couleur zufriedenzustellen. Im Abschnitt südlich Trentas, vor allem aber ab Bovec tummeln sich Kajakfahrer und Rafter, klettern Menschen in Neoprenanzügen durch Schluchten und über Wasserfälle oder rasen auf Hydrospeeds durch die Strom-

Bovec

Der 1000-Seelen-Ort ist unbestritten das touristische Zentrum des unteren Soča-Tals. Als historischer Handelsweg wurde die Verbindung entlang der Soča von den Alpen zum Meer wohl bereits in der Hallstattzeit genutzt, unter römischer Herrschaft wurde eine Straße gebaut, die bis nach Noricum führte. Bovec fand erstmals im 12. Jh. Erwähnung, wanderte dann zwischen Habsburg und Italien hin und her, bis es 1947 Jugoslawien zugeschla-

gen wurde. Vom historischen Stadtkern ist kaum Bausubstanz erhalten,
weil der Ort bei einer Feuersbrunst
1903 stark zerstört wurde. An den
Ersten Weltkrieg erinnert in Bovec
die private Sammlung von Ivo
Ivančič, die der kriegsbegeisterte
Herr »87. Regiment« genannt hat
(*87-polk*, Rupe 5, Informationen
unter ✆ 05/3 88 62 49).

Bovec ist nicht nur für Wassersportler, sondern auch für Wanderer
und Skifahrer ein ideal gelegener
Standort. Vom Ort führt eine Seilbahn auf den Kanin, wo man sich in
Sloweniens höchstgelegenem Skige-
biet (2200 m) mit mehreren Sessel-
und Schleppliften austoben kann.
Am Rosenmontag treffen sich hier
oben Skifahrer in traditioneller Kluft
zum Slalom der »Oldtimer«.

🛈 Bovec besitzt kein eigenes Touristenbüro. Informationen kann
man bei der Stadtverwaltung bekommen:
Turistična ponudba občine Bovec, Trg
8, ✆ 05/3 84 19 19, Fax 3 84 19 15,
bovec. si. Zimmervermittlung und Informationen auch bei den Reisebüros
Hoteli Alpkomerc, Trg 18, ✆ 3 88 60 16
und **Avrigo,** Trg 47, ✆/Fax 3 88 60 64.

🛏 **Kanin,** $$$, Ledina 9, ✆ 3 88
60 21, Fax 3 88 60 81: Ruhig ge-
legenes Komforthotel mit Hallenbad. **Alp,**
$$, Trg 48, ✆ 3 88 60 40, Fax 3 89
63 87: Im Zentrum. **Kaninska vas,** $$, Ka-
ninska vas 7, ✆ 3 88 68 11, Fax 3 89
55 88: Appartementanlage etwas ober-
halb des Ortes. **Privatzimmer und Appar-
tements** über Reisebüros in Bovec (s. o.).

⛺ **Kamp Polovnik,** Ledina 8,
✆ 3 88 60 69.

🍴 **Letni vrt,** Trg 8, ✆ 3 88 60 40:
Freundliches Gartenrestaurant mit
großer Auswahl an Grill- und Fischge-
richten und Pizzas. **Pod lipco,** Dvor 1,
✆ 3 88 60 54: Nette Gostilna unter Lin-
den, gute Hausmannskost. **Vančar,** Čez-
soča 43, ✆ 3 88 63 30: Beliebtes Aus-
flugslokal mit deftiger Küche; unbedingt
den für Bovec typischen Schafskäse
(*ovčji sir*) probieren (Mo u. Di Ruhetag)!

🍸 Im **Elvis,** Trg 8, und **Pink Panther**
in Kaninska vas trifft man sich
zum Après-Ski.

🎭 In den Sommermonaten finden
Konzert- und Theateraufführun-
gen in der Festung Kluže (s. unten) statt;
Rosenmontagsabfahrt der »Oldtimer« auf
dem Kanin.

🏃 **Sport Aktiv,** David Zorč, Brdo 7, ✆
3 88 65 85: Rafting, Kanu- und Ka-
jaktouren, Canyoning, Hydrospeed etc.
im Sommer, im Winter Ski- und Snow-
boardkurse. **Soča Rafting,** bei der Kirche,
✆ 041/72 44 72. Skifahrer finden auf dem
Kanin (s. o.) Pisten aller Schwierigkeits-
grade; Anfänger und Kinder können sich
an den Schleppliften in Log pod Mangar-
tom (s. u.) und in Čezsoča vergnügen.

🚌 Fast stündlich Busse nach Koba-
rid/Tolmin; mehrmals täglich
nach Ljubljana, Nova Gorica und ein-
mal/Tag nach Bled.

Ausflug durch die Koritnica-Schlucht

Die Straße in Richtung Predel
(Grenzübergang nach Italien) führt
nach Norden am Flüßchen Koritni-
ca entlang, dessen Lauf sich tief in
die Felsen eingegraben hat. Unter-

halb der **Festung Kluže** überquert eine Brücke die an dieser Stelle 60 m tiefe und 500 m lange schmale Klamm. Trutzig, wenngleich in bedauerlich schlechtem Bauzustand bewacht Kluže den Übergang von der **Koritnica-Schlucht** zum Becken von Bovec. Im 15. Jh. erstmals erwähnt, wurde die Festung mehrmals umgestaltet und zuletzt Ende des 19. Jh. zu ihrer heutigen Form ausgebaut. Im Ersten Weltkrieg stark in Mitleidenschaft gezogen, wird sie seither eher halbherzig restauriert bzw. unterhalten. Weiter nach Norden erreicht man schließlich das hübsche Dorf **Log pod Mangartom** mit zahlreichen alten Bauernhäusern. Der Soldatenfriedhof aus dem Ersten Weltkrieg ehrt die Gefallenen, die bei der Verteidigung des strategisch wichtigen Predel-Passes ihr Leben ließen.

Kobarid

Im Städtchen am Westufer der Soča wird der Übergang vom alpinen zum mediterranen Kulturraum endgültig vollzogen. Steinhäuser lösen die mit Holz verschalten, alpinen

Beinhaus für italienische Gefallene

Bei Kobarid – damals Caporetto – wurde die entscheidende Schlacht im Kampf um die Isonzo-Front geschlagen (s. S. 110). Ein hervorragend ausgestattetes und preisgekröntes Museum erinnert an die Kriegsjahre in den slowenischen Alpen: **Kobariški muzej,** Gregorčičeva 10, ☎ 05/3 89 00 00, tgl. von 9–19 Uhr.

Auf dem Gradič oberhalb des Ortes ließen die Italiener um die Kirche Sv. Anton ein monumentales **Beinhaus** (*kostnica*) errichten, in dem 7014 italienische Gefallene der Isonzo-Front beigesetzt wurden (ca. 500 m vom Hauptplatz auf dem Kreuzweg bergauf).

ⓘ **Turistično društvo Kobarid,** Gregorčičeva 10, ☎ 05/3 88 50 55, im Museum.

🛏 🍴 **Hvala,** $$, Trg svobode 1, ☎ 3 89 93 00, Fax 3 88 53 22: Modernes Hotel am Hauptplatz mit dem guten Restaurant **Topli Val.** Spezialität: hervorragende Fischgerichte. **Privatzimmer** vermittelt das Touristenbüro.

🚶 Vom Beinhaus wandert man auf einem Pfad zur **Napoleon-Brükke** über der bis zu 100 m tiefen **Kobarid-Schlucht.** Die Schlucht entlang erreicht man bald die Überreste von Bunkern und Geschützstellungen (Hinweis *utrdbe 1. svet. vojne*), in denen sich die italienischen Soldaten verschanzt hatten. Der Wanderweg endet nach ca. 1 Stunde am malerischen **Kozjak-Wasserfall.**

Bauernhäuser ab, die Dächer sind flacher, die Gassen schmaler. Fast venezianisch mutet der Turm der **Mariae-Himmelfahrts-Kirche** an, auch wenn der Eindruck durch die eigenwillige Zwiebelspitze etwas gebrochen wird. Italien ist nur 6 km entfernt, und viele Einwohner Kobarids fahren zur Arbeit ins Nachbarland. Kobarids Altbausubstanz wurde 1976 bei einem Erdbeben schwer beschädigt. Wie der Ort Anfang des 20. Jh. aussah, beschrieb Ernest Hemingway als Kriegsberichterstatter in seinem Roman »In einem andern Land«.

Tolmin

Die Verwaltungshauptstadt des Soča-Tals liegt am Zusammenfluß der Soča und der von Nordosten aus dem Triglav-Nationalpark heranströmenden Tolminka, die einige Kilometer nördlich Tolmins mit der Korita Tolminke eine tiefe Schlucht in den Kalkstein gegraben hat. Zwischen Stadt und Soča wurde auf dem Gelände der **Kirche Sv. Duh** ein altslawisches Gräberfeld entdeckt, dessen Funde aus dem 8. und 9. Jh. heute im Museum von Nova Gorica zu besichtigen sind. Auf dem 426 m hohen Hügel **Kozlov rob** wurde unter der Herrschaft der Patriarchen von Aquileia im 11. Jh. eine Burg errichtet, die heute in Ruinen liegt. Tolmin wurde in den Kämpfen um die Isonzo-Front stark zerstört, hat sich aber trotzdem eine hübsche Altstadt mit schmalen, von Steinhäusern gesäumten Gassen bewahrt.

Turistična ponudba občine Tolmin, im Rathaus, Ulica padlih borcev 1b, ☎ 05/3 81 95 00, Fax 3 81 95 33: Hier kann man auch nach Privatzimmern fragen.

Krn, $$, Trg maršala Tita 1, ☎ 3 88 19 11, Fax 3 88 10 61, Verkaufsbüro s. Hoteli Alpkomerc, Bovec s. S. 115: Kleines, nettes Hotel in einem historischen Haus am Hauptplatz, sehenswert die Kellergewölbe aus dem 17. Jh.! Im Hotelrestaurant slowenische Spezialitäten und Grillgerichte.

Tolmin ist ein guter Standort für Touren ins Soča-Tal und ins Tal der Vipava. In unmittelbarer Nähe verdient das romantische Städtchen **Most na Soči** einen Besuch. Benannt ist es nach der Soča-Brücke (*most* = Brücke), die hier in einem Bogen den Fluß überspannt.

Von den Alpen nach Süden

Mit Tolmin verläßt man endgültig die Alpenregion um den Triglav-Nationalpark. Der reißende Gebirgsfluß Soča wird breit und träge und wendet sich hinter Nova Gorica in Richtung Italien, wo er, Isonzo genannt, in die Adria mündet. In Nova Gorica ist schließlich das Vipava-Tal mit seinen mediterranen Wehrdörfern und mit Rebstöcken bepflanzten Hängen erreicht.

Most na Soči

Die Stadt am Zusammenfluß von Soča und Idrijca ist eines der ältesten Siedlungsgebiete Sloweniens. Ausgrabungen haben Zeugnisse aus der Bronze- und Eisenzeit hervorgebracht, darunter einige Häuser und ein großes Gräberfeld. Viele Funde sind im Stadtmuseum von Triest und im Wiener Volkskundemuseum ausgestellt. Was jüngere Forschungen in den 1970er Jahren zutage förderten, ist in Nova Gorica zu besichtigen. In Most na Soči selbst kann man die wenig beeindruckenden Fundamente von Häusern aus der

Eisenzeit (8.–4. Jh. v. Chr.) im neuen
Ortsteil sehen.

Kanal

Hinter Most na Soči rücken die Berge wieder ganz nah zusammen und
rahmen die türkisgrüne Soča mit
dunklen Schatten ein. 15 km weiter
nach Süden ist Kanal erreicht, ein
mediterranes Städtchen wie aus
dem Bilderbuch, in dem Oleander
und Hisbiskus in Kübeln um die
Wette blühen. Die einbogige Brük-
ke über die Soča ist Kanals Wahrzeichen. Sie wurde um 1340 erbaut,
wahrscheinlich bestand aber bereits
in römischer Zeit ein Flußübergang
an dieser Stelle. Nicht nur das Stadtbild läßt mediterrane Anklänge
erkennen, auch die Obst- und
Weinbaukulturen an den Hängen
signalisieren, daß nun mildere klimatische Regionen erreicht sind. 41
km entlang der Soča sind es ins Verwaltungszentrum des unteren Soča-
und des Vipavatals, Nova Gorica,
dessen moderne nüchterne Bauwei-
se für Touristen eher unattraktiv ist.

Kanal

In der Umgebung
von Nova Gorica

Die Anfahrt zum **Kloster Kostanjevica** ist etwas schwer zu finden: Man
folge in Nova Gorica den Hinweisschildern nach Süden zum Grenz-
übergang nach Italien, biege dort
aber in Richtung Kostanjevica ab.
Das 1625 gegründete Franziskaner-

kloster wurde im Ersten Weltkrieg
stark zerstört und dann wieder aufgebaut; sehenswert ist die Gruft des
Bourbonenkönigs Karls X., der 1830
aus Frankreich nach dem damaligen
Görz flüchtete und wenige Tage
später hier an der Cholera starb.

Die ehemalige **Burg Kromberg**
der Grafen Coronini wurde im
17. Jh. im Renaissancestil ausgebaut
und zeigt sich auf ihrem Hügel eher
schlicht inmitten grüner Wein- und
Obstgärten. In der Burg ist neben einer Ausstellung der Wohnkultur des
19. Jh. auch das **Gorenjski muzej**
untergebracht, in dem die eisenzeitlichen und römischen Funde aus
Most na Soči gezeigt werden.

In den slowenischen Karst

Zweitgrößte Tropfsteinhöhle der Welt: Die Adelsberger Grotte

Quecksilber, Spitzen und Partisanen: Idrija und Cerkno

Weinterrassen und Obstbäume: Das fruchtbare Vipava-Tal

Zum Muttergestüt der Lipizzaner: Lipica

Die Felsenburg Predjamski grad

In den slowenischen Karst (Notranjska und Primorska)

Von Dolinen und Polje • Unterirdisches Märchenschloß Postojna • Spitzen und Quecksilber: Idrija • Das Naturwunder Škocjan • Im Vipava-Tal • An die Adria• Des Kaisers schöne Pferde: Lipica

Der Karst ist von porösem und leicht wasserlöslichen Gesteinsschichten des Kalksteins geprägt. Regen- und Flußwasser sickern durch den Stein, bis sie Schichten erreichen, die den weiteren Weg nach unten versperren. So staut sich das Wasser in unterirdischen Höhlungen, gräbt sich neue, unter der Erde verlaufende Wege und bildet in Jahrmillionen Höhlen- und Flußsysteme aus, die auf der Erdoberfläche kaum zu erahnen sind. *Kras* nennen die Slowenen dieses Landschaftsphänomen, unser Begriff Karst ist davon abgeleitet.

Sloweniens ›Unterwelt‹

Zwischen den regenreichen, alpinen Gebieten Sloweniens und den regenarmen Küstenzonen verschwinden ganze Flüsse unter der Erde, um viele Kilometer weiter nach ihrem Weg durch riesige Höhlensysteme als Quellen wieder zutage zu treten. Mehrere tausend Höhlen soll es alleine im slowenischen

Teil des Karstes geben, 6200 wurden von Höhlenkundlern erforscht und registriert, 15 000 werden unter dem porösen Kalkboden vermutet. Die berühmteste (und weltweit zweitgrößte Höhle) ist **Postojnska jama** (Adelsberger Grotte), nicht weit entfernt liegen die urgewaltigen Höhlen von **Škocjan** (St. Kazian). Unzählige kleinere Grotten und Schlünde warten im Umfeld der beiden großen Höhlen auf die Besucher – manche bequem durch Steige und elektrisches Licht erschlossen, andere ins immerwährende Dunkel gehüllt und nur unter kundiger Führung zu Fuß oder per Boot zu entdecken. Angesichts dieser unermeßlichen, unterirdischen Welt plädieren humorige Politiker dafür, die unerforschte Fläche doch zu den »ärmlichen« 20 000 km^2 des überirdischen Sloweniens zu addieren – nur dann könne man des Landes wahre Größe erfassen!

Doch Höhlen sind nicht das einzige Landschaftsphänomen des Karstes: Dort, wo das Wirken des Wassers den Boden zu stark unterhöhlt hat, bricht die Erde ein, stürzen Felder, Wiesen, Wälder in den unterirdischen Schlund. Ist ein solcher Einbruch begrenzt, hat er nahezu die Form eines Kreisels und wird auch so benannt: *vrtič.* Ist die Einsturzstelle größer, gleicht sie einer runden Kuhle, und sobald angewehtes Erdreich und Gras wieder Wurzeln gefaßt haben, legen die Bauern darin kleine Pflanzungen an. Von der slo-

wenischen Bezeichnung *dolina,* Tal, ist der gängige geologische Fachbegriff Doline abgeleitet. Da in weitläufigeren, auf diese Art entstandenen Senken gar Mais- und Weizenfelder Platz finden, heißen sie *polje,* Felder.

Wer die Region zwischen Ljubljana und der Küste aufmerksam durchreist, findet immer wieder die Spuren und Zeichen der unterirdischen Wühlarbeit des Wassers. Dabei erscheint die Region keineswegs karg und unfruchtbar, wie man es von den verkarsteten Küstenstrichen

Der slowenische Karst

Cerkniško jezero

Ein See verschwindet

Nicht nur Bäche und Flüsse versickern im Karst, auch einige Seen verschwinden periodisch von der Oberfläche: Das berühmteste Beispiel ist der Cerkniško jezero östlich von Postojna: Gespeist wird der See von einem einzigen beständigen Flußlauf, dem Stržen, und von unzähligen Quellen. In den Wintermonaten und nach ergiebigen Herbstregen bedeckt die Wasserfläche 26 km^2, und die Bauern fangen Fische. Im Sommer versickert das Wasser in den Spalten und Schründen des Kalksteinbodens. Dann säen die Landwirte auf dem großen *polje* Getreide und mähen das Gras. Bereits der griechische Historiker Strabo beschrieb dieses Phänomen, und Johann Weichard Valvasor erschrieb sich im 17. Jh. mit dem Untersuchungsbericht über den See die Mitgliedschaft in der angesehenen Londoner Royal Society. Die erste genaue naturwissenschaftliche Erkundung des Sees geht auf den Naturforscher Balthasar Hacquet im 18. Jh. zurück.

Der Untergrund des Cerkniško jezero besteht aus unterschiedlichen Gesteinsarten: nördlich und nordöstlich wasserundurchlässiges Dolomitgestein, im Süden und Südwesten typische Kalksteinformationen des Karstes. Dort liegt die »Höhlenbucht«, ein schwer zugängliches, noch kaum erforschtes System von Zu- und Abflüssen. Das Wasser versickert, erscheint einige Kilometer weiter im Norden beim Höhlen- und Schluchtensystem von Rakov Škocjan als Fluß Rak an der Oberfläche, verschwindet nach einem kurzen Weg wieder unter der Erde und tritt schließlich im Planinsko polje wieder zutage. Dort vereint er sich mit der Unica (einer Fortsetzung der durch die Grotten von Postojna fließenden Pivka), verläßt die Oberfläche und kehrt bei Vrhnika als Ljubljanica wieder zurück.

Das Cerkniško polje ist nur eines von mehreren Poljen, die stufenartig von Postojna in die Ebene von Ljubljana und das Moorgebiet westlich

Kroatiens kennt – üppiges Grün wuchert auf den Hängen. Linden, Steineichen, Wacholderbüsche, Beerensträucher verströmen aromatische Duftnoten; alles ist belebt von der kühlenden Kraft des Wassers, das sich allerdings nur selten zeigt.

Das heitere Spiel von Schatten und Licht prägt die Wälder und Wiesen: Zwischen Moosen und Farnen blitzen weiße Kalkfelsen und -steine hervor, als hätte sie ein übermütiges Riesenvolk über die Landschaft verstreut. In keiner anderen Gegend

der Hauptstadt hinunterführen. In fast allen Senken steht im Winter Wasser, das nur langsam durch das poröse Gestein in unterirdische Kanäle dringt. Ähnlich wie im Cerkniško polje entsteht auch beim Ort Planina, nordöstlich von Postojna, in den Wintermonaten ein See – allerdings nicht so groß und spektakulär wie der von Cerknica.

Um die Böden der Senken länger landwirtschaftlich nutzen zu können, haben die Bauern früher versucht, einen möglichst schnellen Abfluß des Wassers zu erreichen. Abflußlöcher wurden vergrößert, Holzgitter sollten die Spalten von Unrat freihalten, der sie immer wieder verstopfte. Kleine Erfolge stellten sich ein, doch gegen die jedes Jahr wiederkehrende Flut war kein Kraut gewachsen. Heute haben sich die Interessen verschoben. Der große See ist ein gutes Fischrevier und zudem eine Touristenattraktion. Jetzt werden Schründe und Spalten mit Betonbarrieren abgesperrt, um das Wasser möglichst lange zu halten – doch auch dieser Eingriff ist nicht sehr erfolgreich. Inzwischen ist die Sensibilität für dieses Landschaftsphänomen gestiegen, die Landschaftsschützer Sloweniens wehren sich vehement gegen weitere Eingriffe und kämpfen für den Erhalt der Polje und ihrer periodischen Seen, die Heimat vieler Fische (darunter Hechte, Schleien und Elritzen) und über 90 verschiedener Vogelarten sind.

Am eindrucksvollsten ist der Besuch des Cerkniško jezero in den Herbstmonaten und im Winter, wenn der See Wasser führt und im südöstlichen Teil Karstquellen in den See sprudeln. Nur wenige Meter tief, friert er fast jedes Jahr zu und blitzt als grenzenlose, herrliche Eislaufbahn in der Sonne. Im Spätsommer zeigt er sich im grünen Gewand wogender Felder und Wiesen: Nach der Heuernte stehen die typischen *ostrnice* wie eine Armee stummer Soldaten über den »Seeboden« verteilt. Es sind Holzpflöcke, auf die das abgemähte Gras zum Trocknen geschichtet wird. Nur im Sommer ist die Höhle Velika Karlovica in der Höhlenbucht zugänglich. Im Dorf Dolenje Jezero widmet sich ein interessantes Regionalmuseum dem See: Ein Modell zeigt die komplizierte Verästelung des Wassers mit den unterirdischen Flußsystemen.

Sloweniens wissen die Menschen so viel über Geister, Feen, Drachen und andere Sagengestalten zu erzählen wie im Karst. Kein Wunder angesichts der schaurigen Höhlen und bodenlosen Spalten, denen gelegentlich die Luft als feiner Nebel oder schrill pfeifend unter Hochdruck entweicht. Im Schutz der unterirdischen Karstwelt versteckt vermutet Johann Weichard Valvasor sogar Drachen, und er berichtet, daß die Menschen um den See von Cerknica die Verfolgung von Hexen mit besonderer Inbrunst betrieben, da sie den Tanzplatz der gefährlichen Weiber auf dem Berg Slivnica am Nordostufer des Sees wähnten. Zu guter Letzt sei noch ein prominenter Dichter erwähnt, der sich angeblich vom Karst zu seiner literarischen Höllenfahrt animieren ließ: Dante Alighieri, so meinen zumindest die Slowenen, habe den 12. Gesang der »Göttlichen Komödie« in der Höhle »Dantejeva jama« nahe Tolmin geschrieben.

Postojna und Umgebung

Das Städtchen Postojna entstand an einem relativ flachen Paß des Dinarischen Gebirges, das von der Balkanhalbinsel wie eine Zunge nach Norden in die Alpenwelt reicht. Die Passage zwischen Innerslowenien und Küstenregion, das »Tor von Postojna«, *Postojnska vrata*, nutzten bereits die Illyrer und Kelten. Als Venedig seinen Einfluß auf die Küste, Habsburg seinen auf das Inland ausdehnte, entstand in den dichten Wäldern des Grenzgebietes eine Art Niemandsland der Gesetzlosen: Händler und Reisende wurden überfallen und ausgeplündert. Eine erste Siedlung an dieser strategisch wichtigen Stelle gab es wahrscheinlich bereits in prähistorischer Zeit, später folgte ein römisches Castrum, und 1226 wird erstmals Postojna als Ortschaft erwähnt. Land- und Holz-

wirtschaft sind die traditionellen Einkommensquellen der Postojnčani, seit dem Ersten Weltkrieg hat die Metallindustrie mit Fabrikanlagen ihre Spuren im Stadtbild hinterlassen. Außer der Barockkirche Sv. Štefan (1777) gibt es in Postojna kaum Sehenswertes. Die Attraktion der Stadt, **Postojnska jama** (Adelsberger Grotte) liegt 5 km nordwestlich des Ortes (Hinweisschilder »Jama« oder »Postojnska Jama«).

Unterirdisches Märchenschloß Postojnska jama (Adelsberger Grotte)

Mit etwa 20 km (bekannter) Gänge ist Postojna die zweitgrößte Tropfsteinhöhle der Welt, 5,2 km werden im Rahmen der normalen Touristenführung begangen. Bereits im 13. Jh. waren einige Zugänge zum Höhlensystem bekannt; die erste wissenschaftliche Beschreibung der Grotten aus dem Jahre 1689 ist Valvasor zu danken; zu Beginn des 19. Jh. fanden die ersten touristischen Führungen in der Höhle statt, und bei den Vorbereitungen für den Besuch von Kaiser Franz I. entdeckte der Führer Luka Čeč im Jahre 1818 einen Durchgang zum inneren und noch eindrucksvolleren Teil der Postojnska jama. Ab 1824 wurden im »Kongreßsaal« genannten Abschnitt jeden Pfingstmontag Feste und Tanzveranstaltungen abgehalten. 1857, mit der Eröffnung der Südbahn von Wien nach Triest (mit Anschluß nach Postojna) begann der touristische Ansturm auf die Höhle. Bis zur slowenischen Unabhängigkeitserklärung hatte Postojna jährlich etwa 1 Mio. Besucher. Die Zahl ging Anfang der 1990er Jahre wegen des jugoslawischen Bürgerkriegs drastisch zurück und hat sich nun auf etwa 600 000 eingependelt.

Geschaffen wurde das Höhlensystem vom Fluß Pivka, der mit kurzen Ausflügen ans Tageslicht durch die unterirdische Welt nach Osten fließt und südwestlich von Ljubljana als Ljubljanica endgültig an die Oberfläche kommt. Den Flußlauf bekommen Besucher nicht zu Gesicht – sie sehen statt dessen das Kunstwerk, das die Natur in vor Jahrmillionen

vom Wasser ausgewaschenen Höhlen und Gängen geschaffen hat: die Tropfsteine. Etwa 1–2 Mio. Jahre hat der durch den Kalkstein sickernde Regen gebraucht, um das unterirdische Märchenschloß aufzubauen: Tropfen fallen auf den Höhlenboden und hinterlassen auf dem Stein ein wenig Kalk. Unendlich langsam wächst ein Stalagmit empor. Stalaktiten bilden sich durch Kalkablagerungen, die ein Tropfen an winzigen Unebenheiten der Decke hinterläßt. Die unebene Stelle wird größer, und die entlangrinnenden Tropfen setzen immer neue Kalkteilchen ab. Daß bei einem so banalen Prozeß magische Welten mit grotesken Gestalten, Orgelpfeifen, durchsichtige Gazevorhänge und spaghettiähnliche Deckenverzierungen entstehen, ist das wahre Wunder einer Tropf-

In der ›Unterwelt‹ der Grotte

steinhöhle. Postojna besitzt sie in Hülle und Fülle. Der italienische Höhlenforscher Pietro Parenzan formulierte angesichts Postojnas den Satz: »Steter Tropfen *formt* den Stein, *gutta aedificat lapidem*«, und der britische Bildhauer Henry Moore nannte die unterirdische Welt »die größte natürliche Galerie der Welt«.

Vom Haupteingang Postojnska jama fahren die Besucher mit einer elektrischen Eisenbahn bis zum »Konzertsaal« *(Koncertna dvorana)* und besichtigen von dort zu Fuß auf einem bequem gestalteten Rundgang die schönsten Tropfsteinformationen wie den Giganten, die Spaghettihöhle oder den silbrigschimmernden Brillanten. Kurz nach der Einfahrt ins Höhlensystem passiert man fast schmucklose, geschwärzte Felswände – die Folgen eines Brandanschlages auf das 1944 hier gelagerte Benzin der deutschen Besatzer. Von der *Črna jama* schlich sich ein Partisanentrupp unter Führung eines Höhlenkenners unbemerkt bis zum Lager in der Nähe des heutigen Haupteingangs und entzündete den Treibstoff.

Am Schluß der Führung, bevor es wieder in die wartende Eisenbahn und ans wärmende Tageslicht geht (in der Höhle ist es winters wie sommers ca. 8° C kalt) machen die Besucher Bekanntschaft mit einem Höhlenbewohner: *Proteus anguinus,* dem Grottenolm. *Človeška riba,* Menschenfisch, nennen ihn die Slowenen wegen seiner rosafarbenen Haut, die sich unter Lichteinfluß »bräunt«. Einige Exemplare sind in einem Becken ausgestellt. Von den etwa 190 übrigen Tierarten des Höhlensystems bekommt der Besucher höchstens eine Höhlenassel *(Asellus aquaticus subterraneus)* zu Gesicht.

❶ Turistbiro, Tržaška cesta 4, Postojna, ☎ 05/7 26 44 77, Fax 7 20 35 65. **Infos zu den Höhlen** im Internet: postojna-cave.com.

Eintritt: Erwachsene SIT 2000, Schüler/Studenten SIT 1000, Besichtigung: Nov.–Feb., 10 und 14 Uhr, Sa/So/Feiertage zusätzlich 12 und 16 Uhr, zwischen Mai und Sept. zu jeder vollen Stunde zwischen 9 und 18 Uhr, in den Monaten dazwischen meist fünf Führungen zwischen 10 und 17 Uhr. Geführt wird nach Gruppen getrennt in Deutsch, Englisch, Französisch, Italienisch und Slowenisch. Auf Anfrage Sonderbesichtigung für Gruppen ab 3 Pers. (mind. 5 Tage vorher anmelden).

Individuelle Höhlenführung: Größere Gruppen (ab 6 Personen) können außerhalb Juli und Aug. eine individuelle Führung buchen, die je nach Absprache auch Abstecher in sonst nicht besuchte Teile des Grottensystems beinhaltet. Ein zweistündiger Rundgang kostet ca. SIT 20 000 pro Gruppe. Auskunft und Reservierung unter ☎ 7 00 01 00 (mindestens eine Woche vorher).

❗ In der Hauptsaison sollte man entweder mit der ersten Gruppe am Morgen oder mit der letzten am Abend in die Höhle gehen. Der Rummel tagsüber ist unbeschreiblich, in der Grotte drängen sich Menschenmassen um ihre Führer, so daß man kaum etwas versteht.

🛏 Jama, $$, Jamska cesta 28, ☎ 7 28 25 11, Fax 7 00 01 30: Direkt am Höhleneingang gelegenes Komforthotel mit Hallenschwimmbad. **Kras,** $$, Tržaška cesta 1, ☎ 7 26 40 71, Fax 7 26 42 25: Steriler Neubau im Ortszentrum von Postojna. **Tourist Resort Pivka Jama,** beim Eingang zur gleichnamigen Höhle, ☎ 7 26 53 82, Fax 7 26 53 48: Wunderschöne, schattige Anlage mit Stellplätzen, gut ausgestattete Bungalows und Appartements, ruhig im Wald gelegen. Pool, Stromanschlüsse und individuelle Kühlboxen verwöhnen die Camper (geöffnet von April bis Ende Sept.). Im Restaurant gute slowenische Küche.

Jamska Restavracija, $$, am Höhleneingang, altehrwürdiges Lokal mit Jugendstil-Interieur; die Qualität des Essens hält sich in Grenzen. Es gibt mehrere Schnell- und Selbstbedienungsrestaurants neben dem Höhleneingang; wer in aromatischer Waldluft speisen möchte, versuche das Restaurant des Turist Resorts Pivka Jama (s. o.).

Postojna: Busbahnhof am Titov trg, ☎ 7 26 46 01, stündlich Busse in Richtung Ljubljana bzw. Koper und in Richtung Vipava-Tal und Nova Gorica sowie gute Verbindungen in alle anderen größeren Städte. Mit der Eisenbahn vom Bahnhof in der Kolodvorska ul. 25 (☎ 2 96 21 00) ebenfalls häufig Verbindungen nach Ljubljana/Koper bzw. Divača/Triest (Richtung Lipica).

Karsthöhlen für Abenteuerlustige

Neben dem Haupteingang bei der Postojnska jama gibt es drei weitere Zugänge zum Höhlensystem, die allerdings nicht immer geöffnet sind: **Pivka jama** auf der gleichnamigen Zelt- und Bungalowanlage, bildet den nördlichen Abschluß der Grotten und Gänge; Teile der **Črna jama** im Nordosten stehen die meiste Zeit des Jahres unter Wasser und dürfen nur von erfahrenen Höhlenforschern per Boot befahren werden. **Otoška jama** ist der westliche und ursprünglichste Eingang zum Höhlensystem. Etwas entfernt liegen **Planinska jama** und die Höhle hinter dem Schloß Predjamski grad. Die Höhlen von Škocjan werden in einem gesonderten Abschnitt (s. S. 143) beschrieben.

Pivka jama: Der Eingang zur Pivka jama liegt auf dem Gelände des gleichnamigen Turist Resorts, etwa 5 km von der Postojnska jama entfernt. Durch einen 65 m tiefen Einsturztrichter steigt man auf über 300 in den Fels gehauenen Stufen hinunter zum Fluß Pivka. Der beleuchtete Besichtigungsweg von etwa 2 km Länge führt durch die Pivka jama und einen künstlichen Stollen in den trockenen Teil der »schwarzen« Črna jama, wo der Ausgang liegt. Besichtigung ist in der Hauptsaison von Juni bis Sept. tgl. um 9, 13 und 17 Uhr, Eintritt Erwachsene SIT 1100, Kinder SIT 550. Es empfiehlt sich, telefonisch einen Termin zu vereinbaren, da die Führer nicht ständig vor Ort sind (Kontakt über Postojnska jama ☎ 05/7 00 01 00). Der Rundgang dauert etwa 1,5 Std.).

Črna jama: Črna und Pivka jama können auch per Schlauchboot erkundet werden, dies allerdings nur bei günstigem Wasserstand (nicht

Von Wegelagerern und Edelleuten

Ende des 15. Jh. war Predjamski grad im Besitz der Familie von Luegg. Einem der ihren, dem Ritter Erasmus, wog das habsburgische Joch zu schwer. Immer häufiger widersetzte er sich seinem Kaiser, begann, selbst Recht zu sprechen und tötete schließlich im Jähzorn einen hohen Beamten des Wiener Hofes. Predjamski grad wurde zu seinem Fluchtpunkt. Hier setzte sich Ritter Erasmus fest, beherrschte mit harter Hand die abhängigen Bauern, überfiel und plünderte die Händler, die durch das »Tor von Postojna« von der Adria nach Ljubljana und weiter nach Wien zogen. Ebenso drangsalierte er seine Untertanen – und dennoch ging er in die Geschichte als der »gute« Ritter ein. Der Volksmund hat seine Gestalt verklärt, seine Taten umgedichtet. Er habe, so erzählt man, immer nur Reiche überfallen, um die Beute an die Armen zu verteilen.

Die Mutation des wilden Erasmus zu einer Art slowenischem Robin Hood ist seinem Widerspruchsgeist zu danken. Denn schließlich hat er's den Herren aus Wien ordentlich gezeigt, sie ein Jahr lang genarrt und wäre nie besiegt worden, hätte es nicht einen Verräter gegeben. Die Geschichte: Wien, der Aufsässigkeit seines Untertans überdrüssig, setzte im Herbst 1483 von Triest ein Heer in Marsch, das unter Führung eines Hauptmanns Raubar den Ritter bändigen sollte. Der lockte in seinem Übermut die Verfolger bis zum damals noch nicht bekannten Schloß Predjama, wo die Angreifer angesichts der unbezwingbaren Anlage beschlossen, den Ritter auszuhungern. Raubars Soldaten wußten nichts von den Geheimgängen, durch die sich die Belagerten bequem mit Nahrung versorgen konnten. Schon wähnte man nach einem harten Winter die Schloßbewohner am Verhungern – da ließ Erasmus am Faschingsdienstag seinen Feinden einen gebratenen Ochsen hinunterwerfen. Raubars Mannen hielten dies für eine verzweifelte List, doch als es acht Wochen später zu Ostern Lammbraten von der Burg regnete und die Soldaten im Frühsommer die ersten Kirschen und frische Fische zugeworfen bekamen, mußten sie erkennen, daß Erasmus sie die ganze Zeit über genarrt hatte. Schließlich versorgte Erasmus seine Belagerer regelmäßig mit Vorräten und ließ seinen Schreiber Geschenke an Hauptmann Raubar übergeben. Doch der Diener wurde bestochen und verriet den Soldaten, wo sein Herr, täglich zur gleichen Zeit, sein Geschäft zu verrichten pflegte. Als die Stunde der nächsten »Sitzung« gekommen war, beschoß Raubar das stille Örtchen. Ritter Erasmus starb auf dem Klo – nicht von Kugeln getroffen, sondern von herabstürzenden Felsen erschlagen. Seitdem ist der Raubritter ein Held.

zu niedrig, nicht zu reißend). Nur erfahrene Höhlenforscher dürfen sich auf dieses Abenteuer einlassen. Termine mit einem Führer können telefonisch unter oben genannter Telefonnummer vereinbart werden.

Otoška jama: Der Zugang ist nicht ganz leicht zu finden. Von Postojna geht's in Richtung Predjamski grad. Man passiert das Dorf Veliki otok und zweigt 1 km weiter an der Kirche Sv. Andrej nach rechts in Richtung Turist Resort Pivka jama ab. Nach 300 m weisen Schilder die Richtung zur Otoška jama über einen befahrbaren Waldweg. Früher war diese Höhle durch natürliche Gänge mit der Postojnska jama verbunden; heute ist dieser Zugang eingestürzt, so daß man nur noch per Boot auf der Pivka weiterkommt. Die Besichtigung der mit schönen Tropfsteinen geschmückten Grotte (Weglänge 600 m) ist ein kleines Abenteuer, denn sie ist nicht beleuchtet (gute Taschenlampe mitnehmen!). Führungen gibt es normalerweise nur an den Wochenenden. Für Terminvereinbarungen und Sonderaktionen wie die Bootsfahrt kontaktiert man die Höhlenverwaltung (Telefonnummer s. S. 132).

Jama pod gradom: Die Höhle unter der Burg Predjamski grad ist 7,5 km lang, der 900 m lange Rundgang dauert eine Stunde. Das System stufenförmig untereinander liegender Grotten wurde, wie Funde belegen, bereits in der Jungsteinzeit benutzt.

In späteren Jahrhunderten diente es unter anderm auch als Unterschlupf für Räuberbanden, die älteste datierte Unterschrift eines Höhlenbesuchers stammt aus dem 15. Jh. Besichtigt werden die erste und zweite »Etage« des Systems; die dritte und vierte Etage sind nur Fachbesuchern mit entsprechender Ausrüstung vorbehalten. Reservierungen und Terminabsprachen können unter ✆ 05/7 51 52 60 vereinbart werden, Besichtigungszeiten für Normalbesucher sind in der Saison täglich zwischen 11 und 17 Uhr zu jeder vollen Stunde, der Eintritt beträgt SIT 700 für Erwachsene und SIT 350 für Kinder.

Planinska jama: Die Planina-Grotte befindet sich 10 km von Postojna links der Regionalstraße über Logatec nach Ljubljana. Am Ortsanfang von Planina sieht man zunächst die Burgruine **Mali grad** (Kleines Schloß), im Volksmund *Ravbarjev stolp* genannt, weil hier Räuber *(ravbarji)* ihr Unwesen getrieben hätten. Von der aus dem 14. Jh. stammenden Anlage ist nur noch ein Wachturm erhalten, der restauriert wurde. Einige Meter weiter endet der Weg an einer Felswand mit dem Höhleneingang, aus dem der Fluß Unica (zuvor Pivka) entspringt, sich ins Planinsko polje ergießt und schließlich nach weiteren unterirdischen Eskapaden als Ljubljanica wieder erscheint. Planinas besonderer Reiz ist das Wasser, das sich aus verschiedenen Richtungen kommend in der Höhle vereint. Der normal begehbare Weg mißt einen knappen Kilometer (ca. 1 Stunde) und liegt über dem Flußsystem; speziell ausgerüstete und erfahrene Höhlenforscher können die Höhlen auch mit einem Boot erkunden. Normale Besichtigungszeiten sind täglich um 15 und 17 Uhr, Sa und So auch um 11 und 13 Uhr, Eintritt SIT 1100 Erwachsene, SIT 550 Kinder. Sondervereinbarungen mit der Höhlenverwaltung sind rechtzeitig über Postojnska jama, ✆ 05/7 00 01 00, zu treffen.

Die Burg Predjamski grad

Zwischen lieblichen Hügeln und Feldern verbirgt sich eine der beeindruckendsten Burgen Sloweniens: **Predjamski grad,** die »Vorhöhlenburg«. Von Postojna fährt man in Richtung Veliki otok und Bukovje und folgt dort den Hinweisschildern Predjama, bzw. Predjamski grad (ca. 10 km). Die Burganlage liegt am Ende eines schluchtartigen Einschnitts an einer 123 m hohen Felswand über dem Bett des Baches Lokva, vier Stockwerke hoch, aus grauem Stein, der sich kaum vom Kalkfels der Umgebung abhebt. Zu ihren Füßen befindet sich der Eingang zur Höhle von Predjama. Die wuchtigen, aus dem Fels herauswachsenen Bauten und der dunkle Höhlenschlund wirken in dem schmalen, stets schattigen Felsrund wie aus einer Sage gestiegen, unwillkürlich vermeint man, im Rauschen des Baches das Brüllen gefangener Drachen oder das Klirren von Eisenketten verlorener Seelen zu vernehmen. Viele Geschichten ranken sich um das Schloß, die berühmteste (und historisch verbriefte) ist die Legende vom guten Räuber Erasmus (s. S. 130).

Schloß Predjama besteht aus zwei Bauten unterschiedlicher Epochen: Die Grafenfamilie von Luegg ließ im 13. Jh. eine Festung in die Höhle setzen, zum Teil in den Fels schlagen. Im 16. Jh. errichtete die Familie Kobencl davor das Renaissanceschloß. Die Lage des Schlosses gewährte optimale Verteidigungsmöglichkeiten. Hoch oben im Fels war es von vorne nicht zugänglich – die Zugbrücke wurde hochgezogen, und zwischen Angreifern und Belagerten gähnte ein tiefer Schlund. Bei längeren Belagerungen konnten die Herrschaften das verzweigte Höhlensystem hinter ihrem Domizil als Flucht- und Versorgungsweg nutzen. Alte und neuere Burg sind so komplex, daß darin auch heute noch Entdeckungen gemacht werden. So barg man erst 1991 einen versteckten Schatz! Einige Räume dienen als Museum, das die Geschichte der Burg und ihrer Adelsgeschlechter dokumentiert. Die Ausstellung ist nicht gerade überwältigend – unbedingt sehenswert aber ist die alte Burg mit aus Fels gehauenen Treppen und Räumen und dem Erasmusgang, jenem geheimen Verbindungsweg, der in der Raubrittergeschichte eine so wichtige Rolle spielt (Besuchszeiten in den Sommermonaten 9–18 Uhr, zwischen Okt. und Apr. 10–16 Uhr).

Ausflüge von Postojna

Nicht weit vom Südufer des Cerkni-ca-Sees entfernt (6 km von Dane über Stari Trg nach Kozarišče) steht das **Schloß Snežnik** in einem von hohen Bäumen bestandenen Park. Die Mauern der dreigeschossigen Anlage, die 1268 erstmals erwähnt wurde und eine Zeitlang den Patri-archen von Aquileia gehörte, spie-geln sich im Wasser zweier künst-lich angelegter Seen. Snežnik birgt ein Museum zur Geschichte des Schlosses, dessen heutige Gestalt von der Renaissance geprägt ist. Im Inneren ist die Originaleinrichtung der letzten Eigentümer, der Grafen Schönburg-Waldenburg, erhalten; Jagdtrophäen schmücken die Wän-de. Im Sommer werden im Rahmen des Snežnik-Festivals im Schloß Konzerte gegeben (Besichtigung von Mi–Fr 10–13 und 15–18 Uhr, Sa u. So durchgängig).

Ein Vergnügen für kleine und gro-ße Reiter bietet **Gut Plana,** einige Ki-lometer weiter von Postojna nach Süden in Richtung Pivka. Die deut-sche Besitzerin lebt schon seit Jah-ren in Slowenien und hat sich auf Is-land-Ponies spezialisiert. Sie gibt Reitstunden, veranstaltet Reitwo-chenenden und Ferienaufenthalte für Kinder und organisiert auch mehrtägige Touren für erfahrene Reiter im urwüchsigen Waldgebiet des *Kočevski rog,* das für seine Bärenpopulation berühmt ist. Vor Meister Petz braucht man sich aber nicht zu fürchten, denn übernachtet wird immer auf Bauernhöfen am Waldrand. Die robusten Island-Ponies tragen ihre Reiter durch eine einzigartige Urwaldlandschaft, denn der Kočevski rog ist das größ-te, zusammenhängende Waldge-biet Mitteleuropas! Informationen unter Posestvo Plana, Mobil-☎ 0 50/ 63 75 90.

Nach Norden: Bergwerksstadt Idrija und Cerkno

Knapp 60 km von Postojna nach Norden liegt eines der wichtigsten Zentren des slowenischen Berg-baus, die Stadt **Idrija** in einem schmalen Tal, das der Fluß Idrijca in den Karst des Voralpenlandes ge-graben hat. Die Region, die süd-lich an den Triglav-Nationalpark anschließt, ist mit dichten Mischwäl-dern bestanden und recht unweg-sam. Diese ungebändigte Natur-landschaft bot im Zweiten Weltkrieg slowenischen Widerstandskämpfern Schutz vor den deutschen und ita-lienischen Besatzern.

Besiedelt war die Region um Cer-kno, wie Funde in der Karsthöhle *Divje babe* ergeben haben, bereits in der Eisenzeit. Im 7. Jh. verliefen die Wanderwege der slawischen Völker von Škofja Loka durch das Idrijca-Tal nach Tolmin im Westen und nach Istrien. Wie auch das Soča-Tal gehörten Idrija und Umge-bung abwechselnd zu Venedig und Habsburg, was die Architektur mit ihren venezianischen Anklängen dokumentiert.

Quecksilber und Spitzen: Idrija

Sloweniens älteste Bergwerksstadt wird von einer mächtigen Festung mit Rundtürmen beherrscht, der **Burg Gewerkenegg.** Kurz nach Idrijas Gründung um 1490 entstand die Burg; sie diente vor allem der Lagerung des wertvollen Quecksilbers, das in den Bergen um Idrija gefördert wurde, und als Verwaltungssitz der Bergwerksgesell-

Südländisches Flair:
Museum in der Burg Gewerkenegg

schaft. Im 18. Jh. trug man die vom Barock inspirierten Wandmalereien im Innenhof auf, die heute in restauriertem Glanz erstrahlen. Das **Museum** in den Burgräumen beschreibt auf vorbildliche Weise die Geschichte des Bergbaus und seine Bedeutung für die Stadt. Die Entdeckung des Quecksilbers in Idrija wird einem Faßmacher zugeschrieben, der sein Werkstück in einen Bach legte und es mit »lebendem Silber« – so der slowenische Name, wieder herauszog. Aus den anfangs spontan in den Boden gegrabenen Trichtern und Schächten entwickelte sich das zweitgrößte Quecksilberbergwerk der Welt. Die Idrijci deckten in der Blütezeit 13 % des Weltmarktes ab. Für den Stollenbau wurden große Mengen Holz von den umliegenden Wäldern auf der Idrijca in den Ort verschifft.

Etwa 30 000 m³ waren es jährlich zu Beginn des 20. Jh. Ein im 18. Jh. genial konstruiertes Wehr, *Klavže* genannt, steuerte den Wasserzufluß und den Transport der Baumstämme. Bevor die Schleusen geöffnet wurden, mußten die Einwohner Idrijas die Umgebung des Flusses verlassen, denn es kam häufig vor, daß die Flut unkontrolliert nicht nur das Flußbett, sondern auch die Straßen überschwemmte. Historische Fotografien, detaillierte Minenpläne, eine geologische Ausstellung, ein volkskundlicher Flügel und eine Sonderausstellung zum Thema Klöppelspitze bilden zusammen eine wirklich eindrucksvolle Ausstellung, die unbedingt besuchenswert ist (geöffnet tgl. von 9–18 Uhr).

Heute ist der Bergbau in Idrija unrentabel geworden, die Stollen werden nacheinander geschlossen, von ursprünglich 1300 Menschen sind nur noch 50 im Bergwerk beschäftigt; 2006 soll der letzte Stollen versiegelt werden. Viele Bergleute verdienen sich jetzt als Arbeiter in der Elektromotorenfabrik ihr Geld, so daß der Stadt größere Probleme durch Arbeitslosigkeit erspart geblieben sind. Eine Vorstellung von den Arbeitsbedingungen gibt der 500 Jahre alte, jetzt stillgelegte *Antonij-Stollen*, den man begehen und sich darin altes Handwerksgerät und eine interessante Ton-Bildschau ansehen kann (Eingang auf dem Marktplatz von Idrija, Führungen wochentags um 10 und 16 Uhr, Sa, So und feiertags auch um 15 Uhr, im Winter nur nach telefonischer Vereinbarung unter ✆ 05/3 77 11 42).

Im Altstadtkern des Städtchens sind einige alte Bergwerkshäuser erhalten, in denen die Minenarbeiter und ihre Familien untergebracht waren. Sie sind schmal und mehrstöckig und unterscheiden sich deutlich von den »normalen« Bürgerhäusern anderer Siedlungen. Die Ähnlichkeit mit den »Mietskasernen« des Schmiededorfes Kropas (s. S. 102) ist frappierend.

Während die Männer der unterirdischen Knochenarbeit nachgingen, entwickelten die Ehefrauen eine alte Handarbeitskunst zur Vollendung: die Klöppelei. 1838 soll eine Frau die Kunst der Klöppelei nach Idrija gebracht haben, 1876 wurde in Idrija die erste Klöppelschule eröffnet und die bis dahin in Heimarbeit überlieferte Fertigkeit familienübergreifend gelehrt. Noch heute ist es Ehrensache, daß alle Mädchen von Idrija nach dem Pflichtschulunterricht die Klöppelkurse besuchen. Die geklöppelten Deckchen, Sofakissen, Servietten und sogar Bettwäsche sind ein erfolgreiches Exportprodukt des Städtchens und zugleich ein beliebtes Souvenir von Slowenienreisenden. In Idrija gibt es zahlreiche Geschäfte, die Klöppelarbeiten verkaufen – wie die kunstvollsten (und unbezahlbaren) Stücke aussehen, zeigt das Museum in der Burg Gewerkenegg und eine Ausstellung in der Klöppelschule (Prelovčeva ul. 2, ✆ 05/3 72 66 00, Mo–Fr 8–15 Uhr).

Den Spitzen hat die Stadt auch ein eigenes Festival gewidmet, das jedes Jahr im August abgehalten wird. Über den genauen Termin informieren die slowenischen Fremdenverkehrsämter.

 Turistbiro, Lapajnetova ul. 7, ☎/Fax 05/3 77 38 98.

 Privatzimmer vermittelt das Touristenbüro, dort ist auch eine Liste von Bauernhöfen erhältlich, die Gästezimmer anbieten. In Spodnja Idrija, einer von Industrie geprägten Siedlung etwa 4 km flußaufwärts, steht eines der schönsten Hotels von Slowenien, wenngleich die Umgebung (Neubauviertel) bei der Anfahrt eher enttäuschend wirkt. Doch **Kendov dvorec** schließt wie eine Märchenburg die eher prosaischen Wohnblocks aus und entführt den Gast

mit geschmackvollem Ambiente und diskretem Service in eine völlig andere Welt. Das ehemalige Gutshaus stammt aus dem Jahre 1377, wurde in der sozialistischen Ära von einem Pharmakonzern als Gästehaus genutzt, 1996 restauriert und für den Tourismus geöffnet. Berühmt ist das Restaurant des Schlößchens für seine lokalen Spezialitäten wie *žlikrofi* und das selbstgebackene und mit Estragon gewürzte Brot. Kendov dvorec, $$$$, 5281 Spodnja Idrija, Na griču 2, ☎ 05/3 75 64 90, Fax 3 75 64 75: 11 mit Originalstücken aus dem 19. Jh. möblierte Zimmer.

 Stündlich Busse nach Ljubljana, mehrmals täglich nach Bovec, Tolmin, einmal/Tag nach Nova Gorica.

Cerkno und das Franja-Hospital

Cerkno selbst lohnt besonders in der Faschingszeit einen Besuch, wenn am Faschingsdienstag die *Laufarji*-Masken furchterregend durch das Städtchen toben, um dem Winter endgültig den Garaus zu machen. Die alte, wohl noch aus heidnischen Zeiten stammende Überlieferung wurde 1956 wieder zum Leben erweckt. 24 Masken stellen einen Gerichtsprozeß dar, in dem der »Fasching«, *pust*, für alles Übel verantwortlich gemacht wird, das im vergangenen Jahr den Ort heimgesucht hat. Nach der Verurteilung wird mit fröhlichen Tänzen gefeiert. Im **Museum von Cerkno** sind die traditionell aus Lindenholz geschnitzten Masken der *laufarji* ausgestellt. Eine andere Abteilung widmet sich den

Beliebtes Souvenir: Spitzenklöppeleien

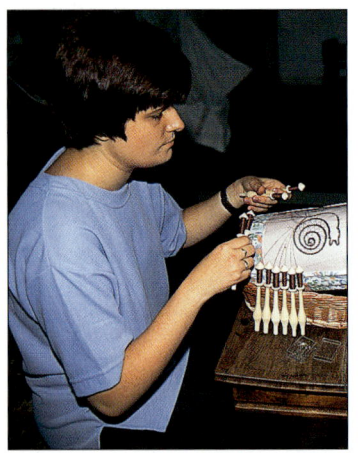

Ereignissen und Folgen des Zweiten Weltkrieges in der Region, doch darüber kann man sich im nahen Franja-Hospital wesentlich anschaulicher informieren (Berkova 12, ✆ 05/3 72 31 80, Di–So, 9–14 Uhr).

Das Partisanenkrankenhaus **Franja** liegt in einem schmalen Tal 5 km nordöstlich von Cerkno, beim Weiler Dolenji Novaki am Ende einer Klamm (ca. 15 Min. Fußweg). Nachdem Italien 1943 kapituliert hatte, gelang es den Partisanen, Idrija mit seinen Quecksilberminen zu befreien. Sie wurden aber kurz darauf von deutschen Truppen wieder aus ihren Stellungen verdrängt. Etwa sieben Monate tobten schwere Kämpfe in der Region, und durch die Notwendigkeit, Verwundete heimlich pflegen zu können, entstand der Plan, in dem abgelegenen Tal ein Partisanenkrankenhaus einzurichten. Von Dezember 1943 bis 1945 versahen hier slowenische Ärzte, unterstützt von freiwilligen Helfern aus aller Herren Länder, ihren Dienst. 522 Verwundete wurden in Franja versorgt – und zwar nicht nur Widerstandskämpfer, sondern auch feindliche Soldaten, von denen sich einige nach ihrer Genesung den Partisanen anschlossen. Diese Einstellung brachte den Ärzten von Franja nicht nur Lob ein; mehrmals forderte das Oberkommando sie auf, sich auf die Betreuung der Partisanen zu beschränken. Heute freilich listet die im Krankenhaus erhältliche Broschüre stolz die Namen der ausländischen Patienten auf. Erhalten sind einige Krankenbaracken und die Behandlungsräume. Besichtigungszeiten sind von 1. Apr. bis 30. Sept. tgl. von 9–18 Uhr, ansonsten 9–16 Uhr, Auskunft unter ✆ 05/3 77 50 87.

Ins Vipava-Tal (Vipavska Dolina)

Das fruchtbare Karsttal des Flusses Vipava verbindet die südlichen Alpenausläufer mit dem adriatischen Raum. Es ist ein Korridor, der, wie archäologische Funde belegen, bereits von den Menschen der Jungsteinzeit benutzt wurde. Unter römischer Herrschaft wurde das Tal durch eine Straße erschlossen, und in den Wirren der Völkerwanderung diente es als Passage auf dem Weg nach Süden. Die Geschichte des Tals und seiner Siedlungen blieb auch weiterhin bewegt: Abwechselnd unterstand es Venedig und Habsburg und wurde mehrmals von osmanischen Heeren bedroht; nach dem Ersten Weltkrieg wurde es Italien zugesprochen, nach 1945 fiel es schließlich an Jugoslawien.

Im südlichen Vipava-Tal keltern die Bauern Rotweine, für die Sloweniens Küstenregion berühmt ist, Merlot, Refošk, Teran. Weiter nach Norden liegen die Anbaugebiete für hervorragende weiße Tropfen. Weinterrassen und Obstbaumkulturen säumen die Straße und die Hügel im Hinterland, ein Garten Eden, so scheint es – und doch gilt das Tal als eine der am schlimmsten von der *burja* heimgesuchten Regionen Sloweniens! Burja oder Bora, der eiskalte, von Nordosten meerwärts blasende Wind, tobt hier durchschnittlich an 42 Tagen im Jahr. Die eisigen Sturmböen gefährden nicht nur die Landwirtschaft, auch Autofahrer auf der Strecke Razdrto – Nova Gorica werden an exponierten Stellen vor den unberechenbaren Stößen der Burja gewarnt. Vielerorts geben elektronische Meßtafeln die augenblickliche Windgeschwindigkeit an.

Auf eine ganz eigenwillige Art verbinden sich im Vipava-Tal sanfte, von Reben bestandene Hügel mit der defensiven, strengen Architektur seiner Dörfer, Burgen und Kirchen. Die Burja hat die Architektur der Karstdörfer und die landwirtschaftliche Nutzung des Tals geprägt. Alte Siedlungen und moderne Bauten öffnen sich nach Südwesten. Wuchtige Steinmauern schützen die dem Wind zugewandte, nordöstliche Seite, mit Steinen sind die Dachschiefer beschwert und gesichert. Nur an Südhängen finden sich Wein- und Obstpflanzungen, während die nach Norden gerichteten Seiten von Mischwald bedeckt sind. Nicht nur Naturgewalt, auch die exponierte Lage an einer uralten Handels- und Heerstraße manifestiert sich in der Architektur. Mittelalterliche Siedlungen wie Štanjel (s. S. 141) gleichen unbezwingbaren Festungen, in denen die Menschen versuchten, gegen anbrandende Eroberer zu bestehen.

Vipava

Das Städtchen (1600 Einw.) ist ein wichtiger Anlaufpunkt für Weinliebhaber. Die Tradition reicht bis 1894 zurück, als hier Sloweniens erste Weinbauerngenossenschaft gegründet wurde. Im 1964 erbauten **Weinkeller** *(Vinska klet)* kann man die schweren Weine der Region verkosten und natürlich auch kaufen (geöffnet 12–22 Uhr, So u. Mo geschlossen). Die Siedlung zu Füßen der aus dem 12. Jh. stammenden Burgruine Stari grad wirkt verschlafen; im Park vor dem Stadtschloß Lanthierijev grad (18. Jh.) treffen sich Pensionäre zum Plausch, und außer den beiden Schlössern und einigen wenigen älteren Bauten ist das Stadtbild nicht gerade ansprechend. Doch Vipava kann mit einem klassischen Karstphänomen aufwarten: In der steilen Felsmauer **Skalica** hinter dem neuen Schloß entspringt der Fluß Vipava aus mehreren Karstquellen, die Wasser des Einzugsgebietes Nanos und Postojna mit sich führen. Es gibt sogar eine Verbindung zur Höhle unter dem Predjamski grad. Durch gefärbtes Wasser konnten die unterirdischen Kanäle nachgewiesen werden; erforscht sind sie allerdings nicht, weil der Wasserstand zu hoch ist.

Gostišče Pri Lojzetu, Dvorec Zemono, $$$, ☎ 05/3 68 70 33. Mo und Di geschlossen. Inmitten von Weinbergen liegt 1 km außerhalb von Vipava in Richtung Adjovščina das Schlößchen Zemono, 1689 als Sommersitz der

Maks Fabiani und der Karst

Der Architekt Maks Fabiani wurde 1865 in dem Dörfchen Kobdilj geboren und studierte an der Universität von Wien. Sein besonderes Augen-
merk galt der Urbanisation, wobei er in seinen Arbeiten immer wieder die
Notwendigkeit betonte, traditionelle Bauelemente zu erhalten und sie mit
modernem Funktionalismus harmonisch zu verbinden. 1920 entwickelte
er den Plan, alte und verlassene Häuser unter der Stadtmauer am Südhang
von Štanjel aufzukaufen und unter Wahrung ihrer ursprünglichen Architektur zu einer komfortablen Villa umzubauen. Er begeisterte seinen reichen Triestiner Onkel Marco Ferrari für dieses Projekt, und bereits 1923
war der erste Teil des Ensembles fertiggestellt. Bis zum Ausbruch des
Zweiten Weltkrieges realisierten die beiden weitere Umbauten. Der ehr-
geizigste und angesichts der Wasserknappheit auf dem Hügel gewagte
Teil des Plans war ein herrschaftlicher Park vor der Villa mit einem Fisch-
teich. Zisternen, die sowohl Regenwasser als auch aus den porösen
Schichten des Hügels abgeleitetes Wasser auffingen, bewässerten die
grüne Oase. Ob dieser Eingriff in den natürlichen Wasserhaushalt Folgen
für die Landwirtschaft der Region hatte, ist einer der vielen Streitpunkte
um die Villa Ferrari. Ein anderer: Maks Fabiani hat zwar dem Verfall
preisgegebene Häuser bewahrt und Štanjel mit einer den Traditionen
angepaßten Architektur aufgewertet, aber was er schuf, kam nicht den
Einwohnern, sondern reichen Fremden zugute. Zwischen 1933 und 1945
war Fabiani Bürgermeister von Štanjel. Als deutsche Truppen auf »sein«
Dorf vorrückten, ließ er alte Kontakte spielen. Hitler selbst hatte 1912 als
Zeichner in Fabianis Wiener Architekturbüro gearbeitet! Fabiani pochte
gegenüber den Heereskommandeuren auf seine Freundschaft mit dem
»Führer«, Štanjel wurde verschont. 1944 befreiten die Partisanen das
Vipava-Tal und brannten mit Štanjel auch Fabianis Lebenswerk, die Villa
Ferrari, nieder, weil sie den Architekten der Kollaboration mit dem Feind
verdächtigten. Dabei gingen alle Baupläne für die Villa verloren.

Die undurchsichtige Rolle Fabianis im Zweiten Weltkrieg kam ihn
und seinem Dorf Štanjel in der jugoslawischen Ära teuer zu stehen.
Obwohl das mittelalterliche Ensemble unter Denkmalschutz steht,
unternahm man wenig bis nichts zu dessen Erhalt. Erst nach der slowenischen Unabhängigkeit interessierten sich Architekten wieder für
Štanjel. Seit 1993 läuft an der Universität von Ljubljana ein Projekt, mit
dem Dozenten und Studenten versuchen, Fabianis Erbe zu retten. Die
1998 in der Burg eröffnete Ausstellung dokumentiert diese Arbeit.

Grafen Lanthieri erbaut. Der Renaissancebau im Stil der Palladio-Villen birgt heute ein hervorragendes Restaurant, das weit über die Grenzen des Tales berühmt ist. Vor allem Hochzeitsgesellschaften nutzen das romantische Ambiente für die Familienfeier – deshalb ist das Restaurant an den Wochenenden häufig ausgebucht.

Vipavski križ ist eine zum Teil verlassene, mauerbewehrte Dorfanlage auf einem steilen Hügel gegenüber Ajdovščina. 1252 fand der Ort erstmals Erwähnung, im 15. Jh. wurde er mit Burg und Stadtmauer gegen die Überfälle von Venezianern und Türken befestigt, im 16. Jh. erlebte er seine Blütezeit. Bis 1864 gehörte Vipavski križ den Grafen von Attems, dann wurde die Burg aufgegeben. Damit begann der Niedergang der Stadt. Man betritt den Ort durch das südliche Stadttor und findet sich inmitten alter istrischer Steinhäuser und Bauernhöfe. Wein und Efeu ranken am grauen Stein, in Blumentöpfen vor Fenstern und Türen wachsen Oleanderbüsche und Geranien, doch kaum ein Mensch ist zu sehen. Besuchenswert sind die gut erhaltenen Überreste des Schlosses und des 1636 gegründeten Kapuzinerklosters. Der Ort steht unter Denkmalschutz.

Štanjel

Das mittelalterliche Städtchen in 311 m Höhe über einem Seitenarm des Vipava-Tales galt als Paradebeispiel eines typischen Karstdorfes. Die Häuser ziehen sich gestaffelt an den südlichen und südwestlichen Hängen des Hügels Turn entlang. Fenster und Türen öffnen sich auf die mit Reben bestandene Landschaft; die Rückseiten trotzen im Winter der Burja. Die Siedlung geht auf die Hallstattzeit zurück (s. Novo Mesto, S. 169), aus der ein illyri-

Štanjel

sches Gräberfeld stammt. In römischer Zeit war Štanjel wie viele andere Städte entlang des Tales ein Castrum und sicherte den Handelsweg. Einzig sichtbarer Rest dieser Epoche ist der *ledenica*, Eiskeller, genannte Stumpf eines römischen Wachtturms auf dem Hügel. Ab dem 12. Jh. ist das Dorf Štanjel verbrieft, im 16. Jh. wurde es gegen die Einfälle der Türken mit einer Stadtmauer befestigt, Ende des 16. Jh. wurde auf den Fundamenten der alten Burg das neue Schloß der Grafen Kobencl errichtet. Heute besitzt

Štanjel noch knapp 300 Einwohner, die fast alle in das neue Dorf am Fuß des Hügels umgezogen sind. Nur noch einige ältere Leute trotzen im historischen Štanjel dem Sog der Neuzeit und deren Komfort.

Über eine monumentale Treppe gelangt man vom Parkplatz durch einen Festungsturm der Stadtmauer auf den Schloßhof und sieht gegenüber das »Wahrzeichen« von Štanjel, die Kirche Sv. Daniel mit der steinernen Turmspitze, die an osmanische Minarettarchitektur erinnert. Böse Zungen behaupten, sie sei ei-

ner Bischofsmütze nachgebildet. Sehenswert ist ein Marmorrelief auf dem Hauptaltar: Es bildet das Panorama von Štanjel und dessen Burg ab und stammt aus dem 17. Jh.

In der Burg residiert heute eine Kunstgalerie, die Werke des in Triest gebürtigen Malers Lojze Spacal ausstellt. In seinen abstrakten Graphiken, Gemälden und Textilarbeiten spiegeln sich die Farben und Strukturen der heimatlichen Karstlandschaft. Ihre Symbolik ist erst richtig zu würdigen, wenn man den Nährboden, aus dem sie entstanden ist, gesehen hat. Der Spaziergang durch die schmalen Gassen von Štanjel führt die Wurzeln seiner Kunst vor Augen: Alles ist grauer Stein, sogar die Regenrinnen, die das Wasser in Zisternen ableiten, und der Fassadenschmuck – Türbogen, Fenstereinrahmungen, ein kleines Relief an der sonst schmucklosen Wand aus Bruchsteinen – ist aus dem gleichen Material gearbeitet. Holz war und ist Mangelware im Karst. In dieses Grau setzen Blumentöpfe mit strahlend-roten Geranien und Petunien, Oleanderbüsche in zartem Flieder und die grünen Tupfer von Basilikum, Petersilie und Minze aus dem Küchengarten farbige Akzente. Geometrische Strukturen und intensive Farbflächen – so spiegelt sich diese Umgebung schließlich in Spacals Werken. Der vielseitige Künstler wurde mit zahlreichen internationalen Preisen ausgezeichnet und lebt in seiner Geburtsstadt Triest.

Noch ein bedeutender Slowene ist eng mit der Karstlandschaft verbunden: der Lyriker Srečko Kosovel, geboren 1904 in Sežana und 1926 im Alter von 22 Jahren gestorben. Seine Gedichte kreisen wie Spacals Bilder um diese karge und geheimnisvolle Landschaft und um ihre einsamen Dörfer.

Das traditionelle Leben im Karst dokumentiert die Ausstellung von Einrichtungsgegenständen und Hausrat in der *Kraška hiša* (Karsthaus). Im Augenblick wirkt das Sammelsurium noch etwas improvisiert – die Kuratoren haben einfach zusammengetragen, was im Dorf aufzutreiben war: Kleidertruhen, Werkzeug, ein einfaches Bett. Typisch ist auch die *Črna kuhinja,* die schwarze Küche, so benannt, weil sie aus einer offenen Feuerstelle ohne Rauchabzug bestand. In der unteren Etage des an den Hang gebauten Karsthauses ist eine »Werkstatt« zu besichtigen. In den ersten Stock kommt man von der hinteren Hausseite, wo der terrassierte Boden einen ebenerdigen Zugang schafft. Der typische, istrische Brunnen davor wird noch heute genutzt (Führungen durch Štanjel sowie Öffnungszeiten von Galerie und Kraška hiša nur an den Wochenenden und Feiertagen im Sommer 10–12 und 14–19 Uhr, im Winter 11–16 Uhr, Voranmeldung empfohlen unter ☎ 05/ 3 77 91 97.

Štanjel steht, wie die Kunstausstellung beweist, nicht nur für vergangene Traditionen, sondern ebenfalls für einen kühnen Ausflug in die Moderne. Nicht weit entfernt wurde einer der größten slowenischen Architekten geboren: Maks Fabiani, dessen Werk allerdings hinter den spektakulären Bauten seines Zeitgenossen Plečnik etwas verblaßt. Fabiani hat mit finanzieller Unterstützung seiner Familie einen Rettungsversuch für das historische Ensemble Štanjel unternommen, doch wurde seine Arbeit 1944 von Partisanen stark beschädigt. Zu besichtigen sind die recht verwahrlosten Überreste seiner Villa Ferrari und des Parkes unterhalb der Stadtmauer. Eine 1998 eingeweihte Ausstellung in den Burgräumen würdigt das Wirken Fabianis. Der Architekt starb fast hundertjährig 1962 und wurde in der Familiengruft beim Kirchlein St. Georg beigesetzt.

Grča in Hruševica, etwa 1 km von Štanjel entfernt, ☎ 05/7 69 02 24: Eine typisch istrische Landgaststätte mit hübschem, schattigem Innenhof in einem alten Landgut. Serviert werden alle Köstlichkeiten der istrisch-mediterranen Küche, darunter der deftige Bohneneintopf Jota oder Ajdovi žganci aus Buchweizenmehl. Im Sommer/Herbst stehen Spezialitäten aus Wild und Pilzen auf der Speisekarte. Dazu trinkt man den schweren istrischen Teran. Eine der besten Feinschmeckeradressen in Slowenien! Geöffnet nur an den Wochenenden (Fr, Sa, So) von 10–22 Uhr.

Štanjel und die anderen Orte im Vipava-Tal sind am besten mit dem Auto zu erkunden; öffentliche Verkehrsverbindungen abseits der Hauptroute Razdrto–Ajdovščina–Nova Gorica sind rar. Das Hügelland mit seinen vielen Nebensträßchen und Wegen eignet sich auch ideal für Fahrradtouren.

An die Adria: Von Postojna nach Koper

Kurz hinter Divača endet die Autobahn Ljubljana–Postojna–Koper und mündet in eine schmale, kurvige Regionalstraße. Besonders an den Sommerwochenenden stauen sich die Autos der Ausflügler an diesem Nadelöhr kilometerweit. Von der letzten Ausfahrt der Autobahn geht ein Abstecher zu den Höhlen von Škocjan und nach Norden zum Gestüt Lipica.

Škocjanske Jame (Höhlen von St. Kazian)

Die Grotten von Škocjan können sich an Vielfalt und Schönheit der Tropfsteininformationen nicht mit Postojna messen. Was sie auszeichnet, ist die Wildheit der unterirdischen Natur, durch die beständig das Tosen und Rauschen des Flusses Reka hallt. Und im Gegensatz zu Postojna bekommen Besucher auf dem etwa 1 km langen Rundweg den Fluß auch zu Gesicht. Zu den Škocjanske jame gehören mehrere tiefe Dolinen, natürliche Felsbrücken und überirdische Schluchten. 1959 wurden die Höhlen in die UNESCO-Liste der schützenswerten Naturdenkmäler aufgenommen. Die 1991 neu entdeckten Gänge und Grotten können allerdings nur bei niedrigem Wasserstand von entsprechend ausgerüsteten und erfahrenen Höhlenforschern besucht werden.

Postojna ist durch Eisenbahn und geschickt angelegten Rundgang in einem leichten Spaziergang zu besichtigen, die Grotte von Škocjan stellt dagegen Ansprüche an die Kondition. Wer nicht gut zu Fuß oder nicht schwindelfrei ist, sollte auf den etwa zweistündigen Besuch besser verzichten. Wegen der niedrigen Temperaturen (13° C) unbedingt warme Kleidung mitnehmen; da der Boden oft sehr glitschig ist, sind gute Wanderschuhe von Vorteil.

Vom Besucherzentrum unweit des Dorfes **Motovun** werden die Gruppen auf einem knapp 15-minütigen Fußweg zum Einstieg in einem Einsturztrichter und über einen künstlich angelegten Gang zu den »stillen Höhlen« *(Tihe jame)* geführt. Den ersten Höhepunkt bildet der »Große Saal« mit seinen Tropfsteingebilden, darunter der berühmten Stalagtitenformation »Orgel«. Dann wird das Rauschen des Flusses lauter, das Höhlensystem verbreitert sich zu einer riesigen Halle, in der im Halbdunkel in 100 m Tiefe der Fluß Reka durch einen Canyon schießt. Eine Brücke überquert die Schlucht, dann folgt der in den Fels geschlagene, schmale Pfad hoch oben dem Flußlauf. Nach dieser schwindelerregenden Passage steigt er allmählich an, durchquert eine Höhle mit faszinierenden Sinterterrassen und erreicht schließlich den Höhlenausgang in der Großen Doline *(Velika dolina)*, die von knapp 160 m hohen Felswänden umgeben ist. Hier verschwindet der Fluß wieder unter der Erde, um 40 km südwestlich als Duino zu erscheinen und in den Golf von Triest zu münden. Aus der Velika dolina geht's über Stufen nun steil hinauf und zurück zum Besucherzentrum. Ein elektrischer Lift verkürzt den Weg um einige Höhenmeter. (Juni–Sept. ab 10 Uhr alle 1,5 Stunden, Mai und Okt. 10, 13 und 15.30, in den Wintermonaten nur an Wochenenden 10 und 15 Uhr, Auskunft unter ☎ 05/7 08 21 00, Fax 7 08 21 05, Eintritt SIT 1200 Erwachsene, SIT 600 Kinder. Mit etwas Glück kann man an der Kasse eine hervorragende, von der UNESCO herausgegebene Karte des Höhlensystems erstehen.)

Des Kaisers schöne Pferde – Lipica

Nur 12 km sind es von der Autobahn Ljubljana-Divača nach Westen bis Lipica, dem Muttergestüt der berühmten Lipizzanerpferde. Erstaunlicherweise bringt kaum jemand Slowenien in Verbindung mit dieser anmutigen und doch so robusten Pferderasse. Zu mächtig ist der Ruf, den die Spanische Hofreitschule in Wien mit der Dressur der weißen Rösser begründet hat. Daß das »Rohmaterial« für die eleganten und zierlichen Dressurstückchen der Wiener aus einem Dorf im slowenischen Karst kam, ist in Vergessenheit geraten.

Lipica heißt kleine Linde, doch ist der Nationalbaum der Slowenen

Kutschfahrten für die Touristen: Lipica

aus dem Landschaftsbild um Lipica schon fast verschwunden. Kastanien, Buchen und Steineichen haben sich auf den porösen Kalkböden ausgebreitet. Nur die schattige, schnurgerade Allee, die von der Straße Lokev-Sežana zum Gestüt führt, schmückt sich mit Linden, denen im alten slawischen Volksglauben auch mythische Bedeutung als Sitz von Naturgeistern zukam. Doch ist die Allee nicht nur deshalb ein magischer Ort: Sie erinnert an die stolzen Reiter, die jedes Jahr die von Wien erwählten Junghengste von Lipica über diese Straße auf den langen Weg in die Hofreitschule brach-

ten. Jeder, der mit der ehrenvollen Aufgabe betraut war, durfte zum Andenken an den bedeutendsten Moment seiner Gestütskarriere drei Bäume an der Straße pflanzen. So nähert sich der Besucher – flankiert vom baumgewordenen Symbol einer fast 500jährigen Zusammenarbeit zwischen Lipica und Wien – dem Gestüt, das zwischen Golfplatz und Hotelbauten fast verborgen ist. Nur die schneeweißen Pferde und ihre grauschwarzen Fohlen auf den Weiden geben Pferdefreunden einen Vorgeschmack auf das Herz dieses gepflegten Touristenressorts.

Gegründet wurde das Gestüt von Lipica offiziell im Jahre 1580, doch die Tradition der Pferdezucht in dieser Region ist wesentlich älter. Bereits die Römer sollen die für ihre

Schnelligkeit und Ausdauer bekannten Pferde aus dem Karst geschätzt haben. Die Bauern aus der Gegend benützten die Pferde vor allem als Zugtiere für die Warentransporte zwischen Triest und dem Landesinneren. Der österreichische Erzherzog Karl gab schließlich den Auftrag, in Lipica mit der systematischen Zucht dieser Karströsser für den Hof zu beginnen. 1704 wurden im Zentrum des Gestüts Ställe für die Zuchthengste errichtet, die noch heute das Kernstück der Anlage bilden. Mehrmals wurden die Pferde aus Lipica evakuiert, zweimal brachten sie die Bauern auf der Flucht vor Napoleons begehrlichem Arm nach Ungarn, einmal landeten sie in Kroatien. Die Unruhe hatte weitreichende Folgen für die Zucht, der Bestand der Lipizzaner ging zurück und überschritt erst Ende des 19. Jh. wieder die Zahl von 300. Im Ersten Weltkrieg folgte eine neue Evakuierung, diesmal nach Wien. Als Lipica nach Kriegsende an Italien fiel, wurden zwar einige Junghengste zurückgegeben, der Großteil der Herde aber verblieb an der Hofreitschule, wo die Wiener schließlich ihre eigene Zucht in Piber begannen. Den Neubeginn wagte Lipica nach den Wirren des Zweiten Weltkriegs mit ganzen 11 Pferden, die dem Gestüt von den Alliierten restituiert wurden. Heute ist die Herde wieder auf 260 Tiere angewachsen; etwa 500 Lipizzaner soll es in Slowenien, rund 3000 weltweit geben. Neben der Spanischen Hofreitschule in Wien gilt das italienische Gestüt Monte Rotondo als wichtigster Konkurrent für Lipica.

Ausgebildet werden die Lipizzaner nach den Regeln der Spanischen Reitschule, zu ihren besonderen Kunststücken gehören Figuren wie die Levade und die Courbette. Höhepunkt einer Lipizzaner-Dressur ist die Kapriole, bei der das Pferd mit allen vier Beinen zwei Meter hoch in die Luft springt und die Hinterläufe wie ein »fliehendes Reh« nach hinten streckt. Faszinierend ist der perfekte Gleichklang, in dem die Lipizzaner die verschiedenen Schrittfiguren absolvieren.

Wer auf echten Lipizzanern Reitunterricht nehmen möchte, sollte die Stunde rechtzeitig reservieren und seine Ausrüstung (Stiefel, Kappe, Reitgerte) mitbringen. Anfänger, die nur mal ausprobieren wollen, wie man auf einem Rassepferd sitzt, werden nicht angenommen, Kinder unter 12 Jahren ebenso. Für die Kleinen stehen in Lipica Shetlandponies bereit, deren Sturheit sprichwörtlich ist und wirklich kein besonderes Vergnügen verspricht. Als hübsche Alternative für Pferdefreunde bietet sich eine Kutschfahrt durch das Gestüt an. Die Tour dauert je nach Absprache eine halbe bis eine Stunde und führt über Wiesen und schattige Alleewege durch die Anlage. Auf der Fahrt kann man von der erhöhten Position auf dem Kutschbock gut die vom Karst gezeichnete Landschaft mit ihren Dolinen und Einbruchtrichtern studieren und die weißen Pferde auf der Weide beobachten (Reservierung von Reitstunden unter

✆ 05/7 39 15 80. Gestütsbesichtigung je nach Saison zwischen SIT 800 und 1000/Person. Besichtigung und Dressurvorführung SIT 2000/Person, Reitunterricht in Gruppen SIT 4000/Stunde, Reitunterricht individuell SIT 7000/Stunde, Kutschenfahrt 30 Min. SIT 7000/4 Personen).

Genug von Pferden? Auch bei Lipica können sich Liebhaber unterirdischer Gänge und Grotten in Hades´ Reich aufmachen: Die Höhle **Vilenica** liegt nur wenige Kilometer vom Gestüt entfernt in der Nähe des Dorfes Lokev, aus dem auch die meisten Angestellten des Gestüts stammen. Vilenica ist die älteste, touristisch erschlossene Höhle Europas; bereits 1633 wurde sie unter offizielle Verwaltung gestellt und galt lange Zeit als schönste und typischste Karsthöhle. Mitte des 19. Jh. verblaßte der Stern zugunsten der spektakuläreren Grotten von Postojna, und erst 1963 machten sich Liebhaber aus Sežana daran, das Kleinod wieder herzurichten. Mit 1,3 km Länge und knapp 500 m für Touristen erschlossenem Fußweg ist Vilenica nicht gerade groß, aber ihre Tropfsteinformationen mit roten Sintervorhängen und dem berühmten »Kristall von Vilenica« sind durchaus konkurrenzfähig. Im großen Tanzsaal wird jedes Jahr ein Literaturwettbewerb ausgetragen und der Vilenica-Preis vergeben. Vilenica, »kleine Fee«, heißt die Höhle, weil die Menschen der Region in ihr die Heimstatt der koketten Geisterfrauen vermuteten. (Besuch möglich nur So um 15 Uhr oder nach telefoni-

Erfrischung gefällig?

scher Voranmeldung unter ✆ 05/7 34 42 59).

🛏 **Majestoso, Klub Lipica,** $$$, ✆ 05/7 39 15 80, Fax 7 34 14 09: Majestoso wurde 1999 komplett renoviert, Klub Lipica ist gemessen an Ausstattung und Komfort überteuert. Sehr hübsch eingerichtete Gästezimmer vermietet **Gostilna Grahor** in Sežana (s. u.).

✕ Restaurants und Café-Bars in beiden Hotels. In den beiden Gasthöfen von Lokvar ißt man sicher origineller und besser. Wer hervorragende mediterran-slowenische Kost probieren möchte, besuche **Gostilna Grahor,** $$, in Sežana (im Vorort Dane), ✆ 05/7 34 61 58, eine der besten Restaurantadressen dieser Region.

Im slowenischen Istrien

**Venezianische Städte und
einsame Bergdörfer an
Sloweniens Adria:
Koper, Izola und Portorož**

**Weltkulturerbe:
Das Freskenwunder
von Hrastovlje**

**Das Juwel unter
Sloweniens Küstenstädten:
Piran**

**Weißes Gold: Die Salinen
von Sečovlje**

Badefreuden in Portorož

Im slowenischen Istrien

Venezianisches Erbe an Sloweniens Adria • Das Freskenwunder von Hrastovlje • Weißes Gold: die Salinen von Sečovlje

Mit einer Meeresküste von ungefähr 40 km Länge – die Angaben variieren je nachdem, wie genau Buchten und Landzungen mitgerechnet werden – kann Slowenien Badetouristen nicht gerade verwöhnen. Aber dieses kurze Stückchen Küste besitzt so viele Sehenswürdigkeiten – venezianische Städte, romantische Kirchen und einsame Dörfer in den Bergen über dem Meer –, daß der Mangel an attraktiven Stränden durchaus ausgeglichen wird. Zudem bietet sich die Küste mit ihren zahllosen Unterkunftsmöglichkeiten aller Kategorien als Standort an, von dem aus man das wunderschöne Hinterland bequem erkunden kann. Škocjan und Postojna mit ihren Karsthöhlen, Lipicas Pferde und das Vipava-Tal mit seinen mittelalterlichen Städtchen erreicht man in einer knappen Stunde Autofahrt.

Die Küste Sloweniens

Koper

Wohl jeder, der sich in Erwartung von Sonne, Strand und Meer von Postojna kommend die letzten Kilometer in schmalen Serpentinen den Berg Črni kal hinunterquält und endlich das Ortsschild Koper/Capodistria erreicht, ist zunächst einmal bitter enttäuscht. Rauchende Schlote, Hafenkräne, sumpfiger, schilfbestandener Morast und flache Fabrikbauten sind die Vorboten der alten Hafenstadt. Über eine verwirrende Vielzahl von Über- und Unterführungen wird der Reisende auf Koper zugeleitet, und die futuristische Architektur von Banken und Einkaufszentren auf freiem Feld links und rechts der Schnellstraße vermag den ersten negativen Eindruck nicht zu korrigieren. Erst das zierliche Stadttor Vrata Muda versöhnt mit der unattraktiven Umgebung.

Koper, das Haupt Istriens (Capud Histriae oder Capodistria, wie die Italiener es nennen) ist mit 25 000 Einwohnern eine der größeren Städte Sloweniens und ein bedeutender Wirtschaftsstandort. Der Hafen konkurriert mit Triest um die Gunst internationaler Spediteure, die Fährverbindungen für Lastentransporte reichen nach Albanien und bis in den Nahen Osten. Hinter seinem Industriegürtel überrascht Koper mit einer romantischen und angesichts der Bauwut in der Umgebung erstaunlich unberührten Altstadt. Cafés und hübsche Läden,

ein sehenswertes Museum und als Höhepunkt der klassische venezianische Piazza lassen den Besucher die aus touristischer Sicht unerfreulichen Außenbezirke schnell vergessen.

Koper wurde auf einer der Küste vorgelagerten Insel gegründet. Bezeugt sind Spuren der römischen Siedlung Capris, die wahrscheinlich bereits eine griechische Vorgängerin hatte. Ab dem 8. Jh. ließen sich Slawen in Koper nieder, 932 schlossen die Inselbewohner einen Beistandspakt mit Venedig, dessen Schutz sie ab dem 13. Jh. mit einigen Unterbrechungen bis zum Sturz der Republik Ende des 18. Jh. genossen. Hafen, Fischerei und Salzgewinnung sorgten für den Lebensunterhalt der Bewohner, dazu kamen die Erträge aus dem Obst- und Gemüseanbau im fruchtbaren Hinterland. Im 19. Jh. wendete sich das Blatt: Die Habsburger setzten auf Triest und ließen den Hafen ausbauen. 1857 fuhr der erste Zug von Wien nach Triest; Kopers Bedeutung war dahin. Ein Revival erlebte die Stadt erst wieder nach der Rückgabe an Jugoslawien. In Konkurrenz zum Triestiner Hafen wurde die flache Bucht ausgebaggert, das Meer zwischen Festland und Insel trockengelegt und eine moderne Hafenstruktur geschaffen.

Vom Festland kommend betritt man den mittelalterlichen Stadtkern im Süden durch das einzige noch erhaltene Stadttor **Vrata muda.** Dahinter öffnet sich der hübsche Platz **Prešernov trg** mit dem ehemaligen

Stadtbrunnen von Koper, dem **Pontejev vodnjak** aus dem Jahre 1666. Angesehene Familien haben den Brunnen gestiftet, der noch bis 1898 von den Koperčani, den Bewohnern Kopers, benutzt wurde. Vom Platz führt die Župančičeva ulica nach links leicht ansteigend in die Altstadt hinein und kreuzt die Haupthandelsstraße, Čevljarska ulica, die Straße der Schuster. Die schmale Straße ist gesäumt mit Modegeschäften, Juwelieren, Cafés, Konditoreien und kleinen Kaufhäusern. In der Čevljarska trifft man sich beim Einkaufsbummel, tauscht Neuigkeiten aus, genießt die schattigen Plätze zu einer Kaffeepause oder einem Glas Bier oder Wein. Die Straße mündet auf dem Hauptplatz von Koper, **Titov trg,** salopp Piazza genannt. Das Bauensemble mit Loggia, Dom und Prätorenpalast stammt aus dem 15. Jh. und zählt zu den schönsten venezianischen Platzanlagen nicht nur Sloweniens, sondern des gesamten Adriaraumes. Der Prätorenpalast wurde im Stil der venezianischen Gotik konzipiert und später mit Renaissanceelementen (Rundbogenfenster und Zinnen) ausgeschmückt. Stadtwappen und der venezianische Löwe zieren die Fassade, die nach jahrelangen Restaurationsarbeiten in frischen Farben erstrahlt. Bis zum 18. Jh. war der Prätorenpalast Sitz der venezianischen Kapitäne, die Koper verwalteten. Links erhebt sich der venezianische Glockenturm der Domkirche, deren Fundamente auf das 12. Jh. zurückgehen. Der ursprünglich gotische Bau wurde im 15. Jh. im Renaissancestil und im 18. Jh. im Geiste des Barock erweitert, wobei man die alten Dekorationselemente wie das schöne Eingangsportal bewahrte. Im Inneren beeindruckt das Altarbild der Madonna auf dem Himmelsthron von Vittore Carpaccio. Als besondere Kostbarkeit gilt auch der Marmorsarkophag des Schutzpatrons, des hl. Nazarius aus dem 15. Jh. Vom Kirchturm (geöffnet 9.30–13 und 15.30–19 Uhr) läßt sich die Struktur der Stadtanlage mit Piazza und den auf sie zuführenden Achsen gut erkennen.

Das dritte und vielleicht schönste Bauwerk des Platzes ist die **Loggia:** Zierliche gotische Bögen bilden den Eingangsbereich zu dem strahlendweißen Bau, der ebenfalls im 15. Jh. errichtet wurde. Hier, wo heute bequeme Korbsessel zu einer kühlen Rast bei einer Tasse Espresso laden, wurden früher die städtischen Ratsversammlungen abgehalten. Im ersten Stock hat sich die ambitionierte Galerija Meduza ganz der modernen Kunst verschrieben und organisiert sehenswerte Ausstellungen.

Am Dom entlang nach Osten schließt sich der hübsche **Trg revolucije** an. Die Koperčani nennen ihn in alter Tradition einfach Brollo. Der

Italiens Nähe ist spürbar:
Glockenturm des Doms von Koper

von Barockbauten gesäumte Platz diente früher als Sammelfläche für Regenwasser, das in eine unterirdische Zisterne abfloß – zwei Steinbrunnen erinnern heute noch an diese Funktion. Im **Fontico** lagerten die Stadtherren überschüssiges Getreide, das in Jahren der Not wie anläßlich der verheerenden Pestepidemie 1630/31 an die Menschen verteilt wurde. Nach Norden zu liegen die engen Gassen des Fischerviertels mit schmalen, hohen Steinhäusern. Der Wohnbereich lag im ersten und zweiten Stock, und vom Eingang im Erdgeschoß gelangte man zuerst in einen ebenerdigen Lagerraum, in dem auch die Fischerboote abgestellt wurden. Über Schienen ließ man sie ins Wasser gleiten. Heute haben die modernen Hafenanlagen den jahrhundertealten Zugang der Fischer zum Meer versperrt.

Zurück auf der Piazza folgt man nun der Kidričeva ulica nach Westen. In dieser Straße hat 1960er-Jahre-Architektur manch alten Palazzo verdrängt, doch gibt es durchaus Sehenswertes wie den barocken **Palazzo Belgramoni-Tacco,** der heute das ethnographische Museum **Pokrajinski muzej** beherbergt. Ein Besuch des kleinen Museums lohnt besonders wegen der Sammlung römischer Fundstücke aus Koper (geöffnet tgl. von 9–13 Uhr). Die Kidričeva ul. endet am Carpacciev trg mit dem kleinen, alten Hafenbecken. Jachteigner bevorzugen allerdings die rechts davon neu angelegte Marina mit allem technischen Komfort. Zwischen Carpacciev trg und der Marina liegt auch das Stadtbad, direkt gegenüber den Hafenanlagen. Das Bad ist bei den Koperčani sehr beliebt – über die Qualität des Wassers an dieser Stelle sollte man sich allerdings keinerlei Illusionen hingeben!

Turistbiro, Ukmarjev trg 7, ✆ 05/6 63 20 10, Fax 6 63 20 11.

Koper, $$$, am alten Hafen, ✆ 6 10 05 00, Fax 6 10 20 11: Komfortables Stadthotel. **Žusterna,** $$$, Istriska c. 67, ✆ 6 10 05 00, Fax 6 10 20 11: Im Juli 2001 neu eröffnendes Hotel mit vier Sternen. **Hotel Vodišek,** $$, Kolodvorska c. 2, ✆ 6 39 24 68: Modernes Komforthotel am Bahnhof. *In Ankaran:* **Villa Andor,** $$$, Vinogradniška c. 9, ✆ 6 52 71 01, Fax 6 52 71 04: Restaurant, Casino und einige sehr hübsch eingerichtete Gästezimmer in einer alten Villa mit Blick aufs Meer. **Convent,** $, Jadranska c. 25, ✆ 6 52 84 44, Fax 6 52 83 21: Ferienanlage (Hotel, Bungalows und Camping) um ein altes Kloster, grün und schattig, einfacher Standard.

Skipper, $$, in der neuen Marina, ✆ 6 27 17 50: Beliebt bei der Jugend von Koper, gute Fische und Meeresfrüchte. **Istrska klet,** $, Župančičeva ul. 39, ✆ 041/34 57 76: Originell aber winzig, Weinausschank mit Imbiß wie dem Karstschinken pršut. **Villa Andor,** $$$, (s. Unterkunft): Sehr gute Meereskost, hübsche Lage. **Biomotel Vodišek,** $$ (s. Unterkunft): Istrische und internationale Speisen. **Istrska klet,** $$, Pomjan 17, ✆ 6 56 95 20, Di Ruhetag: Beliebtes Ausflugslokal (Ri. Šalara u. Šmarje) mit istrischen Spezialitäten.

Koper ist trotz der (Billig-)Konkurrenz des nahen Triest eine lebhafte Einkaufsstadt mit Läden für jeden Geldbeutel und Geschmack. Mehrere Juweliergeschäfte *(zlatar)* in der Čevljarska ulica verkaufen Filigranschmuck, zum Teil mit Korallen veredelt, zu recht stolzen Preisen. Ein origineller Laden, vollgestopft mit handgefertigtem Kunsthandwerk aus Ton, ist **Kras** in der Župančičeva ul. Neben Wandschmuck, Duftkissen und sogar Christbaumanhängern aus Ton und Strohblumen gibt es auch hübsche Halsketten und Ohrringe zu kaufen.

 Der Name wechselt häufig, die Disco aber zählt seit Jahren zu den beliebtesten an der Küste: Im **Osare** (so der derzeitige Name) im Hotelkomplex Žusterna trifft sich an den Wochenden die Jugend.

Kopers lebhaftestes Bad liegt im Vorort Žusterna an der Straße nach Izola. Die Felsküste wurde zu einer Plattform aufgeschüttet und mit Zement ausgegossen; Leitern führen ins Meer. Beliebt ist es vor allem bei den Jugendlichen, ebenso wenige Meter weiter (und kostenlos zugänglich) ein kleines gemauertes Bootsbecken, auf dem sich Kopers Teenies zum Stelldichein treffen. Auf der Landzunge im Norden gegenüber der Stadt liegt das früher sehr beliebte Seebad **Ankaran** mit aufgeschüttetem Kies/Sandstrand. Hübsch ist die mit viel Grün bewachsene Strandlinie immer noch; die Wasserqualität hat unter dem Mammuthafen direkt gegenüber aber stark gelitten.

Busbahnhof und Bahnhof liegen südöstlich der Stadt an der Kolodvorska cesta. Häufige Verbindungen in Richtung Ljubljana, Triest, Rijeka. Auskunft: Bus ✆ 6 39 52 69, Bahn ✆ 2 96 41 58.

Das Freskenwunder von Hrastovlje

Nur eine halbe Stunde Autofahrt sind es von der Küste zu einer der faszinierendsten Kirchen Sloweniens, der **Dreifaltigkeitskirche Sv. Trojica** in dem Karstdorf Hrastovlje. Von Koper kommend folgt man der Straße in Richtung Postojna/Ljubljana, biegt nach etwa 15 km hinter dem Ort Rižana nach rechts auf eine schmale Landstraße nach Hrastovlje ab. Durch das schmale Tal des Flüßchens Rižana geht es nach Südosten 11 km weiter, bis das Dorf und die auf einem Hügel darüber thronende Wehrkirche erreicht sind. (Wenn das Gotteshaus geschlossen ist, kann man den Schlüssel im Haus Nr. 30 holen).

Istrien war zwischen dem 15. und 16. Jh. immer wieder das Ziel türkischer Überfälle. Mit einer Kette von Burgen entlang des Sežana-Tales versuchte die Bevölkerung, ihr Hab und Gut zu sichern. Von den ehemaligen Befestigungsanlagen sind nur noch spärliche Reste erhalten, darunter der venezianische Wachtturm in Podpeč, die Festung in Kubed und Zanigrad, wo auch noch ein spätromanisches Kirchlein mit Freskenbemalung zu sehen ist. Im Vergleich zu diesen in Ruinen liegenden Denkmälern ist die Wehrkirche von Hrastovlje in hervorragendem Zustand. Dies ist sicherlich nicht zuletzt der UNESCO zu danken, die das Kleinod in ihre Weltkulturgut-Liste aufgenommen hat.

Totentanz-Fresko von Hrastovlje

Die dreischiffige Kirche wurde im 13. Jh. aus Steinquadern errichtet; im kriegsgeplagten 16. Jh. entstand um sie eine nahezu quadratische Wehrmauer mit zwei wuchtigen Rundtürmen an der südöstlichen und der nordwestlichen Ecke, über die nur die Spitze des Kirchturmes herauslugt. Wenn osmanische Verbände wieder einmal die Sicherungslinien überwunden hatten, zogen sich die Menschen in den Schutz der schwer erstürmbaren Kirche zurück. In Anlehnung an den alten slowenischen Begriff *tabor,* der Versammlung bedeutet, wurden solche Wehrkirchen ebenfalls Tabor oder Taborišče genannt. Im Jahre 1490 wurde das Innere der Kirche von einem istrischen Maler, Janez aus dem Dorf Kastav, über und über mit Fresken bemalt. Neben den üblichen Themen wie der Christuspassion oder dem Besuch der Hl. Drei Könige hat sich Meister Janez in Hrastovlje etwas sehr Originelles einfallen lassen: Eine Wand ist mit dem »Totentanz« geschmückt. Gevatter Tod führt in einer Art Polonaise die verschiedensten Menschen – vom Kind über den Bauer bis hin zum Bischof in sein Reich. Ganz gleich, welchen Stand ein Mensch im Leben inne hat – im Tod sind alle gleich. Neben den herrlichen Fresken kann man im Inneren der Dreifaltigkeitskirche auch mehrere Inschriften in der Glagolica, der glagolitischen Schrift, erkennen, die von den Slawenaposteln Kyrill und Method für die Transkription slawischer Kirchentexte ersonnen wurde. Eine ähnliche Kirche mit fast identischen Motiven findet sich übrigens im kroatischen Teil Istriens bei dem Dorf Beram. Auch dort wird ein Meister aus Kastav als Urheber der Fresken angeführt, diesmal mit dem Namen Vincent. Offensichtlich hat Kastav in der Nähe Opatijas eine sehr kreative Künstlerfamilie hervorgebracht.

Von Izola bis Portorož

Izola

Nur 6 km von Koper entfernt, entlang der Küstenlinie nach Süden, liegt das ebenfalls ursprünglich auf einer Insel angelegte Städtchen Izola. Wie in Koper würde man angesichts von Hafen und Neubausiedlungen kaum auf die Idee kommen, daß sich hinter den modernen Randbezirken ein hübscher Altstadtkern verbirgt. Izolas Geschichte verlief ähnlich der von Koper. Überreste der römischen Hafenanlage *Haliaetum* sind bei starker Ebbe heute noch im Meer westlich des Städtchens im Simonov zaliv sichtbar. 1280 bis 1797 beherrschte Venedig das Geschick der alten Fischerstadt, danach folgten Habsburg und Italien, bis es als Teil der Zone B an Jugoslawien fiel. Als Badeort ist Izola ebenso wie Koper nicht von Bedeutung; fischverarbeitende Industrie und Hafen sorgen für den Lebensunterhalt der Menschen. Bei einem Bummel durch die schmalen, von hohen Häusern gesäumten Gassen

zwischen dem runden Hafenbecken und dem venezianischen Turm der Mauruskirche kann man so manches architektonische Kleinod entdecken. Als herausragende Sehenswürdigkeit des Städtchens wird der Rokoko-Palazzo **Besenghi degli Ughi** gefeiert (Gregorčičeva ul.), dessen elegante, mit Stuck und Schmiedeeisen dekorierte Fassade im Inneren ihr Pendant mit einem von Fresken und umlaufendem Holzbalkon geschmückten Saal findet.

Belvedere, $$, Dobrava 1, 6310 Izola, ☎ 05/6 60 51 00, Fax 6 41 55 83: Hotel und Campingplatz, großer Meerwasserpool, schöne Lage oberhalb der Bucht von Izola.

House- und Technofans reisen von weither an, um in Istriens bester Rave-Disco **Gavioli** abzutanzen.

Wer in Izola baden will, findet den besten Strand etwas außerhalb (nach Südwesten) jenseits der Marina im **Simonov zaliv.** Er ist in den Sommermonaten allerdings hoffnungslos überlaufen. Die Strände nördlich der Altstadt befinden sich recht nah an den Hafenanlagen und wirken nicht gerade attraktiv. Um Izola auch touristisch aufzuwerten, wurde südwestlich der Altstadt eine moderne Marina gebaut, die sich wegen der günstigen Liegegebühren nicht nur bei Slowenen großer Beliebtheit erfreut.

Die Küstenstraße nach Süden passiert Izola und erklimmt dann die Hügelkuppe **Belvedere,** von der aus man einen schönen Blick auf Izola und die Bucht von Koper hat. Hier

Zone B

Historisch und kulturell ist das slowenische Istrien seit über einem Jahrtausend mit dem Schicksal der Seerepublik Venedig verknüpft gewesen. Die Spuren venezianischer Herrschaft sind nicht nur in der Architektur überdeutlich, Italienisches begegnet dem Reisenden in diesem Teil Sloweniens auf Schritt und Tritt: zweisprachige Ortsschilder, eigene Radio- und Fernsehsender in italienischer Sprache und nicht zuletzt die vielen Menschen, denen Italienisch zur ersten oder zweiten Muttersprache geworden ist.

Mit dem Niedergang Venedigs 1793 war die »italienische« Ära Istriens politisch vorbei. Auf das kurze Intermezzo als Teil von Napoleons Illyrischen Provinzen folgte ein Jahrhundert unter der schützenden Hand der Habsburger. Erst 1920 kehrte Istrien mit dem Vertrag von Rapallo zu Italien zurück – doch nicht für lange. Nach dem Zweiten Weltkrieg teilte man die zwischen Jugoslawien und Italien strittigen Regionen, in denen Menschen beider Nationalitäten lebten, in zwei Militärzonen: Zone A, Triest und dessen Hinterland, wurde anglo-amerikanischer, Zone B, etwa von Koper bis ins heute kroatische Novigrad reichend, jugoslawischer Militärverwaltung unterstellt. 1954 wurde das Provisorium durch den Vertrag von London besiegelt.

In gesamtjugoslawischen Zeiten war der Unterschied im Lebensstandard zwischen den *Primorci*, den Bewohnern des Küstenstreifens der Zone B, und den nicht im Grenzgebiet lebenden Jugoslawen augenfällig. Die Küstenbewohner hatten die Grenze und das Einkaufsparadies Triest vor der Haustür. Als erste konnten sie neue Modetrends ausprobieren, konnten sich die aktuellen italienischen und internationalen Hits kaufen oder sich mit Literatur eindecken. Zwar gab es all diese Dinge auch in

befindet sich auch die gleichnamige Hotel- und Campinganlage. Dann senkt sich die Straße und führt durch eine herrliche Pinienallee wieder hinunter zum Meer. Eine Stichstraße zweigt zu den Salinen und dem Strand von **Strunjan** ab, danach umfährt die Hauptstraße die Landzunge mit dem Städtchen **Piran** (s. S. 162) und erreicht schließlich eine Kreu-

zung, an der es rechts ins Strandbad **Portorož** hinuntergeht.

Strunjan

Strunjan ist eine alte Ansiedlung der Salinenarbeiter, die in der tief eingeschnittenen, flachen Lagune seit Jahrhunderten Salz aus dem Meer-

jugoslawischen Geschäften zu kaufen – aber meist erst, wenn sie nicht mehr en vogue waren und zu überteuerten Preisen. Auf technisches Gerät wurde Zoll erhoben, doch gab es genügend Schlupflöcher, durch die Videorekorder, Waschmaschinen oder Fernsehgeräte unbemerkt über die Grenze gelangten. Schließlich kannte fast jeder im Küstengebiet jemanden, der an der Grenze beschäftigt war und aus Freundschaft (oder gegen ein kleines Trinkgeld) beide Augen zudrückte. Nach der Unabhängigkeit Sloweniens hat der Ansturm auf Triest ziemlich nachgelassen – das Angebot in einheimischen Geschäften ist inzwischen fast ebensogut wie in Italien. Dafür gibt es nun eine gegenläufige Bewegung: Die Triestiner kommen nach Slowenien, um Naturprodukte (Olivenöl, Wein, Schnaps) zu kaufen, um gut und preiswert zu essen oder in Discos und Casinos, die hier wie Pilze aus dem Boden schießen, die Nacht durchzufeiern, ansonsten kommen die Italiener vor allem, um billig zu tanken.

Trotz aller Freundschaft und der guten Geschäfte wird das Gebaren Italiens hinsichtlich der Zone B mit Sorge betrachtet: Die vertragliche Regelung konnte nicht verhindern, daß vor allem von Italiens Rechten immer wieder Forderungen nach Rückgabe der ehemals von Venedig beherrschten Gebiete gestellt werden. Zumindest Zone B soll wieder italienisch werden! Berlusconi ernannte sich zum Vertreter jener Italiener, die ihr Eigentum in Zone B aufgegeben hatten und nach Italien umgesiedelt waren. Auf sein Betreiben hin wurde Sloweniens Aufnahmeantrag in die EU blockiert, bis mehrere Gesetzesänderungen den Weg zur Entschädigung für enteigneten italienischen Besitz freigaben. Die Slowenen reagieren sehr empfindlich auf alle vermeintlich aggressiven Töne aus Italien. Noch heute, über 40 Jahre nach der vertraglichen Einigung über die beiden Zonen A und B, befürchten die *Primorci*, daß Italien seinen alten Hegemonialgelüsten wieder erliegen und die Zone B mit militärischer Gewalt für sich beanspruchen könnte.

wasser gewonnen haben. Die Salinen sind heute weitgehend aufgegeben, einige alte Steinhäuser zwischen den aufgemauerten Wasserbecken aber sind noch erhalten. An der Landspitze nördlich der Lagune verbirgt sich zwischen Pinien und Zypressen das Kurzentrum Strunjan mit Hotel und Bungalows. Der dazugehörige Strand, angelegt zwischen der Lagune und dem offenen Meer, kann auch von Nicht-Hotelgästen gegen Eintritt benützt werden. Zwar wurde die Uferlinie zubetoniert, um den Einstieg ins Wasser zu erleichtern, doch im Gegensatz zu den meisten anderen Strandbädern an der slowenischen Küste ist der Beton von einem hübsch gestalteten und schattigen Grünstreifen begrenzt. Die Strandbar Lambada serviert recht gute Fischgerichte und Pizza, man kann Tennis- und Minigolfspielen oder den Vögeln zusehen, die in der Lagune nach Futter suchen.

Versteckt in einem üppigen Garten (Zugang nur für Gäste am dekorativen schmiedeeisernen Tor gleich am Eingang des Strandbades) liegt die **Villa Tartini,** ehemals Josip Broz-Titos Gästehaus. Auch heute noch wird die Villa mit Privatstrand als Domizil prominenter Staatsbesucher genutzt, doch gibt es Pläne, das Kleinod in ein luxuriöses Hotel umzuwandeln. Die Slowenen erzählen, daß man mit den richtigen Beziehungen durchaus ein Zimmer im Anwesen ergattern könne, wenn nicht gerade Prominenz zu Besuch weilt.

Zdravilišče Strunjan mit dem **Hotel Svoboda** und der **Dependence Vila Park,** beide $$$, Strunjan 148, ✆ 05/6 76 41 00, Fax 6 78 20 36: Die in die Jahre gekommene Anlage wurde gründlich überholt. Sehr schöne Lage in einem Park unweit des Strandbades, Therapien mit Salzschlamm. **Salinera,** $$, Strunjan 14, ✆ 6 76 32 00, Fax 6 78 24 05: Am Strunjan gegenüberliegenden Ufer der Bucht mit schmalem Strand. **Laguna,** $$$, Strunjan 128, ✆ 6 78 20 28, Fax 6 78 23 01: Ehemaliges Gästehaus eines Staatsbetriebes, das nun neu und sehr luxuriös renoviert auch der Allgemeinheit zugänglich ist. Komfortable Zimmer, gutes Restaurant. **Privatunterkünfte** vermittelt das TIC in Portorož.

In den Hotelrestaurants oder in der Strandbar **Lambada,** $, einfache, aber gute Küche.

Portorož/Portorose

Wenig Historisches, aber um so mehr Rummel erwartet den Feriengast in Sloweniens bedeutendstem Strandort Portorož. Bereits im 13. Jh. sollen Benediktinermönche die heilsamen Kräfte des Salzwassers und des besonders milden Klimas erkannt und angewendet haben. Portorožs Höhenflug als mondänes Kur- und Badezentrum begann 1890 mit dem Bau des ersten Heil- und Badekomplexes, 1908 entstand eines der schönsten Hotels an der Adria, das Palace. Bis zum Ersten Weltkrieg war Portorož ein exklusiver Ferienort der internationalen Adels- und Kulturschickeria in der Donaumonarchie, woran heute noch neben der traurigen Ruine des Palace zahlreiche hübsch renovierte Hotels und Villen erinnern, die an den mit tropischen und mediterranen Pflanzen bewachsenen Hängen über dem Lungomare liegen. Für die Bequemlichkeit der illustren Gäste sorgte damals eine elektrische Straßenbahn, die das Kurzentrum mit dem Städtchen Piran und dem Vorort Lucija verband. Die Verwandlung des »Rosenhafens« vom elitären Seebad zum Lieblingskind des Massentourismus begann Anfang der 1970er Jahre mit dem Bau mehrerer Hotelkomplexe (Emona, Metropol, Bernardin), deren Monstrosität den Charme des Städtchens völlig zunichte machte. Heute präsentiert sich Portorož als lebhafter Badeort mit (einmalig für die slowenische

Adria!) Sandstrand und einer Kette von Hochhaus-Hotels, die den sehr beschränkten Baugrund entlang der Bucht optimal nutzen. Restaurants, Cafés, Strandbars, Wechselstuben, Spielhallen und Souvenirläden lassen keine Wünsche offen; das Sportangebot am Strand reicht vom Wasserski über Parasailing bis zu den laut knatternden Wasserscootern, nachts beschallen Autoradios und Diskotheken die Flanierstraße am Meer. Portorož ist gewiß kein Ort für Ruhesuchende. Nur in der Nebensaison im Frühjahr und Herbst ist noch etwas von der Atmosphäre spürbar, die das Kurbad früher auszeichnete.

TIC, Obala 16b, ✆ 05/6 74 02 31, Fax 6 74 82 61.

Grand Hotel Metropol, $$$$, Obala 77, ✆ 6 90 70 00, Fax 6 90 78 77: Kleeblattförmiges Hochhaus am Strand; zur Zeit das erste Haus am Platz. Zum Metropol-Unternehmen gehören auch mehrere Hotels der Kategorie B wie das **Lucija,** $$$, ✆ 6 90 30 00, Fax 6 90 39 19: an der gleichnamigen Bucht südlich des Ortes. **Bernardin,** $$$, Obala 2, ✆ 6 95 50 01, Fax 6 74 64 15: Um das Kirchlein des hl. Bernardin erbauter Hotelkomplex im Norden von Portorož mit Unterkünften verschiedener Kategorien; eine kleine »Stadt« für sich mit Marina, Läden, Disco etc. Der Strand ist zubetoniert und meist sehr voll. **Marko,** $$$, Med vrtovi 2, ✆ 6 17 40 00, Fax 6 17 40 11: Neues Hotel an der Uferpromenade in klassizistischer Architektur, hervorragend ausgestattete Zimmer, freundliches Personal, hübsches Gartencafé und Restaurant. **Tomi,** Letoviška c. 1, ✆/Fax 6 74 72 85: Über der Bucht

von Portorož mit schönem Fernblick. Durch den Restaurantbetrieb oft sehr laut. Eine preiswerte Alternative zum Hotel sind **Privatzimmer und Appartments,** die die Touristeninformation TIC vermittelt. Sie sind je nach Lage, Größe und Ausstattung in verschiedene Kategorien eingeteilt. Die Preise liegen in der Hauptsaison zwischen SIT 5000 und 12 000.

Tomi, $$ (s. Unterkunft) ist Portorožs beliebtestes Restaurant, allerdings hat der Service unter dem Ansturm ziemlich gelitten. **Tivoli,** $$, im Hotel Lucija ist bekannt für seine gute Fischküche, zudem sitzt man nett direkt am Meer. Empfehlenswert ist auch das Restaurant Ribič (s. Sečovlje S. 165). Zahllose Restaurants, Cafés, Selbstbedienungsrestaurants und Imbißbuden finden sich entlang des Lungomare, Obalska cesta.

Im **Tivoli** und im **Bau Bau** geht's an den Wochenenden und in der Hochsaison durch, bis die Sonne aufgeht.

Im futuristischen **Avditorij** (Senčna pot 10), dem Kulturzentrum von Portorož, wird ein buntes Unterhaltungsprogramm für groß und klein geboten: Vom Puppentheater über Miss-Wahlen bis zu klassischen Konzerten ist für jeden Geschmack etwas dabei. Auskunft ✆ 6 76 67 30, Fax 6 76 67 18.

Bootsfahrten entlang der Küste starten mehrmals täglich in den Sommermonaten (10, 14, 16.15 und 18.30 Uhr) im Hafen des Komplexes Bernardin. Nächtliche Segeltörns nach Vereinbarung (Mobil-✆ 06 09/ 62 19 00). Tagesausflüge zur Serenissima ermöglicht die Prince of Venice. Das Tragflügelboot startet Fr., Sa. und So. morgens um 8 Uhr und erreicht Venedig ca. 10.30 Uhr. Um

17.30 Uhr ist Rückfahrt, Ankunft in Portorož ca. 20 Uhr. Panoramaflüge über die
Küste gibt's vom Flughafen in Sečovlje,
Auskunft unter ☎ 6 72 25 25, Fax 6 72
25 30. Ein viertelstündiger Flug entlang
der Küste kostet ca. SIT 5000, Tandemsprünge (Fallschirm) ca. SIT 25 000.

🚌 Busbahnhof hinter dem TIC,
mehrmals tgl. in Richtung Postoj-
na/Ljubljana, Maribor, Nova Gorica sowie Triest (I), Poreč (CRO) und Pula
(CRO). Die Regionalbusse entlang der
Küste (Sečovlje, Piran, Izola, Koper) verkehren im halbstündigen Takt.

Piran

Das Städtchen auf einer schmalen
Landzunge zwischen den Buchten
von Portorož und Strunjan ist das
unbestrittene Juwel unter Sloweniens Küstenstädten und der Ge-
burtsort des berühmtesten slowenischen Komponisten, des »Teufels-
geigers« Giuseppe Tartini. Auch Piran war eine römische Siedlung. Der
Name läßt aber vermuten, daß die
weit ins Meer reichende Halbinsel
bereits von den Griechen als mar-
kanter Signalpunkt genutzt wurde,
der ihnen den Seeweg zu ihrer Kolo-
nie Aegida (Koper) wies (*Pyr* = Wort-
stamm von Feuer). Pirans Stadtbild
mit alten Fischer- und Bürgerhäusern, mit Palazzi und Brunnen ist
gänzlich von der venezianischen
Herrschaft geprägt. Auch die Stadtmauer geht auf die Venezianer zurück. Sie wurde Ende des 19. Jh. bis
auf ein etwa 200 m langes Stück im

südöstlichen Stadtteil Marčana ab-
gerissen.

Während Koper und Izola immer
auch von den Gaben ihres fruchtbaren Hinterlandes lebten, ist Piran
gänzlich zum Meer orientiert. Das
alte Hafenbecken Mandrač reicht
tief hinein ins Stadtzentrum bis zum
runden Hauptplatz Tartinijev trg,
der selbst früher als Hafen diente
und Ende des 19. Jh. aufgeschüttet
wurde. Fischerei, vor allem aber
Salzgewinnung und -Handel sorgten für Wohlstand. Den Bewohnern
von Piran gehörten die großen Salz-
lagunen von Strunjan, Lucija und
Sečovlje. Unter venezianischer
Herrschaft sollten sie zwar allen
über den Eigenbedarf hinausgehen-
den Ertrag an Venedig abliefern –
die listigen Stadtväter handelten
aber immer wieder auf eigene Faust
mit dem wertvollen Mineral und
brachten es auf Schmuggelpfaden
durch das »Tor von Postojna« (s.
S. 126) nach Ljubljana und Innerslowenien.

Der **Tartiniplatz** wirkt wie der
steingewordene Ausdruck bürgerli-
chen Wohlstands. In zierlicher venezianischer Gotik präsentiert sich
die **Venezianerin** *(Benečanka),* ein
schmales, rot getünchtes Patrizier-
haus mit weißem Steindekor. Hier,
so die Legenden, hätte ein reicher
Kaufmann seine Konkubine fernab
der Heimat Venedig untergebracht.
Böse Zungen behaupten allerdings,
das Haus sei ein Hort käuflicher Liebe gewesen. Klassizistisch kommt
das Rathaus **Občinska palača** daher,
ein Zeugnis der K. und K. Monar-

chie, die Piran von den Venezianern übernommen hatte. Postmoderne Architektur prägt das elegante Hotel Tartini. In den 1960er Jahren erbaut, wurde es erst vor kurzem komplett renoviert und geschickt in das historische Ensemble integriert. Im Mittelpunkt thront Pirans berühmter Sohn Tartini mit Lockenperücke und Geigenbogen. Zu seinen Füßen ziehen heute Inline-Skater ihre Kreise.

Vom Tartiniev trg steigen enge, mittelalterliche Gassen bergan zur Kirche **St. Georg** (1637) mit einem freistehenden Glockenturm. Venedigs Campanile diente dem Kirchturm als Vorbild; der Dom beherbergt ein interessantes Gemälde von A. de Coster: Im Mittelpunkt des Bildes stehen Putten und Engel, die den Himmel bevölkern, darunter ist die Stadtsilhouette von Piran zu erkennen. Neben der Kirche erhebt sich das achteckige Baptisterium mit einem schönen, gotischen Christus. Römische, mit Delphinen geschmückte Spolien schmücken das Taufbecken. Besonders in den Abendstunden ist Pirans Aussichtspunkt ein beliebter Treffpunkt für Jungverliebte. Bei klarem Wetter reicht der Blick weit aufs Meer bis zur Bucht von Triest.

Mediterrane Atmosphäre und venezianische Architektur prägen Piran auch abseits der Hauptanziehungspunkte Tartiniplatz und Kirche. Schmiedeeiserne Tore und Fenstergitter, mit Steinmetzarbeiten geschmückte Türeinfassungen oder schmale, gotische Fenster warten darauf, entdeckt und bewundert zu

Tartini-Denkmal in Piran

werden. Ein Bummel durch die engen Gassen bringt immer neue Perspektiven und Überraschungen. In den Mittagsstunden scheint Piran zu Stein erstarrt, doch je länger die Schatten werden, desto lauter dringt die Melodie südlichen Lebens aus dem Gassengewirr. Wer sich für die Geschichte der Schifffahrt und das unterseeische Leben in der Adria interessiert, kann sich im **Aquarium** und im **Ozeanographischen Museum** (Cankarjevo nabrežje 3, ✆ 05/6 71 00 40) informieren.

 TIC, Tartiniev trg, ✆ 05/6 73 02 20, Fax 6 73 02 21: Neben der

Strände an der slowenischen Adria

Die Bucht von Koper mit den Badeplätzen Ankaran, Koper-Stadtbad und Žusterna ist nur abgehärteten Naturen zu empfehlen. Seit Kopers Hafen als Hauptumschlagsplatz für Österreichs Seehandel fungiert, ist das Meer endgültig von Abfällen und Öl verschmutzt.

Izola besitzt mit der Bucht Simonov zaliv unterhalb des Aussichtshügels Belvedere einen lebhaften Felsen/Betonstrand.

Strunjan bietet über betonierte Rampen und Eisenleitern einen bequemen Zugang ins Meer. Schattige Rasenplätze, Cafés und ein Restaurant sorgen für das Wohl der Badegäste. Leider schwemmt die Strömung neben Seegras und Algen auch Abfälle in die Bucht. Auf der gegenüberliegenden Seite liegt am Fuße einer bis zu 80 m hoch aufragenden Flyschwand das Strandbad Salinera mit Kiesstrand, der nachmittags allerdings im Schatten liegt.

Fiesa liegt Izola gegenüber am Anfang der Landzunge von Piran. Der kleine Strand schmiegt sich an einen Taleinschnitt zwischen den Felswänden und besitzt zwei Süßwasserseen, Relikte des Abbaus von Tonerde.

Piran ist nahezu ganz von Meer umgeben. Auf den zum Schutz der Stadt vor Flutwellen rundum aufgehäuften großen Felsblöcken tummelt sich die Jugend.

Emona/Bernadin ist ein Hotel- und Vergnügungskomplex auf der Landzunge zwischen Piran und Portorož. Die Strandlinie wurde mit Beton eingeebnet, Treppen und Leitern führen ins Meer, Schatten ist Mangelware.

Portorož/Lucijas flache Bucht wurde durch aufgeschütteten Sand attraktiver gemacht. Angesichts der Menschenmassen in der Hochsaison haben nur besonders gesellige Menschen Spaß, hier zu baden. Zudem ist das Wasser nicht besonders sauber.

Sečovlje: An der Landzunge zwischen Portorož und Sečovlje befindet sich vor dem Restaurant Ribič einer der wenigen »wilden« Strände. Felsen natürlich, aber ganz hübsch – Badeschuhe sind von Vorteil.

Kanegra: Der Sprung über die kroatische Grenze endet am Strand von Kanegra, früher bei den Küstenslowenen wegen seines dichten Pinienwaldes und recht naturbelassenen Zustandes (Badeschuhe mitbringen) sehr beliebt. Der Strand gehört zu der gleichnamigen Feriensiedlung, kostet also Eintritt; das Wasser ist glasklar (wenn nicht gerade Algenblüte herrscht).

staatlichen Touristeninformation residiert hier auch das Büro des privaten Tourenveranstalters **SISart,** ☎/Fax 6 73 02 20. Wer einen geführten Abstecher in die Dörfer im Hinterland unternehmen möchte, ist hier in guten Händen.

 Tartini, $$$$, Tartinijev trg 15, ☎ 6 71 10 00, Fax 6 71 16 01: Das Stadthotel ist ein geglücktes architektonisches Ensemble, das erst kürzlich komplett renoviert wurde. Von den Zimmern, die auf den Platz gehen, kann man das städtische Treiben herrlich beobachten, allerdings ist es auch nachts recht laut. **Piran,** $$$, Stjenkova 1, ☎ 6 73 24 64, Fax 6 73 24 72: Am Rande der Altstadt direkt am Meer gelegen, mit hoteleigener Strandzone (Stein). **Fiesa,** $$, Fiesa 47, ☎ 6 74 68 97, Fax 6 74 68 96: Kleines Strandhotel nordöstlich der Altstadt an einem schönen Strandabschnitt. Ein hübscher Spazierweg führt in etwa 20 Min. nach Piran. **Privatzimmer** vermittelt das Tourismusbüro (s. auch Portorož).

Camping Jezero Fiesa, ☎ 6 74 62 30: Im Sommer oft überfüllt.

Pavel, $$$, Gregorčičeva ul. 3, ☎ 6 74 71 01: Hervorragende Fischküche. **Gostišče Neptun,** $, Župančičeva ul. 7, ☎ 6 74 61 00: Einfaches Restaurant, gute istrische Gerichte.

Pirans Altstadt ist autofreie Zone (abgesehen von Fahrzeugen mit Sondergenehmigung, die es offensichtlich in großer Zahl gibt, und für die Gepäckabgabe in den Hotels). Der gebührenpflichtige Parkplatz liegt am Ortseingang zwischen der Hotelanlage Emona/Bernardin und der Stadt. Von dort verkehren Minibusse zum Tartiniev trg. Verkehrsverbindungen entlang der Küste siehe Portorož, ebenso Busse in andere Landesteile, nach Italien und Kroatien.

Weißes Gold – Zu den Salinen von Sečovlje

Auf der Küstenstraße in Richtung kroatischer Grenze (Grenzfluß Dragonja, Hinweisschilder »Hrvatska«) zweigt zwischen dem slowenischen und dem kroatischen Grenzposten (Ausweis mitnehmen!) ein Sträßchen zum Meer und dem Salinengelände von Sečovlje ab. Die größten Salinen Sloweniens werden nur noch zu einem kleinen Teil bewirtschaftet, die aufgegebenen Wasserbecken erobert die Natur zurück; die Steinhäuser, die der Lagerung des Salzes und als Arbeiterunterkunft dienten, verfallen. Da das 500 ha große Sumpfgebiet eine Vielzahl von Seevögeln anzieht und eine seltene Flora salzliebender Pflanzen besitzt, wurde es als *krajinski park* (Regionalpark) unter Naturschutz gestellt und von der UNESCO in die Liste bewahrenswerter Naturdenkmäler aufgenommen. Eines der Häuser inmitten der flachen Lagune wurde als **Museum** renoviert und dokumentiert Geschichte und Technik der Salzgewinnung (Di–So 9–12 und 16–19 Uhr).

Ribič, $$, Seča, ☎ 05/6 77 07 90: Eines der beliebtesten Restaurants an der ganzen Küste, schön in einem schattigen Garten am Meer gelegen, gute Fischgerichte. Anfahrt: Kurz hinter Seča zweigt eine Straße nach rechts ab, ihr folgt man bis zur Spitze der Landzunge.

Dolenjska und das Krka-Tal

»Schlafende Schönheit«:
Die Krka-Region an der
kroatischen Grenze

Ausgangpunkt für Ausflüge:
Novo Mesto

Sloweniens einziges
Wasserschloß: Otočec

Von Festungen und
Partisanenlagern:
Žužemberk und Baza 20

»Weißes Land«:
Die Bela krajina

Kloster Pleterje

Dolenjska und das Krka-Tal

Im slowenischen Burgenland • Spuren aus der Tiefe der Geschichte • Im gräflichen Himmelbett • Partisanenstadt im Wald

Die Region zwischen Ljubljana und der kroatischen Grenze ist bislang vom Tourismus kaum berührt – dabei stehen hier die herrlichsten Schlösser und Klöster. In der Zeit der türkischen Angriffe war Dolenjska das südliche Bollwerk Sloweniens; mit Festungen und Wehrtürmen versuchte man, den Osmanen Einhalt zu gebieten. Der Bestand an historischen Gemäuern ist so hoch, daß nur die wertvollsten erhalten werden können – **Žužemberg,** dessen schwere Kriegsschäden nach und nach restauriert werden sollen, **Kostanjevica,** das als Galerie moderner Kunst dient, **Pleterje,** das heute wieder als Kloster genutzt wird, **Otočec** und **Mokrice,** wo luxuriöse Schloßhotels Unterkunft bieten. Auch die Natur hat den südlichen Teil Sloweniens reich be-

Dolenjska und das Krka-Tal

schenkt: Die Krka fließt mal reißend, mal gemächlich in Schleifen und über Tuffkaskaden gen Osten. Dichte Wälder, in denen Wölfe und Bären leben, begrenzen die Landschaft nach Westen, nach Süden schließt sich die Waldregion Gorjanci mit unzugänglich gelegenen Dörfern an, und gen Osten geht Dolenjska in die Ausläufer der Pannonischen Tiefebene über. Grotten, unterirdische Flüsse und aus Höhlen entspringende Quellen wie die der Krka geben der Karstlandschaft ein romantisches Gepräge. Bis heute ist die Landwirtschaft ein wichtiges Standbein der Menschen in Dolenjska, die Kraft des Wassers nutzte man, um in Mühlen Getreide zu mahlen und in Hammerwerken Eisen zu schmieden. »Schlafende Schönheit« nennen die Tourismuswerber diesen Teil Sloweniens, und noch wirkt er tatsächlich recht verschlafen. Doch die Prinzen, die dieses Dornröschen wachküssen und zu einem der bedeutendsten Fremdenverkehrsgebiete des Landes entwickeln wollen, sind schon dabei, die Dornenhecke zu überwinden.

Novo Mesto

Die Neue Stadt (Novo mesto) ist der Verwaltungsmittelpunkt von Dolenjska. Der Name hält zum Glück nicht, was er verspricht, denn Novo Mesto besitzt einen außerordentlich hübschen Altstadtkern, der sich in die Rundung einer Krka-Schlinge schmiegt. Drumherum ist eine moderne, von Industriebetrieben und Wohnsiedlungen geprägte Stadt gewachsen, die mit 22 000 Einwohnern recht übersichtlich ist. Novo Mesto ist ein ideal gelegener Ausgangspunkt zur Erkundung der Region, schöner und romantischer als in der Stadt wohnt man aber etwas außerhalb in Otočec oder in einem der Thermalbäder, die es hier in Hülle und Fülle gibt.

Geschichte
Um 1000 v. Chr. siedelten Illyrer an den Hügeln um die Krka-Schlinge. Die bronze- und eisenzeitlichen Funde aus dieser Epoche zählen zu den spektakulärsten in Europa und sind im **Dolenjski muzej** von Novo Mesto ausgestellt. Um 33 n. Chr. übernahmen römische Kolonisatoren die alten Dörfer und legten eine Stadt an, deren Namen nicht bekannt ist. Im Jahre 400 wurde die römische Niederlassung aufgegeben und von den durchziehenden Völkerscharen der unruhigen Jahrhunderte nach dem Zusammenbruch des Römischen Reiches zerstört.

Etwa 1000 Jahre vergingen, bis sich wieder ein historisches Datum fassen läßt: 1365 ließ Erzherzog Rudolf IV. die Stadt Rudolfswert gründen, die von den einheimischen Slowenen sogleich Novo Mesto genannt wurde. Wehrmauern und eine starke Garnison stellten sicher, daß dieser Vorposten im 15. Jh. von den Türken nicht eingenommen werden konnte. Bis auf eine kurze

Traumhafte Lage am Fluß: Novo Mesto

Unterbrechung im 17. Jh. war Rudolfswert ein wichtiger Verwaltungsort und ein Zentrum des lokalen Handels und Handwerks. Nach dem Ersten Weltkrieg begann der Aufstieg Novo Mestos zu einer Industriestadt, die im sozialistischen Jugoslawien vor allem Betriebe der Möbel- und Pharma-Industrie als Standort wählten.

Rundgang

Ausgangspunkt ist der modern gestaltete **Novi trg** mit Hotel Krka, Stadtverwaltung und Touristeninformation, die einzige Stelle in Novo Mestos Zentrum, wo man sein Fahrzeug parken kann. Über die Rozmanova ulica geht's in Richtung Altstadtkern, den man an der Kreuzung mit dem **Glavni trg** erreicht. Der »Hauptplatz« ist gesäumt von teils gut renovierten historischen Bauten, deren Fundamente auf das 16. und 17. Jh. zurückgehen und die im 19. Jh. erneuert wurden. Offene Arkaden sind das charakteristische Merkmal fast aller Häuser hier; in ihrem Schatten waren Läden und Handwerksateliers untergebracht, darunter die Bergmann-Apotheke *(Bergmanova lekarna)*, die noch heute besteht. Der Glavni trg ist eine wichtige Einkaufsstraße, an der mehrere Cafés und Restaurants zur Rast laden. Westlich des Platzes liegt in den schmalen Gassen um den Florijanov trg der lebhafte **Markt** von

Novo Mesto. Geradeaus endet der Glavni trg an der **Krka-Brücke,** von der man eine schöne Perspektive auf die Altstadt und die Domkirche des hl. Nikolaus hat.

Etwa gegenüber dem neogotischen Rathaus beginnt am Glavni trg die Museumsstraße Muzejska cesta. Ihr folgt man bergan zu dem in mehrere Ausstellungsgebäude aufgeteilten, modernen **Dolenjski muzej.** Es besteht aus der überaus sehenswerten Archäologischen Sammlung *(Arheološka zbirka),* einem ethnogra-

phischen Teil, einer Ausstellung moderner Kunst *(Jakčev dom)* und einer sehr interessanten Abteilung, die sich dem Partisanenkampf in der Region widmet *(zbirka NOB)*. Geöffnet ist das Museum von Di–Fr von 8–17, Sa 10–17 und So 9–12 Uhr.

Im archäologischen Teil des Museums sind vor allem Funde ausgestellt, die bei Grabungen auf einem Feld nördlich der Altstadt gemacht wurden. Auf einer Fläche von 22 000 m² wurden über 50 Gräber aus der späten Bronzezeit (9. und 8. Jh.

v. Chr.) und über 300 »Familiengruften« aus der Hallstatt-Periode (8.–4. Jh. v. Chr.) entdeckt. Die Region um Novo Mesto erlebte in der Eisenzeit eine von mediterranen Stadtkulturen inspirierte Blüte, Eisengewinnung und -verhüttung sorgten für großen Wohlstand, wie die wertvollen Schmuckstücke aus Amber, Gold und Glas belegen, die in den sogenannten Fürstengräbern gemacht wurden. Wunderbare Arbeiten von schlichter, archaischer Schönheit sind darunter. Auch die

Waffen, Helme, Brustpanzer etc. sind Zeugnisse einer überaus feinen Handwerkskunst; ihre höchste Vollendung zeigt sich in den Bronzegefäßen, den *situlae,* die zu den berühmtesten Artefakten der Eisenzeit in Zentraleuropa gehören. Die moderne Präsentation der Objekte macht diesen Museumsbesuch zu einem ebenso ästhetischen wie lehrreichen Vergnügen.

Ebenso interessant und sehr bewegend ist die Ausstellung NOB, die sich den Partisanen verschrieben hat. Die Wälder des Kočevski rog westlich von Novo Mesto waren einer der wichtigsten Stützpunkte der Widerstandskämpfer, deren Geschichte mit historischen Fotografien, mit Waffen, Uniformen, Alltagsgegenständen und provokativen künstlerischen Installationen dokumentiert wird.

Auf dem Rückweg vom Museum zum Novi trg passiert man die **Domkirche Sv. Miklavža,** das älteste Bauwerk von Novo Mesto. 1429 wurde sie errichtet, später barockisiert und im Inneren mit wertvollen Malereien ausgestattet. Den Hauptaltar krönt ein Bild des Venezianers Tintoretto, das den hl. Nikolaus, den Schutzpatron der Fischer, darstellt.

Bei Kaffee und Kuchen oder einem Mittagessen kann man sich im Café-Restaurant des Hotels Krka von der Kultur erholen und dessen »Wiener« Atmosphäre genießen.

TIC, Novi trg 6, ✆ 07/3 32 25 12 u. 3 93 92 63: Das Büro ist leider nicht immer besetzt. Das TIC gibt eine Broschüre mit Übernachtungsmöglichkeiten in der Region (Pensionen, Urlaub auf dem Bauernhof) heraus.

Krka, $$$, Novi trg 1, ✆ 3 32 22 26, Fax 3 31 30 00: Modernes Komforthotel im Herzen der Stadt. **Apartmaji Ravbar,** $$, Smrečnikova ul. 15–17, ✆ 3 73 06 80, Fax 3 73 06 81: Freundliches Haus mit 5 Appartements im Stadtteil Kandija. **Račka,** $, ul. Maksa Henigmana, ✆ 3 66 42 50, Fax 3 66 42 51: Netter Gasthof mit Pizzeria im Kurbad Dolenjske Toplice.

Gostišča na trgu, $, Glavni trg 30, ✆ 3 22 18 82: Café, Pizzeria, Self Service und ein Restaurant teilen sich das Haus; sehr beliebt für einen schnellen und preiswerten Imbiß. **Breg,** $$, Cvelbarjeva ul. 7, ✆ 3 32 12 69: Alteingesessenes Restaurant in der Altstadt mit guten Spezialitäten der Region. **Loka,** $$, Župančičevo sprehajališče 2, ✆ 3 32 16 85: Für ein romantisches Essen an der Krka, Spezialität ist Forelle.

Novo Mesto liegt an Eisenbahn- und Buslinien Ljubljana–Zagreb mit zahlreichen Verbindungen in beide Richtungen. Lokale Busse bedienen die Ziele in der Umgebung (Otočec, Dolenjske Toplice, Kostanjevica).

Ziele in der Umgebung

Žužemberk und Suha krajina

Suha krajina, trockene Landschaft, heißt die Region westlich der Krka, weil sie keinen einzigen überirdisch fließenden Wasserlauf besitzt. Die mageren Karstböden eignen sich schlecht für Landwirtschaft, so daß die Suha krajina nur spärlich besiedelt wurde. Gen Osten begrenzt die Krka diese unberührte Landschaft. Wild und ungestüm stürzt der noch junge Fluß durch sein in die Felsen eingeschnittenes Bett, überwindet Felsstufen, bildet Wirbel und kleine Fälle und bietet erfahrenen Kajakfahrern ein fantastisches Freizeitvergnügen mit gehörigem Nervenkitzel. Über der Krka thront knapp 25 km von Novo Mesto entfernt eine der wuchtigsten Festungen Sloweniens, **Grad Žužemberk.**

1246 wurde die Burg erstmals erwähnt, im Eingang verweist die eingravierte Jahreszahl 1000 allerdings auf ein noch höheres Alter. Der mittelalterliche Kern der Festung wurde im Zweiten Weltkrieg fast völlig zerstört, erhalten ist noch die aus der Renaissance stammende Umfassungsmauer mit den vier Rundtürmen, wenngleich auch hier die Schäden drastisch sind. Ein Eckturm wurde restauriert, doch kann diese gutgemeinte Aktion den wohl wirklich herrischen Eindruck nicht wiederherstellen, den die Burg einst besaß (Besichtigung nur nach Voranmeldung unter ✆ 07/3 08 76 36).

Durchs Krka-Tal sind es weitere 15 km nach Nordwesten bis zur **Krka-Quelle,** die beim Dorf Krka aus einer Karsthöhle entspringt. Bei Niedrigwasser kann man dem 150 m langen Gang ins Innere bis zu einem unterirdischen See folgen, in dem sich die Wasser aus der Region sammeln und so die Krka gebären.

Baza 20 und Kočevski rog

Die Waldregion Kočevski rog erreicht man von Novo Mesto auf der Landstraße in Richtung Straža und Žužemberk nach Westen und biegt bei Soteska in Richtung Črnomelj nach Süden ab. Nach insgesamt etwa 20 km zweigt eine Forststraße nach rechts in Richtung Baza 20 ab, der man bis zum Empfangshäuschen des nun als Denkmal geschützten Partisanenlagers folgt. Von dort geht es 15 Minuten zu Fuß in den Wald hinauf. Es ist sinnvoll,

Routen für Kanu und Kajak

Dolenjska ist ein sehr schönes Kanuwandergebiet mit verschiedenen Schwierigkeitsstufen von I (ganz einfach) bis IV (sehr schwer). Der Abschnitt zwischen Krka-Quelle bei dem Dorf Krka und dem 26 km entfernten Schloß Žužemberk gilt als eine der romantischsten Kanustrecken Sloweniens, aber auch die Kolpa, die entlang der slowenisch-kroatischen Grenze durch die *Bela krajina* (Weißes Land) mäandert, hält intensive Naturerlebnisse bereit. Eine genaue Beschreibung der beiden Flußwanderungen enthält der DKV-Auslandsführer »Südosteuropa«.

Partisanenkampf

Geschichte der Baza 20

Der Kočevski rog gilt mit 500 km² als größtes zusammenhängendes Waldgebiet Mitteleuropas, manche sagen sogar Europas. Die sehr unwegsame Region wurde erst im 14. Jh. besiedelt, als sich deutsche Kolonisatoren in den Wäldern niederließen und Dörfer gründeten. Am Kočevski rog entstand so eine deutsche Sprachinsel, die sich dank der isolierten Lage bis ins 20. Jh. erhalten konnte; die Region um den Rog und das heutige Städtchen Kočevje wurde *Gotscheer Land* genannt. 1941 geriet dieser Teil Sloweniens unter italienische Oberhoheit, worauf die deutschen Familien ihre Waldheimat verließen und in die von Deutschen besetzten Gebiete an die untere Save umsiedelten. Zuvor

den Besuch vorher unter Mobil-☏ 06 09/63 31 54 zu verabreden; die regulären Öffnungszeiten sind vom 1. Apr. bis 30. Sept. von 8–16 Uhr, an den Wochenenden nur nach Vereinbarung.

Otočec

Sloweniens einziges Wasserschloß liegt auf einer schmalen, künstlich geschaffenen Insel in der Krka. 1252 wurde es erstmals beschrie-

mußten allerdings etwa 35 000 Slowenen aus ihren Häusern weichen, um für die Neuankömmlinge Platz zu machen – sie landeten in deutschen Arbeitslagern und sollten nach dem Krieg in Polen angesiedelt werden.

Seit Anfang 1942 nutzten die Partisanen die etwa 40 leerstehenden Gehöfte und Dörfer im Rog als Basis für ihre Aktionen; kurze Zeit residierte hier auch das Führungskomitee des Widerstandes. Vor einer italienischen Offensive im Sommer 1942 verließen die meisten Partisanen den Rog, kehrten aber bald wieder zurück und errichteten Krankenhäuser, Werkstätten und eine Druckerei. Am 17. April 1943 kam auch das Führungskomitee zurück und nannte die Siedlung, die inzwischen 26 Baracken umfaßte, Baza 20. Bis Ende 1944 lebten in der kleinen, geheimen Stadt die wichtigsten Führungsmitglieder der slowenischen Partisanen und der Kommunistischen Partei Sloweniens. In Druckereien wurden Zeitungen und antifaschistische Aufrufe gedruckt, die Kinder in der lagereigenen Schule unterrichtet. Weitere Siedlungen wie Baza 21, 15, 15a, 80 und 80a wurden im unwegsamen Wald errichtet, die Krankenhäuser (24 waren es insgesamt) in den für die Karstlandschaft typischen Einsturztrichtern (*vrtič*) nahezu unsichtbar angelegt.

In der gesamtjugoslawischen Ära war Baza 20 eine der wichtigsten politischen Sehenswürdigkeiten, zu der Prominenz, Fabrikbelegschaften und Schulklassen pilgerten, um der heroischen Jahre des Widerstandes zu gedenken. Seit der Unabhängigkeit Sloweniens hat das Interesse an dem Monument stark nachgelassen, denn heute wird eben offen über die mehreren tausend Opfer diskutiert, die nach der Befreiung Jugoslawiens als Kollaborateure am Kočevski rog erschossen und einfach verscharrt wurden. Natürlich betrachten die meisten Slowenen den Partisanenkampf nach wie vor als ein wichtiges Kapitel ihrer Geschichte, doch die Bevorzugung der ehemaligen Kämpfer bei der Verteilung von Posten und Geldern in jugoslawischer Zeit hat die »Normalsterblichen« verbittert. So liegt Baza 20 heute mehr oder weniger verlassen und verödet da, die Bauten sind in bedauernswertem Zustand, und vom ehemals heroischen Flair mag in der Düsternis des Waldes nichts aufkommen.

ben, und 1689 würdigte Valvasor in seiner »Ehre des Herzogthums Crain« die militärstrategische Bedeutung der Burg im Kampf gegen die Türken, aber auch gegen Angriffe von Magyaren und Kroaten.

Im 16. Jh. diente Otočec – der Name bedeutet Inselchen – als Kommandozentrale des Oberbefehlshabers Ivan Lenkovič, der die Militärgrenze gegen die Osmanen zu sichern hatte. Damals wurden auch umfangreiche Umbauten vorgenommen und das ursprünglich gotische Ensemble im Stil der Renaissance und später des Barock verschönert. Heute dient Otočec als exklusives Schloßhotel. Die Zimmer sind mit Stilmöbeln eingerichtet, das Café-Restaurant im Burghof verwöhnt den Gaumen mit delikaten Spezialitäten aus Dolenjska. Es gibt kaum eine romantischere Unterkunft in Slowenien, und wenn abends lodernde Fakkeln den Burghof erhellen, fühlt man sich in längst vergangene Zeiten zurückversetzt.

Otočec, $$$$, und die meisten anderen größeren Hotels um Novo Mesto gehören dem Pharmakonzern Krka.

Zeit für Muße: Angler in Otočec

Neben dem Schloßhotel unterhält das Unternehmen ein modernes **Športhotel,** $$$, am Nordufer der Krka mit breitem Freizeitangebot und Spielcasino. Auskunft und Reservierung: **Hoteli Otočec,** ✆ 07/3 37 47 30, Fax 3 07 54 20 oder unter der zentralen Reservierungsnummer für alle Krka-Hotels, ✆ 07/3 32 23 30. **Turistična kmetija Šeruga,** $, Sela pri Ratežu 15 (Otočec), ✆/Fax 3 08 56 56: Urlaub auf einem wirklich urigen Bauernhof. Die Besitzer geben sich alle Mühe, den Gästen typische Dolenjska-Atmosphäre und -Küche zu bieten. Sehr sympathisch, aber häufig ausgebucht!

Der Campingplatz am Krka-Ufer gehört auch zur Krka-Gruppe; einst schöner, heute vernachlässigter Platz, in der kühlen Jahreszeit etwas feuchtkalt.

Reiten: Ein sehr freundlicher Reiterhof befindet sich bei Šentjernej auf dem Weg von Otočec nach Kloster Pleterje: **Kobilarna Hosta,** Sela 6, Šentjernej, ✆ 041/69 00 06: Reitstunden

und Ausritte im waldigen Hügelgebiet des Klosters Pleterje.

Boote vermietet das Schloßhotel, man kann allerdings nur um das Inselchen seine Runden drehen – begleitet von Schwänen, die auf Futter hoffen.

Schwimmen: Šmarješke Toplice, ca. 5 km von Otočec, ist eine große Frei- und Hallenbadanlage mit Thermalwasser in unterschiedlich temperierten Becken.

Fahrrad: Räder kann man im Športhotel mieten. Das Hotel gibt eine Broschüre mit empfehlenswerten Fahrrad- und Wanderrouten heraus.

Angeln: Die in diesem Bereich bereits sehr ruhige Krka ist ein Anglerparadies; den Schein gibt's in den beiden Hotels für ca. 3000 SIT/Tag.

Črnomelj und Bela krajina

Die Karstlandschaft der Bela krajina (Weißes Land, so genannt nach der weißen Tracht seiner Bewohner) schmiegt sich zwischen den Wäldern des Kočevski rog, der Gorjanci und des Flusses Kolpa, der die Grenze zu Kroatien bildet. Die Region gilt als die heißeste Ecke Sloweniens und ist stark vom kontinentalen Klima der Pannonischen Tiefebene bestimmt. Zahlreiche Karstflüsse versorgen die Böden mit Wasser, bevor sie in die Kolpa münden. Viehwirtschaft hat in der Bela krajina Vorrang vor dem Feldbau, doch werden an den sonnigen Hängen auch Weintrauben gezogen, aus denen der schwere Rotwein Metliška črnina gekeltert wird.

Der abgelegene Landstrich wurde stark durch die Türkenüberfälle gebeutelt. Um die Militärgrenze besser

verteidigen zu können, siedelten die Habsburger entlang der Gorjanci und in der Bela krajina im 16. Jh. Uskoken an. So nannte man Bosnier, Serben und Kroaten, die vor der türkischen Besetzung ihrer Heimat nach Senj an der Adria geflohen waren und als Freibeuter die Adriahäfen unsicher gemacht hatten. Ihr kriegerisches Wesen sollte die Osmanen stoppen; tatsächlich wandten sich die Uskoken aber auch gegen die Landbevölkerung und verbreiteten Angst und Schrecken.

Ab dem Ende des 19. Jh. litt Bela krajina stark unter der Abwanderung seiner Bewohner; erst nach dem Zweiten Weltkrieg konnte die Landflucht durch die Ansiedlung einiger Industriebetriebe gestoppt werden. Den Besucher bezaubert die Bela krajina vor allem mit der unberührten Landschaft entlang des Flüßchens Kolpa, einem der schönsten Kanuwanderwege Sloweniens.

Črnomelj am Zusammenfluß von Lahinja und Dobličica war bereits in der Altsteinzeit besiedelt. Unter römischer Herrschaft war der Ort eines der Zentren des Mithras-Kultes (s. S. 203). Črnomelj wurde mehrmals von Türken bedrängt, aber nie eingenommen, und litt danach unter den Raubzügen von Uskoken und Magyaren. Großer Wohlstand konnte sich unter solchen Bedingungen in dieser Region nicht entwickeln, und noch heute macht das Städtchen einen eher unscheinbaren, verschlafenen Eindruck. Nur einmal in seiner Geschichte stand Črnomelj im Scheinwerferlicht: Als

Verwaltungsort der befreiten Teile Sloweniens war es nach der italienischen Kapitulation 1943 eine Zeitlang Sitz der Partisanenregierung.

Recht lebhaft geht es zu, wenn in Črnomelj im Juni der Grüne Jurij gefeiert wird. Ursprünglich war das *jurjevanje* ein Fest, bei dem ein unter Weidenzweigen verborgener Jüngling durch die Straßen des Ortes geführt wurde. Aus dem alten Brauch, mit Prozessionen und Liedern den Sommer zu begrüßen, ist heute ein mehrtägiges Folklorefestival entstanden, zu dem sich Gruppen aus allen Teilen des Landes treffen. Über den genauen Termin informiert das Fremdenverkehrsamt.

Kloster Pleterje

Das Kloster der Kartäusermönche liegt 18 km östlich von Novo Mesto auf einem Hügel über dem Dorf Šmarje und ist umgeben von Wäldern, Weiden und Wein- und Obstgärten, die nach dem Zweiten Weltkrieg enteignet und nach der Unabhängigkeit Sloweniens den Mönchen wieder zurückgegeben wurden. Die Geschichte des Baus reicht ins 15. Jh. zurück. 1407 gaben die Grafen von Cilli (Celje) den Auftrag, ein Kartäuserkloster zu errichten; 1471 wurde es von den Türken zerstört und danach besser befestigt wiederhergestellt. Im 17. und 18. Jh. zogen Jesuiten in Pleterje ein, und nach den Josephinischen Reformen wurde das Kloster geschlossen. Die Kartäuser kauften es 1899 zu-

rück und restaurierten die vom Zahn der Zeit schwer beschädigten Bauten. Heute ist das Anwesen durch eine knapp 3 km lange und 3 m hohe Mauer vor neugierigen Blicken geschützt. Das gotische Gotteshaus mit seinem schlichten Inneren ist das sehenswerteste und älteste Baudenkmal des Klosters, hier wird auch eine Dia-Show über die Geschichte von Pleterje gezeigt. Das Kloster selbst darf nicht besichtigt werden – schade, denn es enthält eine sehr schöne Bibliothek. Die Mönche zeigen sich aber Besuchern gegenüber sehr zugänglich, und vielleicht hat *mann* (Frauen haben ohnehin keinen Zutritt) ja das Glück, zu einer kurzen Visite hineingebeten zu werden (Besuchszeiten Mo–Sa 7.30–17, So 8–17 Uhr, Anmeldung unter ✆ 07/3 08 12 25).

Die Brüder von Pleterje betreiben einen kleinen Laden, in dem Weine, Kräutertees und andere Produkte aus dem Kloster verkauft werden. Vor allem auf die Kelterei ist man sehr stolz in Pleterje; die Weine sind hervorragend, besonders der für Dolenjska so berühmte Cviček, ein frischer, sehr saurer Rotwein, den man zum Essen trinkt. Spezialität des Klosters ist auch ein hervorragender Slivovitz und die Pleterska hruška, ein Birnenschnaps mit in die Flasche gewachsener Birne.

Am Parkplatz vor dem Kloster hat das Dolenjski muzej Novo Mesto einige traditionelle Bauernhäuser aus der Region restauriert und zu einer Art Freiluftmuseum zusammengestellt.

Kostanjevica na Krki

Das schmucke Städtchen 22 km östlich von Novo Mesto wird wegen seiner malerischen Lage an der Krka auch slowenisches Venedig genannt. Leider ist die unter Denkmalschutz stehende Bausubstanz lange vernachlässigt worden, so daß der Ort heute eher einen traurigen Eindruck macht. Kostanjevica wurde im 11. Jh. in einer engen Schleife der Krka gegründet, deren »Flaschenhals« man mittels eines Kanals durchtrennte und so eine künstliche Insel schuf. Der Ort war dadurch schwer einnehmbar und diente, wie alle anderen historischen Siedlungen in der Region, als militärischer Vorposten an der slowenisch-kroatischen Grenze und als Bollwerk gegen die Türkeneinfälle.

Sehenswert ist neben dem historischen Stadtbild mit seinen einstöckigen Häuschen vor allem die im 13. Jh. erbaute und später barockisierte Kirche **Sv. Janez,** in die zwei wunderbare romanische Steinportale

Nur wenigen zugänglich: Bibliothek des Klosters Pleterje

Schloß Kostanjevica

führen. Die eigentliche Attraktion von Kostanjevica verbirgt sich aber etwas außerhalb: Das **Schloß Kostanjevica** war ursprünglich ein Zisterzienserkloster, das die Feudalherren der Region, die Spanheimer Grafen, gestiftet haben. Der gesamte Komplex wurde nach den Josephinischen Reformen sich selbst überlassen und hat stark gelitten. Nur an der Fassade des von Rundtürmen flankierten Eingangstores und der Kirche wurden inzwischen die strahlenden Fresken restauriert, mit denen Kostanjevica barockisiert wurde. Schon von weitem leuchten sie dem Besucher entgegen. Die Kirche Mariae Verkündigung zeigt im Inneren noch ein schön erhaltenes, gotisches Kreuzgratgewölbe. Das Schloß dient heute als Kunstgalerie, in der wertvolle Gemälde ausgestellt sind, die aus dem Kloster Pleterje stammen. Dazu kommen Werke slowenischer Künstler. Alljährlich findet im Schloß ein Bildhauer-Workshop statt, dessen moderne Arbeiten um das Schloß herum der Öffentlichkeit präsentiert werden (Di–Sa 9–18 Uhr, in den Wintermonaten 9–16 Uhr).

Ein Abstecher von Kostanjevica sei Höhlenfreunden zu empfehlen: Die **Kostanjeviška jama** ist eine hübsche, kleine Tropfsteinhöhle, die erst 1932 entdeckt wurde. Über einen 80 m langen Gang erreicht man einen kleinen See und danach eine schön mit Stalagmiten und Stalaktiten geschmückte Grotte (tgl. geöffnet nur im Juli/Aug. von 9–18 Uhr, sonst nur an den Wochenenden oder nach telefonischer Vereinbarung unter ✆ 07/4 98 70 08).

Grad Mokrice

Knapp 50 km von Novo Mesto nach Osten und dicht an der Grenze zu Kroatien liegt Schloß Mokrice, das heute als luxuriöses Hotel mit 18-Loch-Golfplatz und Reitstall geführt wird. Die im 15. Jh. erstmals erwähnte Burganlage schmiegt sich an die Hügel- und Waldlandschaft der Gorjanci, die den Grenzverlauf zur Nachbarrepublik markieren, und ist vom Geist der Renaissance durchdrungen. In den slowenischen Bauernaufständen des 16. Jh. kam Mokrice die unrühmliche Rolle eines Kerkers für zwei der bekanntesten Anführer zu; der Volksmund behauptet sogar, Sloweniens Bauernheld Matija Gubec sei im Schloß gefangengehalten worden. Auf Mokrice wurde 1882 der Schriftsteller Friedrich von Gagern geboren, der Schloß und Umgebung in seinem Roman »Das Volk« verewigt hat. Auf einer gemauerten Brücke über den Burggraben erreicht man die mit vier runden Ecktürmen gesicherte Festung. Im arkadengesäumten Innenhof empfängt das Schloßcafé und -restaurant die Tagesbesucher; Hotelgäste genießen hier höchsten Komfort in mit Stilmöbeln eingerichteten Zimmern und Suiten. Reservierung unter Golf Hotel Grad Mokrice, 8261 Jesenice na Dolenjskem, ✆ 07/ 4 93 50 64, Fax 4 95 70 07.

Krško

Die Industriestadt Krško ist nicht unbedingt ein attraktives Ausflugsziel, doch als Standort des einzigen slowenischen Kernkraftwerkes verdient sie zumindest eine Erwähnung. 1982 wurde das Kraftwerk 2 km südwestlich der Stadt in Betrieb genommen; seit der Unabhängigkeit Sloweniens wird es als slowenisch-kroatisches Gemeinschaftsprojekt geführt, was immer wieder für Ärger sorgt. So warnen Umweltschützer beider Seiten vor dem schlechten Sicherheitsstandard des Meilers, und in Slowenien lagen bereits Pläne vor, den Reaktor stillzulegen. Dies geht aber nicht ohne die Zustimmung des kroatischen Nachbarn, der sich in puncto Umweltschutz und Sicherheit bislang nicht sehr einsichtig zeigt. Inzwischen wird Krško wie auch einige andere Kraftwerke in Osteuropa tatkräftig von Siemens unterstützt. Die Bundesrepublik Deutschland hat dafür hohe Hermes-Bürgschaften übernommen. Da Krško allerdings in einem stark von Erdbeben gefährdeten Gebiet liegt, wird dieses Engagement der rot-grünen Regierung von Umweltschützern überaus kritisch beurteilt.

Im Altstadtteil von Krško gibt es einige sehenswerte historische Bauten, so das 1609 erbaute Wohnhaus des Universalgelehrten Valvasor. Die Kirche der Schmerzensreichen Gottesmutter im Dorf Leskovec besitzt einen überaus wertvollen, vergoldeten Barockaltar.

Maribor
und
Štajerska

**Barocke Pracht und älteste
Weinrebe Europas:
Maribor**

**Von Römern, Wallfahrern
und Kaisern:
Ptuj, Ptujska gora und
Rogaška Slatina**

**Wein und Wasser:
Ormož, Jeruzalem und
Radenci**

Weinanbau in Haloze

Maribor und Štajerska

Barockes Kleinod: Maribor • Mithraskult und Kurenten: Ptuj • Wo Kaiser kurten: Rogaška Slatina • Die Liebe zum Wein: Von Ormož nach Ljutomer • Über die Mura: Von Müllern und Bauern

Štajerska mit ihrer Hauptstadt Maribor ist eine jener Regionen Sloweniens, in die sich Touristen nur selten verirren. Geschäftsreisende zieht es da schon eher in die zweitgrößte slowenische Stadt, die traditionell ein wichtiger Standort der Metall-, Holz- und Textilindustrie ist. Štajerska und das angrenzende Prekmurje mit ihrer bäuerlichen Bevölkerung gelten als die unterentwickeltsten Teile Sloweniens, die *Prekmurci* sind gewissermaßen die Ostfriesen des Landes. Der Dialekt aus den östlichen Randgebieten ist so stark vom benachbarten Ungarisch geprägt, daß alle anderen Slowenen sich schwertun, ihn zu verstehen und dessen bäuerliche Sprachmelodie für den direkten Ausdruck der vermeintlichen Einfalt dieses Landstriches und seiner Menschen halten. Der zentralslowenische Hochmut macht erst vor den Weinkellern halt, die in Štajerska besonders zahlreich sind – schließlich reifen hier die besten Weißweine des kleinen Landes zur Vollendung. Auch der ausländische Besucher sollte es nicht versäumen, zu einer Verkostung in den großen Kellereien von Maribor, Ormož oder Ljutomer einzukehren oder einen der vielen kleinen, privaten Winzer auf seinem Weinberg zu besuchen.

Maribor

Eingebettet zwischen den rebenbestandenen Hügeln nördlich der Drava (Drau) und dem Mittelgebirgszug des Pohorje südlich des Flusses schmiegt sich Maribor in eine überaus liebliche Landschaft. Trotz der Industrievororte, die den Reisenden von Österreich, Ljubljana oder Zagreb kommend empfangen, wirkt die mit 100 000 Einwohnern zweitgrößte Stadt Sloweniens überaus charmant und kleinstädtisch. Großzügige Parks und hochherrschaftliche Villenviertel schaffen luftige Räume, in denen sich herrlich promenieren läßt, Weinberge schieben ihre Ausläufer wie Zungen bis an den Rand des barocken Stadtzentrums, und die träge dahinfließende Drava begleitet mit ihrem Glucksen und Plätschern das lebhafte Treiben an der Uferpromenade der Lent.

Geschichte

Maribor, zu deutsch Marburg, entwickelte sich erst um das 12. Jh. um die Burg (Marchburg) der Spanheimer Grafen, die sich auf dem heute Piramida genannten Hügel nördlich der Stadt erhob. Siedlungsspuren aus keltischer und römischer Zeit wurden um das Stadtgebiet entdeckt, doch deutet nichts darauf hin, daß an dieser Stelle eine größere Stadt gestanden hätte. Vielmehr scheinen die römischen Herren die Region zu Füßen des Pohorje-Gebirges als Sommerfrische geschätzt und sich komfortable Landsitze *(villae rusticae)* errichtet zu haben. Zwischen dem 12. und 15. Jh. erlebte Maribor eine erste Blütezeit als Handelszentrum, dessen Reichtum zahlreiche repräsentative Bauten der Renaissan-

Maribor

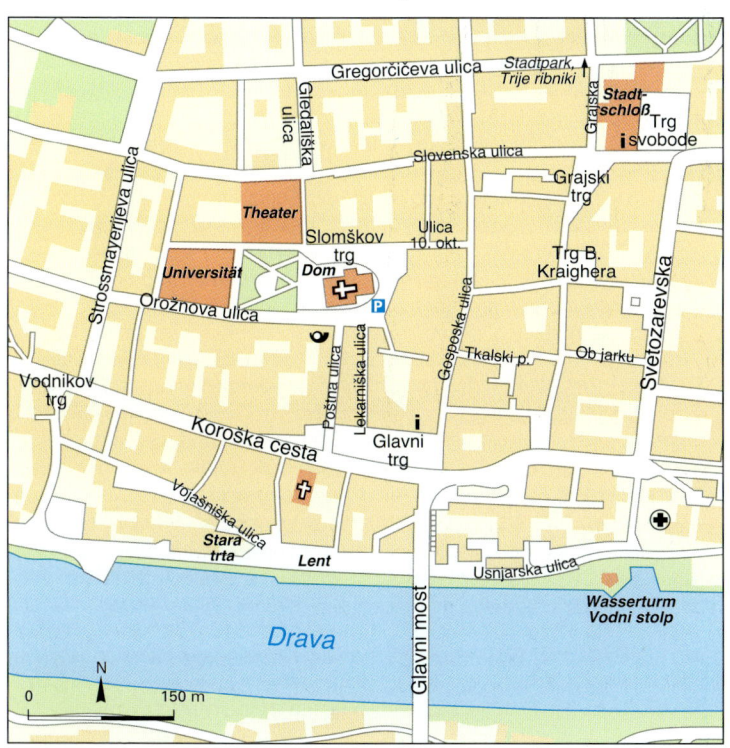

Das Festival Lent

Es gibt viele kleine berufliche Erfolgsstories im unabhängigen Slowenien – wie eine Handvoll engagierter Leute um den Festivalleiter Vladimir Rukavina einen wahren »Touristenmagneten« kreiert und gegen die verkrusteten Verwaltungsstrukturen der Stadt durchgesetzt hat, erzählt die Geschichte vom Lent-Festival in Maribor. 1993 kamen einige Mitarbeiter des Kulturzentrums Narodni Dom auf die Idee, das Hafenviertel Lent durch eine Veranstaltungsreihe im Sommer kulturell aufzuwerten. Den Besuchern sollte eine bunte Mischung aus Folklore, Jazz, Pop, Straßentheater und Animation vorgesetzt werden – und alles ohne Eintrittsgebühren. In Windeseile festigte sich der Ruf des Festivals als eines überregional bedeutenden Kulturevents. Viele international bekannte Künstler wie Ray Charles, José Feliciano und Paquito d'Riviera feierten in Maribor umjubelte Auftritte. Von Anfang an finanzierten die Festivalmacher ihren 2-Millionen-Etat aus Sponsorengeldern der Industrie; nur etwa 20 % werden von der Stadtverwaltung bezuschußt.

Ähnlich wie Tomaž Pandur vom Mariborer Theater hatten auch die Lent-Organisatoren mit Hindernissen zu kämpfen, die ihnen die immer noch in den verstaubten Strukturen der sozialistischen Ära erstarrte Stadtverwaltung entgegenstellte. Doch im Gegensatz zu Pandur, der zwar viel Ruhm erntete, aber nur wenig Geld einbrachte, stand das Lent-Festival sehr schnell auf finanziell unabhängigen Beinen und brachte der Stadt zudem große Einnahmen: Die zu Hunderttausenden anreisenden Gäste mußten schließlich verköstigt und untergebracht werden. 1997 wurde eine halbe Mio. Besucher gezählt – fünf mal soviel wie Maribor Einwohner hat. Die Stadtverwaltung hat ihre Ressentiments gegen das Open-Air-Spektakel angesichts solcher Erfolge längst aufgegeben und unterstützt das Festival mit Nachdruck. So kann man davon ausgehen, daß Maribor auch nach der Jahrtausendwende seine Lent mit einem multikulturellen Fest Ende Juni/Anfang Juli feiern wird.

Die Gruppe des Narodni Dom hat übrigens trotz des Erfolges die Kulturarbeit im Kleinen nicht vernachlässigt. Im Narodni Dom werden das ganze Jahr über Musikveranstaltungen und Lesungen organisiert, im Cyberspace-Café können Interessierte durch die Welt des Internet surfen, und im Keller erwartet eine kleine, gemütliche Jazz-Bar die Nachtschwärmer – alles haben die jungen Leute mit sehr viel Eigeninitiative und Handarbeit aufgebaut. Der Chef Vladimir Rukavina genießt es, persönlich am Tresen den Ausschank zu übernehmen, wenn seine Zeit es zuläßt.

ce, darunter das Rathaus, versinnbildlichen. Mit ca. 1000 vorwiegend slowenischstämmigen Einwohnern und zahlreichen niedergelassenen ausländischen Händlern war Maribor ein bedeutender Handelsknotenpunkt zwischen Alpen und Donauraum mit der Drava als Verkehrsweg. Maribor überstand mehrere Belagerungen (1481 Magyaren, 1532 Türken) und wurde schließlich durch verheerende Brände und eine Pestepidemie in ihren wirtschaftlichen Grundfesten erschüttert. Zwischen dem 16. und 18. Jh. versank die Stadt in Bedeutungslosigkeit, dann leitete der Bau einer Straße von Wien nach Maribor die ökonomische Renaissance ein. Der Aufschwung fand seinen Niederschlag in einer regen Bautätigkeit, das gesamte heutige Stadtzentrum wurde im Geiste des späten Barock umgestaltet. Zu Beginn des 19. Jh. erfaßten die Vorboten der Industrialisierung (Eisenbahnanschluß, Gerbereien, Holzindustrie) die Stadt, und Mitte des 19. Jh. wurde Maribor ein bevorzugter Wohnsitz vor allem deutscher Industrieller und Handelsunternehmen. Der Einfluß der Deutschen auf Wirtschafts- und Kulturleben war immens, im »Deutschen Kulturbund« wurden die Traditionen der Heimat gepflegt und schließlich auch die Okkupation durch Nazideutschland vorbereitet. Im April 1941 wurde Hitler in Maribor begeistert als Befreier begrüßt.

Aber Maribor war natürlich nach wie vor eine slowenische Stadt, deren Bevölkerung sich heftig der Okkupation widersetzte. Hier entstanden die ersten Widerstandsgruppen und Partisanenverbände, die vom nahen Pohorje-Gebirge aus operierten. Wegen der bedeutenden Industrieansiedlungen wurde Maribor 1944 und 1945 schwer bombardiert und zu zwei Dritteln zerstört. Ab den 1950er Jahren wurden zahlreiche Neubauviertel und Industriebetriebe errichtet; seit der slowenischen Unabhängigkeit erlitt die Stadt schwere wirtschaftliche Einbrüche und einen starken Anstieg der Arbeitslosenzahl, die man nun durch den Ausbau des Dienstleistungssektors ausgleichen will.

Rundgang

Maribors Zentrum läßt sich bequem zu Fuß erkunden; Parkmöglichkeiten gibt es südlich des futuristischen Busbahnhofs und entlang der Drava-Promenade Lent. Ausgangspunkt ist der Hauptplatz **Glavni trg** mit dem Büro der Touristeninformation und einem wunderbaren Ensemble restaurierter Häuser aus der Renaissance und dem Barock. Das **Rathaus** *(Rotovž)*, 1515 erbaut und 50 Jahre später im Stil der Renaissance umgebaut, ist mit venezianisch anmutenden Balkonen geschmückt. Durch einen Torbogen gelangt man in einen arkadengesäumten Innenhof, wo früher das Getreide abgewogen wurde; von hier geht's nach

---

Das mittelalterliche Maribor ist die zweitgrößte Stadt Sloweniens ▷

Norden weiter auf den Slomškov trg. Gegenüber begrenzen die Barockbauten des ehemaligen **Jesuitenklosters** und der roséfarbenen, etwas nach hinten versetzten Kirche des hl. Alois den Platz. Den Mittelpunkt des Rathausplatzes bildet die **Mariensäule.** Umgeben von den Statuen mehrerer Heiliger blickt die goldene Gottesmutter gen Himmel, wo die Taubenschwärme kreisen und auf Futter hoffen. Ursprünglich stand hier eine Pestsäule, die von Mariborer Bürgern in Erinnerung an die Opfer der Epidemien im 17. Jh. gestiftet wurde. 1743 wurde der aus der Štajerska stammende Bildhauer Jožef Straub damit beauftragt, das schlichte Monument durch das kunstvollere Denkmal zu ersetzen.

Vom Glavni trg führt die Koroška cesta nach Westen zum **Vodnikov trg**, wo am Vormittag, besonders lebhaft aber an den Samstagen, Maribors **Bauernmarkt** abgehalten wird. An der vielbefahrenen Koroška cesta kann man noch mehrere Häuser aus dem 16. Jh. entdekken; Torbögen führen in romantische Innenhöfe, doch sind die meisten leider nicht restauriert und bieten daher ein deprimierendes Bild des Verfalls.

Zwischen Koroška cesta und Drava liegt Maribors ehemaliges Hafen- und Flößerviertel **Lent.** Hier landeten jahrhundertelang kleinere Frachtschiffe und Flöße an, die Waren, vor allem aber Holz aus dem Pohorje und Kärnten auf der Drava in Richtung Donau und Schwarzes Meer transportierten. Durch Maribors Anschluß an die Eisenbahn wurde die Flößerei Mitte des 19. Jh. unrentabel und schließlich ganz eingestellt, als mit dem Bau des Wasserkraftwerks an der Drava der Verkehrsweg abgeschnitten war. Die Lent, das Viertel der kleinen Leute und Arbeiter, entwickelte sich zum Tummelplatz von allerlei zwielichtigem Gesindel, bis sie in den 1980er Jahren als Kneipenviertel wiederbelebt wurde. Vor allem abends herrscht hier lebhaftes Treiben, Kneipen und Restaurants stellen in den Sommermonaten Tische und Stühle ins Freie, und der Gast hat die Auswahl von traditionell steirischem über italienisches, chinesisches bis hin zu mexikanischem Essen. Wenn im Juni das beliebte Lent-Festival abgehalten wird, bevölkern bis zu einer halben Million Fremder und Einheimischer die schmalen Gassen zwischen Drava und Hauptplatz. Wichtigste historische Attraktion der Lent ist die angeblich 400 Jahre alte (und somit Europas älteste) Weinrebe am Wirtshaus **Stara trta** (Vojašniška ul. 8), die alljährlich Anfang Oktober feierlich abgeerntet wird. Der aus den Trauben gekelterte Wein wird als besonders edler und erinnerungsträchtiger Tropfen gerne ausländischen Staatsgästen als Präsent übergeben.

Zurück am Glavni trg führt der Rundgang durch die Poštna oder Lekarniška ul. (oder direkt durchs Rathaus) nun weiter nach Norden zum **Slomškov trg**. Ihn beherrscht der im 12. Jh. im romanischen Stil erbaute und im 14. und 15. Jh. gotisierte

Die älteste Weinrebe Europas

Dom, der Johannes dem Täufer geweiht ist. Im Inneren ist das wunderschöne Kreuzgratgewölbe über dem Mittelschiff erhalten, der gotische Skulpturenschmuck ist teils verloren, teils im städtischen Museum von Maribor zu bewundern. Mitte des 19. Jh. wurden unter dem Einfluß der deutschen Zuwanderer Teile der späteren, barocken Ausgestaltung des Doms entfernt und durch neogotische ersetzt. Die Slowenen, deren Herz am Barock hängt, beten seither am liebsten vor dem einzigen, noch erhaltenen Barockaltar rechts im Seitenschiff, der Maria geweiht ist.

Der Platz vor dem Dom diente früher als städtischer Friedhof; heute hat man eine hübsche Parkanlage gepflanzt, in deren Schatten Schüler, Studenten und ältere Damen den Nachmittag verdösen. Drei weitere sehenswerte Bauten sind am Slomškov trg zu finden: die frisch renovierte Post im Stil der Neorenaissance (1894), die aus gleicher Zeit stammende Universitätsbibliothek, die den westlichen Abschluß bildet, und das klassizistische **Theater** *(gledališče)* an der Nordseite, das mit einem modernen Anbau zum größten slowenischen Schauspielhaus erweitert wurde. In den 1990er Jahren war das Mariborer Theater unter dem jungen Intendanten Tomaž Pandur der Focus der modernen Theaterszene Sloweniens (s. S. 44), seine Produktionen wurden international beachtet und gerühmt. Mitte der 90er kam es zu einem tiefen Zerwürfnis zwischen Pandur und den Stadtoberen, von finanziellen Unregelmäßigkeiten war die Rede und davon, daß Pandur mit seinem persönlichen Ehrgeiz das Theater in den Ruin geführt hätte. Der Intendant nahm den Hut und macht seither internationale Karriere. Mit ihm hat auch ein Großteil des Ensembles das Theater verlassen; die berühmten Inszenierungen Pandurs wie Dantes »Göttliche Komödie«, werden in Maribor nicht mehr aufgeführt. Das Theatercafé ist aber nach wie vor ein beliebter Treffpunkt der Kulturschickeria und der ideale Ort für eine Erholungspause.

Durch die schmale ul. 10. oktobra erreicht man linker Hand die Gosposka ul., eine der Haupteinkaufsstraßen von Maribor mit Kaufhäusern, Banken, Boutiquen und Buchhandlungen. Über die Slovenska ul. rechts betritt man schließlich den **Grajski trg** (Schloßplatz) mit dem **Stadtschloß** von Maribor. Der dem Platz zugewandte Fassadenteil stammt aus dem Frühbarock und gilt als schönstes Bauensemble des Schlosses, vor allem das phantastische Treppenhaus mit seinen allegorischen Statuen im Inneren, Ende des 18. Jh. errichtet, ist sehenswert.

Im Stadtschloß residiert das Regionalmuseum **Pokranjski muzej Maribor** mit einer archäologischen und einer volkskundlichen Sammlung sowie einer sehr sehenswerten Ausstellung zur Kunstgeschichte der Stadt, in der auch mehrere gotische Skulpturen aus dem Dom ihre neue Heimat gefunden haben. Einige Räume zeigen Wohnkultur und Mode der vergangenen Jahrhunderte, Prunkstück ist eine Paradeuniform des ehemaligen jugoslawi-

Der Innenhof des Mariborer Rathauses entstand bereits in der Renaissance

schen Partisanenführers und Präsidenten Tito. Beim Verlassen des Museums passiert man das Treppenhaus, das als eines der schönsten Bauensemble des Rokoko in Slowenien gilt (geöffnet Di–Fr 10–17, Sa u. So 10–14 Uhr).

Der Grundstein für das Stadtschloß wurde im 15. Jh. gelegt – damals sollte es die etwas schwach befestigte Nordwestecke der Stadtmauer sichern. Mehrere Um- und Zubauten haben die Anlage in den folgenden Jahrhunderten verändert; am Ostrand (Trg svobode) ist noch die alte Wehrmauer zu erkennen, unter deren Arkaden heutzutage ein beliebtes Café-Restaurant seine Gäste empfängt. Den Trg svobode schmückt ein 1975 aufgestelltes, monumentales Denkmal für die Opfer des antifaschistischen Widerstandes. Fast immer zieht ein unverwechselbarer, weinseliger Geruch von den Kellereien der VINAG Maribor über den Platz, die in den Ge-

bäuden an seiner Ostseite residiert. Der gesamte Stadtbereich zwischen Burg, Trg Svobode und Stadtpark ist mit uralten Gewölben unterkellert, es gibt sogar einen (nicht mehr begehbaren) Fluchtweg vom Schloß zum Piramida-Hügel. Heute lagert die Weingenossenschaft hier ihre edlen Tropfen in Eichen- und Alufässern. Der 1881 ausgebaute Teil der alten Gemäuer gilt mit 20 000 m² und über 7 Mio. Litern gelagerten Weines als größter, unterirdischer Weinkeller Europas und kann nach Voranmeldung besichtigt werden (✆ 02/2 51 21 61).

Weinverkostungen im kleinen Laden der VINAG kosten 1000 SIT und beinhalten 5 verschiedene Sorten und etwas Käse und Brot, damit die edlen Tropfen nicht so schnell zu Kopfe steigen.

Entlang der Grajska ul. passieren wir die Westseite des Mariborer Schlosses und erreichen über die ul. heroja Tomšiča den **Stadtpark** von Maribor, der nach Norden direkt in die Weinberge mit den beiden Hügeln **Piramida** (386 m) und **Kalvarija** (375 m) übergeht. In die Senke zwischen den beiden Kuppen schmiegt sich eines der beliebtesten Ausflugsziele der Mariborčani: **Trije ribniki,** die »drei Teiche«. Die drei hintereinanderliegenden, schmalen Seen sind eigentlich die Überreste des Wassergrabens, der im 14. Jh. die Marchburg auf der Piramida nach Westen sicherte. Heute haftet dem Park überhaupt nichts Kriegerisches mehr an; mit üppigen Rosenbepflanzungen, Parkbänken, klassizistischen Tempelchen und einem Bootsverleih bietet er ein Bild der perfekten Idylle, und die Ausflugsgaststätte *Pri treh ribnikih* sorgt mit hervorragenden Gerichten oder Kaffee und Kuchen für das leibliche Wohl der Spaziergänger.

Der Rückweg führt am Stadtpark entlang durch das alte Villenviertel von Maribor (wer nach links in die Seitenstraßen einbiegt, kann herrliche alte Stadtschlößchen bewundern). Hier hatten sich die reichen Kaufleute von zumeist deutscher Herkunft ihre Enklaven errichtet; nach der Vertreibung gegen Ende des Zweiten Weltkriegs wurden die meisten Anwesen slowenischen Familien oder verdienten Partisanen zugewiesen, die kaum die finanziellen Mittel besaßen, für deren Erhalt zu sorgen. Seit der Unabhängigkeit Sloweniens haben einige der Alteigentümer versucht, ihren enteigneten Besitz zurückzubekommen. Restituiert wird aber nur an diejenigen, die 1946 einen jugoslawischen Paß hatten.

Schließlich ist wieder der Trg svobode erreicht. Auf der Svetozarevska cesta geht's nach Süden ans Drava-Ufer zum Wasserturm **Vodni stolp,** der 1555 gegen die Türkengefahr errichtet wurde. Heute beherbergt er einen sehr gut sortierten Weinladen, die Vinoteka, in dem man auch Weine verkosten kann, die nicht zu den Domänen der VINAG gehören. Der **Židovski stolp,** ein weiteres Relikt der ehemaligen Stadtmauer, dient heute als Kunstgalerie. Daneben sieht man die ehemalige **Synagoge** von Maribor, die nach Vertreibung der Juden aus dem Stadtgebiet Ende des 15. Jh. in eine Kirche umgewandelt wurde und ab 1785 als Lagerraum diente. Heute versucht die Stadtverwaltung, den alten Sakralbau in seiner ursprünglichen Form wiederherzustellen.

Ziele in der näheren Umgebung

Im Stadtteil Tabor, südwestlich der Drava wurden am Rande eines Neubauviertels die Fundamente eines römischen Landhauses aus dem 2. Jh. sowie ein slawisches Gräberfeld aus dem 11. Jh. gefunden. Die Grabungsstätte wurde als Rasenfläche mit den restaurierten Grundmauern gestaltet und wirkt durch diese wohlgemeinte Aktion ziemlich steril und nichtssagend. Als Ausflugsziel ist **Villa Rustica** vor allem wegen des gleichnamigen italienischen Restaurants interessant, das hervorragende mediterrane Küche serviert (Villa Rustica, ☎ 02/4 20 51 72, tgl. von 11–22 Uhr).

Auch der Abstecher nach **Schloß Betnava** lohnt vor allem wegen der kulinarischen Genüsse – das Restaurant Grad Betnava gilt als *die* Gourmet-Adresse in Maribor. Das ursprüngliche Renaissanceschloß wurde im 18. Jh. barockisiert und mit einer barocken Parkanlage umgeben. Heute dienen seine Repräsentationsräume als Hochzeitssäle, und nach der Trauung wird im Park zünftig gefeiert oder stilvoll im Re-

staurant diniert. Wer hier speisen möchte, sollte unbedingt einen Tisch bestellen (Grad Betnava, Streliška cesta 150, ☎ 02/3 32 73 42).

MA-TIC, Glavni trg 15, ☎ 02/ 2 51 12 62: Hervorragende Auswahl an Info-Material, sehr zuvorkommendes und hilfsbereites Personal.

Piramida, $$$, ul. heroja Šlandra 10, ☎ 2 51 59 71, Fax 2 51 59 84: Komfortables Stadthotel in der Nähe des Busbahnhofs, sehr freundlicher Service, angenehme Zimmer, die Gäste können kostenlos den Pool- und Fitneßbereich des Kurzentrums »Fontana« benützen. **Slavija,** $$$, Cesta Vita Kraigherja 3, ☎ 2 51 36 61, Fax 2 52 28 57: Hotelhochhaus mit recht steriler Atmosphäre. **Orel,** $$, Grajski trg 3, ☎ 2 50 67 00, Fax 2 51 84 97: Hübsch ist die zentrale Lage am Burgplatz. Im düsteren Inneren ist aber dringend eine Renovierung geboten. Preiswerte **Pensionen und Privatzimmer** gibt es in den Vororten zwischen Pohorje und Drava, Informationen und Buchung über MA-TIC.

Maribors absolutes Superhotel befindet sich an der unteren Seilbahnstation in Zg. Radvanje, direkt an der durch den Super-Gi bekannten Ski-Abfahrt vom Pohorje: **Habakuk,** $$$$, Pohorska c. 59, ☎ 3 00 81 00, Fax 3 00 81 28: Das Haus wurde 1998 komplett renoviert, luxuriös und sehr geschmackvoll ausgestattet und ist durch seine Preise im oberen Bereich wohl eher für Geschäftsreisende denn für den Normaltouristen interessant. Absolut sehens- und besuchenswert ist die herrliche Badelandschaft mit einem wunderschönen Dampfbad und mehreren Saunas. Diese können auch Nicht-Hotelgäste gegen Eintritt nutzen – ein Vergnügen, das wir jedem, der in Maribor etwas Entspannung sucht, ans Herz legen möchten!

Črna kuhinja, $, Partizanska c. 16, ✆ 2 52 20 98: Die »schwarze Küche« ist ein uriges Kellerlokal mit kleinem »Biergarten«, unweit des Piramida-Hotels. Deftige steirische Kost und herrliches Schwarzbrot. **Zimski vrt Zamorc,** $$, Grajski trg 3a, ✆ 2 50 67 00: Ein heller, freundlicher Wintergarten mit slowenischer und internationaler Küche im

Stajerška

Hotel Orel. **Tako's,** $$, Mesarski prehod 3, ✆ 2 52 71 50: Maribors In-Mexikaner im Stadtteil Lent. **Pri treh ribnikih,** $$, Ribniška c. 3, ✆ 2 51 13 71: Beliebtes Ausflugsrestaurant mit hervorragender steirischer Küche, im Herbst Wild und Pilze im Überfluß. **Anderlič,** $$, Za Kalvarijo 10, ✆ 2 51 68 21: Der Geheimtip in Maribor, wenn es *koline* gibt – wenn also im Herbst/Winter geschlachtet wird und Wurst und Fleisch frisch auf den Tisch des Hauses kommen. **Hugo,** $$, Limbuško nabrežje 10, ✆ 4 20 34 72:

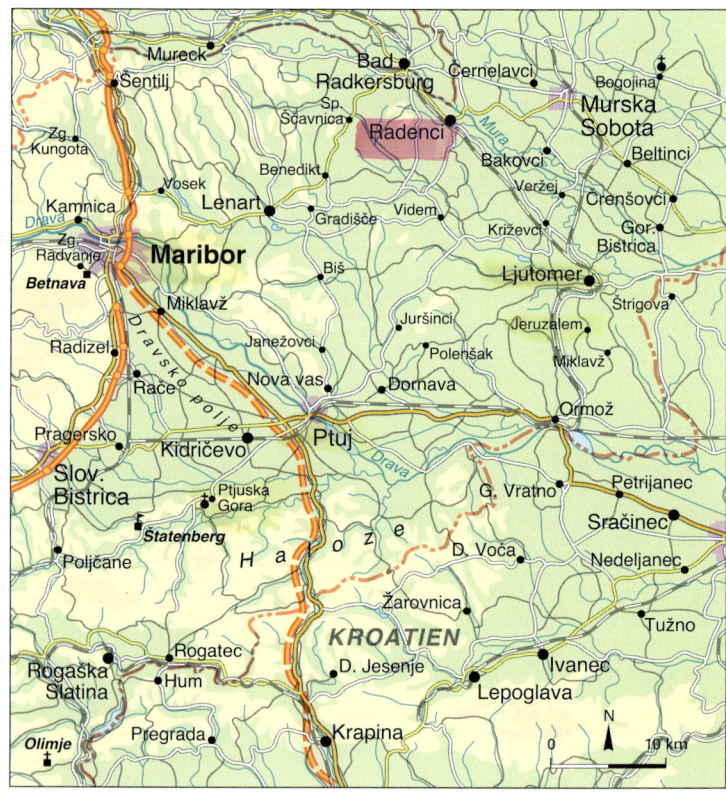

Vor allem an lauen Sommerabenden eine nette Adresse: schöner Garten am Drava-Ufer, gute slowenische Küche (im Vorort Limbuš an der südlichen Drava-seite).

Tildo's Café, Slomškov trg 13, ☎ 041/79 69 64: In-Kneipe der Intellektuellen. Das **Cesar** befindet sich in den ehemaligen Industriehallen der »Pekarna« und unterhält an Wochenenden mit Dancefloor und Techno. Beliebtester Tanzpalast der Mariborer ist allerdings das **Yucatan** im Grenzort Šentilj, ca. 15 Min. Autofahrt in Richtung Graz. Der **Narodni dom** (s. S. 186) bietet ein umfangreiches Abendprogramm für Junge und Junggebliebene.

Weine kann man in der **VINAG** (s. S. 193f.) oder in der **Vinothek** (im Vodni Stolp an der Drava, Usnjarska ul.) verkosten und kaufen. Hübsche kunsthandwerkliche Arbeiten gibt's bei **Suha roba** in der Vetrinjska ul. 13.

Wanderkarten und Informationen zu Bergtouren in der Umgebung kann man beim Alpenverein bekommen: Planinsko društvo, Jurčičeva ul. 8/II., geöffnet werktags von 10–12, Mi auch von 15–17 Uhr.

Wer direkt von Maribor ins Pohorje will, braucht nur den Bus Nr. 6 nach Zg. Radvanje zu besteigen und von der Endhaltestelle mit der Seilbahn auf 1020 m Höhe zu fahren (zu Fuß eine Wanderung von ca. 1,5 Stunden). Eine besonders romantische Ecke des Pohorje finden Wanderer um den Gipfel der **Rogla** (zu erreichen auf der Autobahn in Ri Celje, die man an der Ausfahrt Slov. Konjice verläßt und der Beschilderung in Richtung Zreče und Rogla folgt). Der 1517 m hohe Berg ist eines der beliebtesten Skigebiete des Pohorje; ein Hotel und zahllose Privatvermieter bieten Zimmer in allen Preis-

klassen an. Vom Parkplatz erreicht man in etwa einer Stunde das **Hochmoor der Lovrenška jezera.** Die 21 Weiher und Seen unterschiedlicher Größe liegen wie kleine Saphire zwischen dichten, dunklen Wäldern, die Wege führen teils auf Stegen durch einzigartige Sumpfland-schaft. Auf der Rückfahrt in Richtung Maribor lohnt es sich, zum Abendessen bei **Smogavc,** Gorenje 27, ☎ 03/7 57 35 50, in Zreče einzukehren. Das Gasthaus besuchen Freunde der slowenischen Küche von weither, und die Portionen sind so riesig, daß man sie getrost mit dem Partner teilen kann.

Maribors Busbahnhof ist das Vorzeige-Objekt der modernen slowenischen Architektur. Es ist riesig, übersichtlich geordnet und mit Läden, Cafés, Schnellrestaurants etc. hervorragend ausgestattet. Busverbindungen gibt es in alle Teile des Landes. Der Bahnhof ist zwar nicht so hübsch, besitzt aber ebenfalls ein dicht geknüpftes Netz; fast stündliche Verbindungen nach Ljubljana, alle zwei Stunden kann man in Richtung Ormož fahren.

Nach Südwesten: Ptuj, Rogaška Slatina und Olimje

Durch die ebene, von Mais- und Getreidefeldern geprägte Landschaft des Dravsko polje (Draufeld) ist in einer knappen halben Stunde von Maribor nach Süden das Städtchen Ptuj erreicht. Beiderseits der Straße stehen Heuharfen (*kozolci*), an denen Maiskolben und Gras geschützt durch ein kleines Holzdach zum

Trocknen aufgehängt werden. Und wer seinen Blick von den weiten Feldern nach oben auf Dächer und Kamine der Häuser hebt, kann hier Storchennester entdecken.

Ptuj

Um Ptuj wurden Sloweniens bedeutendste Funde aus römischer Zeit gemacht, und so führt ein Besuch des liebenswerten Städtchens an der Drava weit zurück in die Geschichte des römischen Noricum. Bereits um 69 n. Chr. beschreibt der Historiker Tacitus die Siedlung Poetovio, ursprünglich ein Militärlager, das sich schnell zu einer blühenden Stadt am rechten Drava-Ufer entwickelte, während am linken Ufer eine wahrscheinlich illyrisch-keltische Siedlung bestand. Die Römer errichteten eine steinerne Brücke über die Drava und schlossen die beiden Gemeinwesen zusammen.

Einst Stätte des Mithras-Kults: Ptuj

Per Aquädukt wurde frisches Quellwasser aus dem Pohorje-Gebirge nach Poetovio geleitet. Im Gegensatz zu vielen anderen Städten wurde Ptuj nach dem Zerfall des Römischen Reiches nicht aufgegeben. Es bestand auch in den Wirren der Völkerwanderung fort und erreichte im Mittelalter eine neue, wirtschaftliche Blüte. Unter Ägide der Salzburger Bischöfe war Ptuj eine der wichtigsten Städte des Bistums, nach einem kriegerischen Intermezzo (Türkenbelagerung, Magyareneinfälle) fiel die Stadt im 16. Jh. an die Habsburger, wurde stark befestigt und durch Renaissancebauten verschönert. Mit Ende des 16. Jh. war Ptujs goldene Ära vorbei. In den folgenden Jahrhunderten konnte die Stadt nur noch ihre Bedeutung als Agrarzentrum der Region bewahren, die internationalen Handelswege hatten sich verlagert und bevorzugten nun Maribor als Knotenpunkt. Ähnlich wie Maribor erlebte Ptuj ab Mitte des 19. Jh. den Zuzug deutscher Kaufleute und Unternehmer, die bis zum Ende des Zweiten Weltkriegs das politische und Geistesleben der Stadt prägten. Bis heute spielt die Stadt eine wichtige Rolle als Umschlagplatz für den Agrarsektor, vor allem für die Weine, die in den südlich gelegenen Haloze gezogen werden.

Von Maribor kommend erreicht man Ptuj über die Drava-Brücke, folgt der Hauptstraße bis zur nächsten großen Kreuzung und biegt dann links zur Innenstadt ab. Zwei große Parkplätze stehen zur Verfügung – in die Altstadt mit ihren verwinkelten Gassen sollte man besser zu Fuß gehen. Ausgangspunkt für den Rundgang ist der Mestni trg mit dem Rathaus vom Anfang des 20. Jh. und einem Florians-Denkmal, das den Schutzpatron der Feuerwehrleute beim Löschen einer Feuersbrunst zeigt. Aufgestellt wur-

Die Kurenten sind los

Zottelige Gestalten mit eigenartig geformten Masken – halb Mensch, halb Tier – erobern am Faschingssonntag die Straßen von Ptuj. Ihre Kleidung ist aus Schafsfell, vom Gürtel hängen schwere Kuhglocken, und den Kopf schmücken Masken aus Leder und Fell, die mit bunten Gänse- und Truthahnfedern geschmückt sind. In Gruppen ziehen sie durch die Straßen, treiben allerlei Schabernack, sie drehen sich und hüpfen, bis das durchdringende Gebimmel der Glocken jedes andere Geräusch übertönt. *Kurenti,* die Kurenten, läuten das Ende des Winters und den Beginn des neuen landwirtschaftlichen Jahres ein.

Wie alt dieser Brauch ist und woher er stammt, liegt im Dunkeln. Volkskundler vermuten, daß er seine Ursprünge in prächristlichen Riten der alten Slawen, vielleicht sogar der Kelten oder Illyrer hat. Soweit die Menschen in Ptuj und im Drau-Feld *(Dravsko polje)* zurückdenken können, hat es die Faschingsriten gegeben. Früher wurden sie allerdings nicht in der Stadt, sondern auf den Dörfern praktiziert. Ein jedes hatte seine Faschingsgruppe, bestehend aus jungen Männern, und seine ganz besonderen Trachten und Gestalten. Es gab »Rösser«, vier als Pferde verkleidete Männer, die von einem peitschenknallenden Antreiber begleitet wurden. Da war der »Bär«, geführt von einem Zigeuner, der das Tier tanzen ließ, die »Vögel«, die sich meist mit den weißen Unterröcken der Frauen und mit bunten Papierbändern maskierten, und »Greis und Greisin« ein buckliges, humpelndes Paar. Sie zogen von Haus zu Haus, führten ein Tänzchen oder Kunststücke auf und säten schließlich vor der Schwelle etwas Getreide aus, damit die Ernten auch im neuen Jahr guten Ertrag brächten. Zum Abschluß erhielten die »Sammler«, die ebenfalls zu jeder Gruppe gehörten, Wein, Würste und Brot als Belohnung. Einen ganz besonderen Brauch gab es im Dörfchen Cirkovci: Wenn sich im vergangenen Jahr kein Mädchen aus dem Dorf verheiratet hatte, wurde eine Kutsche mit einem Strohbräutigam durch die Straßen gezogen. Die jungen Männer zersägten dabei einen Holzklotz und verehrten jedem heiratsfähigen Mädchen ein Stückchen davon, als Glücksbringer für eine baldige und glückliche Ehe. Zusammen mit diesen Fruchtbarkeitsbringern traten die furchterregenden Kurenten auf – und sie sind es auch, die bis heute das Faschingsgeschehen bestimmen, das sich inzwischen nach Ptuj verlagert hat und zu den touristischen Hauptattraktionen der Stadt zählt.

Mann und Weib, Hochzeitskutsche, Bären- und Pferdekostüme sieht man in den Straßen Ptujs nicht mehr. Sie haben ihre wohlverdiente

Ruhe in den kühlen Räumen des Burgmuseums gefunden, wo sie zusammen mit historischen Aufnahmen die Geschichte des Ptujer Faschings dokumentieren. Und die Kurentenkostüme, die früher von den jungen Männern selbst hergestellt und von Generation zu Generation weitergereicht wurden, werden inzwischen in einer Maskenwerkstatt geschneidert.

de der Heilige 1745, ein Jahr, nachdem ein Brand fast den gesamten Altstadtbereich vernichtet hatte. Durch die Murkova ul. geht's bergan zum Slovenski trg mit dem Stadtturm **Mestni stolp,** der im Mittelalter die östliche Begrenzung des Stadtgebiets bewachte und Ende des 16. Jh. gründlich umgebaut wurde. In den Seitenwänden sind römische Gedenksteine eingemauert. Im Turm ist heute die Touristeninformation TIC untergebracht, die sehr gutes Prospektmaterial besitzt. Den Platz schmückt ein weiterer römischer Grabstein, das »Orpheus-Denkmal« aus dem 2. Jh. Die 5 m hohe, aus einem Stein gehauene Tafel zeigt ein Relief des blinden Sängers umgeben von wilden Tieren, die seinem Spiel lauschen. Gesäumt ist der Platz von einigen gut erhaltenen Renaissancehäusern und der **Kirche des sv. Jurij.** Sie geht auf einen einschiffigen, romanischen Bau aus dem 12. Jh. zurück, doch gibt es Berichte, daß hier bereits im 4. Jh. ein frühchristliches Gotteshaus gestanden hat. Im 14. Jh. wurde die Kirche mit zwei Seitenschiffen erweitert und später mit schönen Kreuzgratgewölben gotisiert, im 17. Jh. folgte eine erneute Umgestaltung mit barocken Seitenkapellen. Trotz dieses Eingriffes präsentiert sich das Kircheninnere ganz im Geiste der Romanik und Gotik, wertvolle Wandmalereien aus dem 13. bis zum 15. Jh. sind an den Seitenwänden erhalten, und die Taufkapelle schmückt ein herrlicher Flügelaltar aus der Mitte des 15. Jh.

Dach in Ptuj

Die Prešernova ulica führt vom Stadtplatz nach Westen und zeigt sich im schönsten Gewand des späten Mittelalters. In der Fassadengestaltung vieler Häuser sind romanische und gotische Details zu erkennen, und wer durch die schmalen Durchgänge in die Seitengassen bummelt (z. B. Grajska ul.), findet sich in einem durch und durch mittelalterlichen Stadtbild wieder.

Unübersehbarer Mittelpunkt Ptujs ist die **Burg,** die hoch über dem Altstadtkern thront (vom Slovenski trg in der Altstadt in etwa 10 Minuten Fußweg zu erreichen). Der älteste Bau, der »Westturm« etwas abseits der eigentlichen Burg, stammt aus dem 10. Jh., der Kern der hufeisenförmigen Anlage wurde im 14. Jh. errichtet und später gegen die Türkeneinfälle von Renaissance-Baumeistern befestigt. Eine weitere Umgestaltungsphase folgte im 17. Jh. im Geiste des Barock – so präsentiert sich Schloß Ptuj heute dem Besucher; die älteren Bauelemente sind aber noch in einigen Details erhalten (z. B. am Südtrakt des Schlosses, wo noch die bogenförmigen Fenster aus dem 12. Jh. zu erkennen sind, und in der Anlage des gotischen Arkadenhofes). Vom unteren Burghof öffnet sich ein herrlicher Panoramablick über das mittelalterliche Dächergewirr der Stadt.

In der Burg gibt es ein sehr sehenswertes **Museum,** das Geschichte und Wohnkultur des Schlosses dokumentiert. Besonders interessant ist die Sonderausstellung über die Tradition der Ptujer Faschingsriten. Kostüme, Masken und das seit Jahrhunderten überlieferte Brauchtum um die Austreibung der Wintergeister sind anschaulich dargestellt, leider aber meist nur slowenisch beschriftet. Aber die Exponate und Archivfotos sprechen für sich, so daß sich jeder mit etwas Phantasie vorstellen kann, wie es ist, wenn in Ptuj und Umgebung am Faschingswochenende die Post abgeht (geöffnet im Winter tgl. 9–16 Uhr, in den Sommermonaten 9–18 Uhr).

Die bedeutendste Sammlung des Landesmuseums Ptuj ist im ehemaligen **Dominikanerkloster** am Westrand der Altstadt untergebracht. Das Kloster selbst ist ein unbedingt besuchenswertes Ensemble der späten Romanik und frühen Gotik, das wie üblich in späteren Jahrhunderten barockisiert wurde. Im Inneren (Kreuzgang) sind die Bauformen der Gründungszeit (1230) aber noch gut erhalten und in vielen Details lebendig (geöffnet tgl. von 10–16 Uhr, an Wochenenden und Feiertagen bis 17 Uhr, von Dez. bis Apr. geschlossen).

Die museale Attraktion des Klosters ist die Sammlung prähistorischer und römischer Fundstücke aus Poetovio, darunter Grabsteine, Statuen und rituelle Gegenstände, die zum Mithraskult gehörten. Die von persischen Einflüssen geprägte Religion fand vor allem unter den römischen Soldaten und in der Beamtenschaft Anhänger. Praktiziert wurde sie als eine Art Geheimkult in höhlenartigen Tempelräumen, und keiner der Mithras-Adepten durfte öf-

fentlich über seinen Glauben berichten. Den Kern des Kultes bildete die
Vorstellung vom bevorstehenden
Letzten Gericht und der finalen
Auseinandersetzung zwischen Gut
(Mithras) und Böse, die die guten
Kräfte für sich entscheiden würden.
In Ptuj wurden gleich drei Mithras-
Tempel, sogenannte Mithräen gefunden, so daß man davon ausgehen
kann, daß diese Region zu den bedeutendsten Zentren der Kultge-
meinde gehörte. Eine der Kultstätten
wurde in der Krypta des Domini-
kanerklosters wiederaufgebaut und
bietet mit ihren in der düsteren Enge
zusammengestellten Altären und
Grabreliefs ein eindrucksvolles Bild
vom Kultgeschehen. Mithras ist bei
seiner Geburt aus einem Felsen und
bei der Opferung eines Stiers an den
Sonnengott zu sehen. Die beiden
anderen Mithräen befinden sich in
Zgornij breg und Spodnja hajdina
(westlich der Drava an der Straße in
Richtung Maribor bzw. Zagreb), sind
aber nur unregelmäßig geöffnet.

TIC, Slovenski trg, ℰ 02/
7 79 60 11: Info-Material, Zimmervermittlung. Das Büro kann den Besuch einer Maskenwerkstatt (s. Exkurs)
organisieren.

Mitra, $$, Prešernova ul. 6, ℰ
7 74 21 01: Freundliches Stadtho-
tel mit Spuren eines weiteren Mithräums
(s. o.) im Inneren. **Poetovio,** $$, Trstenjakova ul. 13, ℰ 7 79 82 01, Fax 7 79
82 41: Modernes Hotel am Rande der
Altstadt, durch Kneipen- und Discobe-
trieb recht laut. **Privatzimmer** vermittelt
das TIC.

Ribič, $$, Dravska ul. 9, ℰ
7 87 75 60: Internationale Küche
mit Schwerpunkt Fisch. Im Sommer sitzt
man auf der idyllischen Terrasse über der
Drava. **Zlata goska,** $$, Orešje 81, Mobil-
ℰ 050/61 88 06: Die »Goldene Gans« im
Vorort Orešje serviert Essen nach antiken
Vorbildern (»Gans à la Apicus«). Köstlich
die Flußkrebse mit Sahne und Pilzen! In
der Altstadt gibt es mehrere kleine Piz-
zerias und Imbiß-Stuben; Snacks und Kuchen serviert auch das Café auf der Burg.

Im Weinkeller **Vinska klet** kann
man die köstlichen Tropfen aus
den Haloze verkosten und günstig erwerben. Besichtigung des Weinkellers nur
nach Voranmeldung Trstenjakova 6,
ℰ 7 79 71 21, tgl. von 7–19 Uhr, Sa
7–12, So geschlossen).

Ptujer »Kurentenlaufen« von Faschingssonntag bis -dienstag.

Busse in Richtung Maribor
und Ormož verkehren häu-
fig, nach Ljubljana etwa viermal täglich.
Nach Rogaška Slatina, Murska Sobota
und Ljutomer etwa drei Busse am Tag.
Per Bahn sind die Verbindungen nach
Ljubljana häufiger.

Von Ptuj nach Südwesten

Auf einer durch Felder und Wiesen
mäandernden Landstraße fährt man
von Ptuj nach Südwesten zunächst
zum Wallfahrtsort **Ptujska gora** (ca.
18 km). Die Kirche hoch oben auf
einem Hügel wurde Ende des 14. Jh.
erbaut; um sie herum entwickelte
sich ein Städtchen, das heute stark
im Zeichen des Wallfahrts-Touris-
mus steht. Sehenswert ist die Mutter-

gotteskirche vor allem wegen ihres nahezu unveränderten, gotischen Äußeren und einer der berühmtesten Skulpturen der slowenischen Kirchenbildhauer, der tief verehrten Schutzmantelmadonna über dem Altar. Nach zwei Türkenüberfällen wurde die Kirche mit Wehrmauer und Türmen gesichert, von denen einer heute noch steht. An allen Marienfeiertagen pilgern die Menschen den Berg hinauf, und auch sonst kommen immer wieder fromme Gruppen oder Bittsteller, die sich von der Madonna die Erfüllung eines Wunsches erwarten.

Von Ptujska gora kann man der Straße weiter zum Schloß Štatenberg (1720–40 erbaut) folgen und vor Poljčane nach Süden in Richtung Rogaška Slatina abbiegen. Landschaftlich reizvoller ist aber die

Messe in
Ptujska gora

205

Fahrt durch die **Weinbauregion Haloze,** deren reben- und waldbewachsenen Hänge sich südlich von Ptujska gora entlang der slowenisch-kroatischen Grenze hinziehen. Eine schmale Straße führt beispielsweise teils asphaltiert, teils als gute Erdstraße von Ptujska gora hinauf in die Weinberge, überquert diese und senkt sich dann in Richtung Rogatec wieder ins Tal. Bei dieser Fahrt sollte man allerdings eine sehr genaue Karte mitnehmen und sich mit etwas Abenteuerlust auf die Suche nach dem richtigen Weg machen, denn Straßenschilder sind rar.

Die Haloze-Region ist mit wohl großem Abstand die ärmste Region Sloweniens. Durch die extrem steilen, dicht an dicht stehenden konisch geformten Berge ist die Gegend sehr unwegsam. Viele Weinbauern siedeln sehr isoliert inmitten ihrer Weingärten, und noch in den 1960er Jahren ging ein großer Teil der Kinder nicht zur Schule. Armut und mangelnde Bildung haben bei den reichen Nachbarn allerlei Vorurteile über die Bauern aus Haloze entstehen lassen, und hartnäckig halten sich Gerüchte, daß hier die Säuglinge nicht mit Milch, sondern mit Wein genährt würden, denn Wein ist das einzige, was die Menschen auf diesem Boden überhaupt ziehen können. Dazu graben sie in mühsamer Arbeit Terrassen in die steilen Hänge. Die von Weinreben überzogenen Bergkuppen wirken auf den Außenstehenden überaus malerisch, hier und dort blinkt ein Kirchturm über das Grün, und an besonders exponierten Stellen findet man kleine Buschenschänken, Gasthäuser, die nur nach der Weinernte öffnen und den jungen Wein zu deftiger Kost ausschenken. Die Haloze sind ein herrliches Gebiet für Wanderer und Radfahrer.

Mondänes Flair vermittelt heute noch das Kurhaus in Rogaska Slatina

Rogaška Slatina ist einer der beiden altehrwürdigen Kurorte Sloweniens mit eleganten, klassizistischen Hotels, großzügigen Parkanlagen sowie dem medizinisch hervorragend ausgestatteten Kurkomplex (der andere ist Radenci, s. S. 212). Die Geschichte des heilkräftigen Wassers ist ab Ende des 16. Jh. schriftlich belegt, doch lassen römische und keltische Funde vermuten, daß die Quellen schon weitaus frü-her besucht wurden. 1665 wurde der kroatische Feudalherr Peter Zrinjski in Rogaška Slatina von einer schweren Krankheit geheilt, und damit begann der Aufstieg des Ortes zu einem der bedeutenden Kurbäder Europas. Anfang des 18. Jh. lieferte Rogaška jährlich 20 000 Flaschen des Heilwassers an den Hof nach Wien. Anfang des 19. Jh. bestand bereits ein reger Kurbetrieb mit eigens angestelltem

Arzt, die Hauptquelle wurde gefaßt und mit einem klassizistischen Tempelchen bekrönt; Mitte des 19. Jh. wurden einige der noch heute bestehenden Hotels errichtet und Rogaška erlebte seine größte Blüte als Kurort des Adels und von Künstlern aller nur erdenklichen Nationalitäten. Mit der sozialistischen Ära verblaßte der mondäne Ruf, zahlreiche neue, funktionale Bauten veränderten das Ortsbild. Heute bemüht sich die Kurdirektion um ein ›Facelifting‹. Die Heilkraft des Wassers ist nach wie vor ungebrochen, dank seines sehr hohen Magnesiumgehaltes wirkt es vor allem bei Krankheiten von Leber und Galle, bei Diabetes und hohem Cholesterinspiegel.

TIC, Zdravíliški trg, ☎ 03/ 5 81 44 14, Fax 8 11 57 30: Freundliche Beratung, Vermittlung von Hotel- und Privatzimmern.

Donat, $$$, ☎ 8 11 30 00, Fax 8 11 37 32 und **Sava,** $$$, ☎ 8 11 40 00, Fax 8 11 47 32: Beides moderne Kurhotels, die recht guten Standard bieten.
Die klassizistischen Häuser Strossmayer, Zdravíliški dom und Grand Hotel, alle $$, sehen leider nur von außen verführerisch aus.

Rogaška ist Sloweniens bekannteste Adresse für feines Kristall. In der **Steklarna Rogaška** gibt es eine große Auswahl aller möglichen Kristallwaren für jeden Geschmack – zu allerdings recht stolzen Preisen.

Knapp 20 km nach Süden sind es von Rogaška zur Kloster- und Schloßanlage von **Olimje,** unweit des Kurortes Atomske toplice. Das ehemalige Schloß inmitten tiefgrüner Hügel wurde hervorragend restauriert und bietet mit seinem barocken Fassadenschmuck einen eigenwilligen Eindruck, der mit kaum einem anderen Bau in Slowenien vergleichbar ist. Errichtet wurde Burg Olimje im Jahre 1550, 100 Jahre später wurde es in ein Kloster der Paulinerinnen umgewandelt und die einschiffige Kirche Mariae Himmelfahrt angefügt. So präsentiert sich Olimje als Mischung von mit Rundtürmen bewehrtem Schloß mit dem »Anhängsel« Kirche in einem sehr uneinheitlichen Baustil, der durch den dunkel abgesetzten Fassadenschmuck etwas gemildert wird. In seiner weiteren Geschichte wechselte Olimje zwischen kirchlichen und weltlichen Herren (1782 Auflösung des Klosters, bis Ende des Zweiten Weltkriegs im Besitz der Grafen Attems, ab 1990 Minoritenkloster). Heute stehen die Kirche und die berühmte Klosterapotheke (1765 in einem der beiden Rundtürme eingerichtet) zur Besichtigung frei. Vor allem das mit dunklem Marmor dekorierte, barocke Innere der Kirche ist unbedingt sehenswert; in der Apotheke sind schöne Wand- und Deckenfresken erhalten (Führungen Do–Di um 10, 15 und 16 Uhr).

Schloß Olimje

Von Ptuj nach Osten: Ormož, Jeruzalem und Radenci

Die östliche Štajerska steht ganz im Zeichen des Weinanbaus. Es ist ein sanft gewelltes Land, über das die Reihen der Rebstöcke gerade Linien zeichnen. Zwischen den Pflanzungen lugen einfache Bauernhöfe und Gastwirtschaften hervor, Marterl und Kirchlein wachen über die verschlungenen Wege und Straßen, und über der ganzen Region liegt im Sommer und Herbst, wenn die Trau-

ben reif sind, das beständige Klappern der *klopotci,* das die räuberischen Vögel von den süßen Früchtchen fernhalten soll.

Ormož ist die südlichste Weinstadt der Štajerska und Ausgangspunkt der »Weinstraße« *(vinska cesta)* durch das Anbaugebiet von Jeruzalem nach Ljutomer. Die Siedlung am Hochufer der Drava war bereits im Neolithikum bewohnt, auch eine keltische Niederlassung ist nachgewiesen, nur Rom scheint der direkten Umgebung von Ptuj den Vorrang gegeben zu haben. Erst im 13. Jh. wird Ormož als Holermuos urkundlich erwähnt. In der jüngsten Geschichte Sloweniens hatte die Stadt eine große strategische Bedeutung im zehntägigen Unabhängigkeitskrieg 1991. Hier fanden hef-

Apotheke von Schloß Olimje

tige Kämpfe zwischen der jugoslawischen Armee und den slowenischen Territorialeinheiten statt – kein Wunder, denn die Grenze zu Kroatien verläuft entlang des Drava-Ufers.

Ein hübscher historischer Stadtkern, einige Industrie (Zuckerrübenverarbeitung) und ein imposanter, moderner Weinkeller – viel mehr gibt's in Ormož nicht zu sehen. In dem 1967 ins Drava-Hochufer gebauten Weinkeller werden 5,8 Mio. Liter köstlichsten Rebensaftes gelagert. Das Anbaugebiet Ormož/Jeruzalem umfaßt etwa 2500 ha Rebfläche und produziert fast ausschließlich Weißwein von hervorragender Qualität. Weine aus Ormož werden auf internationalen Wettbewerben regelmäßig mit hohen Preisen ausgezeichnet, etwa 25 % der Produktion werden im Augenblick exportiert, und die Winzer wünschen sich natürlich, daß dieser Anteil steigen möge. Die Besichtigung der Kellerei *(vinska klet)* kann man telefonisch vereinbaren (☎ 02/7 41 57 00), nach dem Rundgang werden die Besucher zur Weinverkostung geladen.

🛏 ❌ **Hotel Ormož**, $$, ☎ 02/7 41 57 39, Fax 7 40 14 41: Hier kann man auch die steirischen Spezialitäten genießen, für die die Hotelküche berühmt ist.

Von Ormož geht's weiter auf der Hauptstraße in Richtung Ljutomer und dann bei dem Wegweiser *vinska cesta* nach rechts in die Weinberge hinauf. Man passiert zunächst den Ort Miklavž und erreicht schließlich **Jeruzalem,** mit 55 Einwohnern ein winziges, auf der Bergkuppe thronendes Dörfchen, das einem der besten Weine dieser Region seinen Namen gegeben hat, dem Jeruzalemčan. Hier befindet sich die weit über die Weinberge hinaus bekannte Gaststätte **Taverna,** auf deren Terrasse man bei kühlem Weißwein und köstlichen Wildspezialitäten gut den Nachmittag verbummeln kann (☎ 02/7 19 40 01 oder 7 19 40 15). Das Klappern der Windräder, der *klopotci,* sorgt für eine stimmungsvolle Atmosphäre, der Blick schweift über Rebenterrassen und kleine, schmucke Winzerhäuser, und man versteht, warum einer Legende zufolge Kreuzritter auf ihrem langen Rückweg aus dem Heiligen Land ausgerechnet diesem idyllischen Ort das Bild der »Traurigen Muttergottes« stifteten, das sie aus Jerusalem mitgebracht hatten. Die Siedlung nannte sich fortan Jeruzalem, und dem Bild wurde eine hübsche Kirche erbaut. Die Kreuzritter mögen sich derweil an dem Wein gelabt und dem Himmel für ihre gesunde Rückkehr in dieses Paradies gedankt haben.

Von Jeruzalem führt die Weinstraße hinunter in die Ebene nach Ljutomer, einer aufstrebenden Provinzstadt mit gut erhaltenem Altstadtkern und eigener Weinkellerei, und wendet sich dann nach Nordwesten in Richtung Radenci. Die Strecke verläuft fast parallel zum Fluß Mura, der die Grenze zwischen Štajerska und Prekmurje, dem Land »jenseits der Mur« bildet. Unübersehbar im Landschaftsbild und in der Architektur drängt sich nun die Pannonische Tiefebene und mit ihr der Einfluß Ungarns in den Vordergrund. Niedrige, strohgedeckte Bauernhäuser lugen zwischen den modernen Einfamilienhäusern der Streusiedlungen hervor, und Storchennester krönen die Kamine. Bei Križevci biegen wir in Richtung Veržej zur Mura hin ab und erreichen nach Durchquerung des Ortes **Veržej** das Ufer des Flusses. Hier steht eine der wenigen noch voll

Bekannt für ihre hervorragende Qualität: Die Weine aus Ormož

funktionsfähigen Mühlen Sloweniens, in der wie seit Jahrhunderten Getreide zu Mehl gemahlen wird (Hinweisschild *Babičev mlin*). Von der Wasserkraft angetrieben, rattert im Inneren des Holzhauses das Mühlwerk, während die Müllersfamilie das weiße Puder in Säcke abfüllt. Man kann das Mehl hier auch kaufen, was den von neugierigen Besuchern geplagten Müllern zumindest ein Trostpflaster für die beständige Störung ihrer Arbeit ist (Besuch wochentags 7–17 Uhr, Sa 7–13 Uhr).

Von Veržej folgt man der Straße über die Mura weiter nach Nordosten, passiert einige Dörfer und erreicht nach 16 km den Ort **Bogojina**, dessen Kirche von Sloweniens Stararchitekten Jože Plečnik entworfen wurde. 1924–27 wurde sie in der für Plečnik typischen Mischung klassizistischer und moderner Bauelemente um eine alte romanische Kirche errichtet, deren Teile im Inneren noch erhalten sind und heute den Chor bilden. Der romanischen Apsis stellte Plečnik auf der anderen Querseite einen runden Kirchturm gegenüber, die Längsseite des romanischen Vorgängerbaus verlängerte er durch das moderne Kirchenschiff, das er mit Holz und Keramik dekorierte.

Über Murska Sobota, den Hauptort von Prekmurje, kehrt man nun auf die andere Mura-Seite zurück und erreicht das Thermalbad **Radenci,** dessen Mineralwasser *Radenska* mit seinem Logo der Drei Herzen weit über Slowenien hinaus

In der Mühle von Veržej glaubt man sich in eine andere Zeit versetzt.

bekannt ist. Die Geschichte des Heilbades reicht nicht so weit zurück wie das der Konkurrentin Rogaška Slatina. Erst 1833 entdeckte der Österreicher Karl Hrenn die Thermalquelle und deren medizinische Bedeutung, und ab Mitte des 19. Jh. wurde der Kurbetrieb aufgenommen. Inzwischen hat man 22 Quellen angezapft, und ein Großteil des Wassers landet in den Abfüllanlagen der Getränkefabrik, wo neben der überall in Slowenien servierten Radenska auch Limonaden ver-schiedener Geschmacksrichtungen hergestellt werden. Der Kurort selbst ist stark von den drei modernen Hotels Terapija, Miral und Radin geprägt und besitzt leider nicht den K. und K.-Charme von Rogaška. Im Kurzentrum mit seinem großen Thermalschwimmbad kann man sich aber herrlich erholen und pflegen lassen, die waldige Umgebung lädt zu Fahrradtouren und Spaziergängen ein, und die Kurverwaltung sorgt mit Konzerten und Theateraufführungen dafür, daß es den Gästen auch abends nicht langweilig wird (Reservierung für alle drei Hotels unter ☎ 02/5 20 10 00, Fax 5 20 27 23; in der Umgebung werden auch viele Privatzimmer vermietet).

Gorenje und Radenska

Slowenische Produkte auf dem europäischen Markt

Die Drei Herzen von Radenska sind weit über Slowenien hinaus bekannt

Nachdem Sloweniens traditionelle Abnahmeländer, die Partnerrepubliken im ehemaligen Jugoslawien, dem unabhängigen Land per Wirtschaftsboykott die Tür vor der Nase zugeschlagen hatten, begann die verzweifelte Suche der slowenischen Unternehmen nach neuen Handelspartnern. Viele hatten bereits vor der slowenischen Wende ins mitteleuropäische Ausland exportiert, doch waren die Umsätze verglichen mit denen innerhalb Jugoslawiens relativ gering. Inzwischen haben sich einige Unternehmen mit Erfolg nach dem europäischen Markt gestreckt (im Handel mit Deutschland kann Slowenien sogar 27 % Handelsbilanzüberschuß vorweisen). Zwei von ihnen sollen hier beispielhaft vorgestellt werden:

Nicht jeder, der sich in einem deutschen oder österreichischen Versandhauskatalog einen neuen Kühlschrank bestellt, weiß, daß das Produkt nicht aus dem deutschen Sprachraum, sondern von Gorenje aus Slowenien stammt! Das Unternehmen liefert zwar auch unter dem eigenen, gut angesehenen Firmennamen aus, die größeren Außenhandelsumsätze aber erzielt es mit der Herstellung von Elektrogeräten, die unter Fremdlabel verkauft werden. Begonnen hat Gorenje 1950 als Metallwerkstätte zur Herstellung von Herden und landwirtschaftlichen Maschinen im gleichnamigen slowenischen Ort. Schon bald wurde die Produktpalette erweitert und der Stammsitz des Unternehmens in die Industrie-stadt Velenje verlegt. Vor der slowenischen Unabhängigkeit kam kaum ein Jugoslawe an den Haushaltsgeräten von Gorenje vorbei. Italienische und deutsche Markenartikel waren nur durch gute Beziehungen zu beschaffen. Heute hat sich die Situation gewandelt, und die Konkurrenz ist größer geworden. Für das Unternehmen, das lange vor dem Auseinan-derdriften Jugoslawiens auf den Handel mit Mitteleuropa gesetzt hatte, birgt diese Entwicklung aber kaum Probleme: Mit 4500 Beschäftigten und einem Gesamtumsatz von 358 Mio. € zählt es nach wie vor zu den bedeutenden slowenischen Betrieben. Allein 179 Mio. € werden von der hauseigenen Vertriebstochter in der Bundesrepublik jährlich einge-fahren. Gorenje war und ist einer der bedeutendsten slowenischen Betriebe. Von der politischen Wende wurde es kaum in Mitleidenschaft gezogen, weil Qualität und rationelle Produktionsmethoden von Anfang an die Firmenpolitik bestimmt haben.

In Slowenien kommt man an den »Drei Herzen« von Radenska nicht vorbei. Die grünen Glas- und (häufiger) weißen PE-Flaschen mit dem sprudelnden Herzlogo werden in jedem Restaurant aufgetischt, und sie füllen mit den verschiedenen Nebenprodukten, der kalorienarmen Limo-nade Deit und anderen Fruchtsäften ganze Meter in den Kühlregalen der Supermärkte. 1869 wurden die Mineralquellen von Radenci entdeckt, 1902 wurde der Ort zum Hoflieferanten von Mineralwasser am kaiserli-chen Hof in Wien und am Vatikan geadelt. Durch seinen hohen Mineral-gehalt (3 g pro Liter) gilt Radenska als eines der gesündesten Mineralwas-ser der Welt.

Heute werden jährlich 140 Mio. Liter des mit natürlicher Kohlensäure versetzten Wassers im Stammhaus in Radenci abgefüllt, etwa 40 % gehen in den Export, eine verschwindend geringe Menge, etwa 1 Mio. Liter, werden nach Deutschland geliefert.

Radenska hat die Folgen der jugoslawischen Teilung empfindlich zu spüren bekommen: Der ehemalige jugoslawische Marktführer wurde durch den Wirtschaftsboykott eines Großteils seiner Exporterlöse beraubt, die Zahl der Angestellten schrumpfte fast um die Hälfte auf knapp 400. Heute zählen Bosnien und Kroatien wieder zu den wichtig-sten Handelspartnern, gefolgt von Italien, der Slowakei und Österreich. Nur langsam nähern sich die Zahlen wieder den Umsätzen, die vor der Wende gemacht wurden. Eines ist Radenska durch professionelle Ver-triebs- und PR-Arbeit aber bereits gelungen: den schärfsten Konkurrenten »Rogaška Slatina« aus dem gleichnamigen Thermalbad hat es in Slowe-nien aus den Regalen verdrängt.

TIPS & ADRESSEN

Alle wichtigen
Informationen rund
ums Reisen –
von Anreise bis
Zeitunterschied – auf
einen Blick

INHALT

REISEVORBEREITUNG

Informationsstellen

Ausführliches Informationsmaterial, auch zu einzelnen Regionen, sowie ein jährlich aktualisiertes Verzeichnis von Hotels und Campingplätzen gibt es bei den **Fremdenverkehrsämtern**:

Slowenisches Fremdenverkehrsbüro, Maximiliansplatz 12 a, 80333 München, ☎ 0 89/29 16 12 02,
Fax 29 16 12 73
Slovenien.fva@t-online.de
Slowenisches Tourismusbüro, Hilton Center, Landstrasser Hauptstraße 2, 1030 Wien, ☎ 01/7 15 40 10, Fax 7 13 81 77
Slowenisches Verkehrsbüro, Löwenstr. 54, 8001 Zürich, ☎ 01 2 12 63 94, Fax 2 12 52 66

Informationen zu **Kultur und Gesellschaft** sind erhältlich bei:
Dt.-Slowenische Gesellschaft, c/o Dr. Vladimir Bonač, Nederhoffstr. 11, 44137 Dortmund, ☎ 02 31/14 14 38

Einreisebestimmungen und Zoll

EU- und Schweizer Bürger brauchen für die Einreise einen gültigen Personalausweis; wenn sie länger als 30 Tage im Lande bleiben wollen, einen Reisepass (bis zu 3 Monaten). Für Hunde und Katzen benötigt man den Nachweis einer Tollwutimpfung (höchstens 6 Monate, mindestens 30 Tage alt), die vom Arzt ausgestellte Bescheinigung darf höchstens 10 Tage alt sein.

Die Einfuhr von Gegenständen für den persönlichen Bedarf ist zollfrei; slowenische Tolar dürfen bis zu einem Höchstbetrag von 300 000 SIT ein- und ausgeführt werden.

Wer mit dem eigenen Fahrzeug einreist, muß eine Internationale Grüne Versicherungskarte vorlegen. Ausgenommen von dieser Regelung sind Reisende aus Deutschland und Österreich – allerdings hat sich dies nicht bis zu allen Grenzbeamten durchgesprochen. Nehmen Sie also sicherheitshalber Ihre Versicherungskarte mit!

Karten und Pläne

Es gibt mehrere aktuelle Straßenkarten von Slowenien, beispielsweise von Freitag & Bernd (Maßstab 1 : 250 000, sehr zuverlässig). Der Verlag gibt in Kooperation mit dem slowenischen Landesvermessungsamt (Geodetski zavod) auch eine Serie von Detailkarten 1 : 50 000 heraus, die bei Fahrten abseits der Hauptrouten große Dienste leisten. Man kann sie im Fachbuchhandel bestellen oder in Ljubljana bei Kod & Kam, Trg francoske revolucje 7, 1000 Ljubljana, ☎ 01/2 00 27 11, Fax 2 00 27 34 erwerben. In der Reihe sind auch sehr gute Stadtpläne (Ljubljana, Maribor) erschienen.

Reisekasse

Slowenien ist im allgemeinen ein preiswertes Reiseland, wenn man die

Hotels meidet und in Privatzimmern oder auf Campingplätzen übernachtet. Die Kosten für Essen und Trinken und zumeist auch die Eintrittspreise sind im Vergleich zu anderen Ländern recht moderat.

Dies gilt allerdings nicht für die Hotels in Slowenien. Die Preise liegen hier durchaus auf mitteleuropäischem Niveau, wobei Service und Ausstattung der meisten ehemals staatlichen Unternehmen in keinem Verhältnis dazu stehen.

Reisezeit

In Slowenien ist das ganze Jahr über Saison. Im Winter finden Ski- und Schlittenfahrer ideale Bedingungen vor, im Hochsommer locken Seen und Meer. Die schönsten Jahreszeiten für Wanderer und Radfahrer sind Frühjahr und Herbst. In den Ferienmonaten Juli/August sind alle Ferienorte überlaufen; dann sollte man die Unterkunft unbedingt rechtzeitig reservieren.

ANREISE

...mit dem Flugzeug

Der internationale Flughafen Ljubljana/Brnik wird von der Gesellschaft Adria Airways von Frankfurt, München, Wien und Zürich aus angeflogen (mindestens zwei Flüge täglich). Den Flugplan gibt es bei den slowenischen Fremdenverkehrsämtern. Er ist auch im Internet zu finden unter adria.si.

...mit dem Zug

Von Deutschland aus verkehren alle Züge über München nach Ljubljana, von Österreich gibt es zusätzlich Verbindungen von Graz nach Maribor, von der Schweiz reist man über Mailand und Triest nach Slowenien ein.

...mit dem Auto

Wer die serpentinen- und steigungsreichen Alpenpässe zwischen Österreich und Slowenien (Wurzenpaß, Loiblpaß) vermeiden möchte, wählt am besten den bequemen Übergang durch den Karawankentunnel (Strecke Villach–Jesenice) und fährt dann auf Landstraße und Autobahn weiter bis Ljubljana. In den Osten Sloweniens kommt man am besten von Graz über den Grenzposten Spielfeld, den Westen (Istrien) kann man auch über Italien (Udine, Triest) ansteuern. Die Autobahnen in Österreich sind mautpflichtig (»Pickerl«), und auch in Italien werden Gebühren erhoben. Für die Durchfahrt durch den Karawankentunnel bezahlt man für Motorrad bzw. PKW etwa DM 13,–/€ 6,65.

UNTERWEGS IN SLOWENIEN

...mit öffentlichen Verkehrsmitteln

Slowenien besitzt ein hervorragend ausgebautes und zudem sehr preiswertes Bus- und Bahnnetz, allerdings können Bahnfahrten in entlegenere Regionen recht lange dauern (Maribor – Ljutomer z. B. 3 Stunden), so daß die schnelleren Busse im Zweifelsfall vorzuziehen sind. Eine Busfahrt von Ljubljana nach Koper kostet beispielsweise ca. SIT 1500, für SIT 1200 kommt man mit dem Zug von Ljubljana nach Maribor.

Alle wichtigen Fremdenverkehrsorte geben aktuelle Fahrpläne der Bus- und Bahnverbindungen in ihrer Region mit genauen Abfahrtszeiten heraus (zu beziehen bei den Informationsämtern TIC). Busbahnhöfe heißen *avtobusna postaja,* Bahnhöfe *kolodvor* oder *železniška postaja.*

...mit dem eigenen Fahrzeug

Das Straßennetz ist in durchweg sehr gutem Zustand, Tankstellen mit bleifreiem Benzin findet man überall, viele sind Tag und Nacht geöffnet. Zwischen Maribor, Ljubljana, Postojna und Koper und von Ljubljana in Richtung Jesenice wird eine Autobahn gebaut, die zum großen Teil bereits fertiggestellt ist. Autobahnen sind gebührenpflichtig, die Maut ist gering (Kranj – Ljubljana z. B. 180 SIT).

UNTERKUNFT

Hotels

Die meisten Hotels, die bis zur Unabhängigkeit in staatlichen Händen waren, werden nach und nach privatisiert. Dies hat leider zur Folge, daß sich die unklaren Besitzverhältnisse auf den Service niederschlagen und die Ausstattung vielerorts sehr zu wünschen läßt. Bis zur Jahrtausendwende dürfte dieses »Jammertal« aber durchschritten sein. Das Preisniveau ist recht hoch, so daß es immer günstiger (und oft auch angenehmer) ist, in Privatunterkünften abzusteigen. Einige deutsche Veranstalter bieten Pauschalarrangements (z. B. an der Küste, in Bled, Bohinj, Kranjska Gora). Diese liegen preislich deutlich unter den Tarifen, die man als Individualreisender bezahlen muß (z. B. Neckermann).

Bislang wurden die slowenischen Hotels in zwei Kategorien (A) und (B) unterteilt, die Klassifizierung wurde inzwischen teilweise dem international üblichen Sternchensystem angepasst. A steht für Luxus (vier oder fünf Sterne) mit Preisen ab SIT 20 000 für ein Doppelzimmer mit Frühstück ($$$$). B deckt die Bandbreite der Mittelklassehotels ab (zwei und drei Sterne), die Preise liegen je nach Ausstattung bei SIT 8000 bis 20 000 für ein DZ (SIT 12 000 bis 20 000 = $$$, SIT 8000 bis 12 000 = $$, unter SIT 8000 = $). Eine Liste mit Preisangaben gibt das slowenische Fremdenverkehrsamt heraus.

Schloßhotels

In einigen Schlössern und ehemaligen Villen logieren heute Luxushotels, so in den ehemaligen Gästehäusern der jugoslawischen Regierung (Villa Bled, Villa Tartini in Strunjan) und in den Schlössern Otočec, Mokrice und Kendov dvorec. Ausstattung mit Originalmöbeln, hervorragender Service und Spitzenrestaurants fordern ihren Preis. Unter SIT 25 000 ist an diesen Orten kein Doppelzimmer zu bekommen. Dafür gibt es wirklich Luxusstandard, der sonst in Slowenien eher selten ist.

Campingplätze

Beim slowenischen Fremdenverkehrsamt ist auch ein Verzeichnis der Campingplätze erhältlich. Die meisten Plätze sind gut unterhalten, in den Ferienmonaten aber auch hoffnungslos überfüllt. Häufig kann man einfache Hütten oder Bungalows mieten. Besonders schön gelegene Plätze sind bei den jeweiligen Orten erwähnt.

Jugendherbergen

Es gibt nur sechs offizielle Jugendherbergen (Bled, Koper, Maribor, Rogla und zwei in Ljubljana). Informationen erteilt Mladi Turist in Ljubljana, ✆ 01/4 21 52 40, Fax 4 25 83 01. In den Ferienmonaten können Reisende aber auch in den Studentenheimen unterkommen (dijaški dom). Fragen Sie beim örtlichen Tourismusbüro nach, ob diese Möglichkeit besteht.

Privatzimmer

Schon in der sozialistischen Ära haben viele Slowenen ihre Haushaltskasse durch Zimmervermietung aufgebessert. Heute ist das Angebot an Privatunterkünften riesengroß und der Standard meist auch sehr hoch. Wer Zimmer vermietet, macht dies meist durch ein Schild sobe am Haus kenntlich. Die einfachste Möglichkeit, ein Privatzimmer oder Appartement zu finden, ist die Vermittlung durch das örtliche Tourismusbüro. Bevor man die Unterkunft anmietet, empfiehlt es sich, sie anzusehen; denn manchmal ist der Standard doch zu einfach oder die Lage ist nicht reizvoll. Die Preise beginnen bei SIT 5000 und können für schöne Appartements auf über SIT 10 000 klettern.

Ferien auf dem Bauernhof

Beim slowenischen Fremdenverkehrsamt ist eine gut kommentierte Liste aller Bauernhöfe erhältlich, die ihren Gästen »ländliche Ferien« bieten. Alte, urige Höfe sind kaum darunter, der slowenische Bauboom hat solche traditionellen (und unbequemen) Häuser weggefegt, und die modernen kmetije unterscheiden sich kaum von schmucken Einfamilienhäusern. Das

Freizeitangebot umfaßt Reiten, Tennis, Wandern, Kutschenfahrten, Koch- und Backkurse u. v. m. In Slowenien kann man sich wegen Informationen auch an den Verband Združenje turističnih kmetij Slovenije, Trnoveljska 1, 3000 Celje, ☎/Fax 03/4 91 64 80, ZTKS@ siol.net, wenden.

ESSEN & TRINKEN

Ganz gleich ob in einem feinen Restaurant oder einer einfachen Gaststätte – die Portionen sind riesengroß und kaum zu bewältigen. Da das slowenische Essen außerordentlich gehaltvoll ist, sollte man sich wirklich nur mit Riesenhunger darauf einlassen, ein komplettes Menü zu bestellen. In den Großstädten und guten Hotels wird inzwischen auch immer mehr leichte Kost *à la nouvelle cuisine* angeboten – typisch slowenisch sind solche Speisen aber nicht.

Die slowenische Küche ist stark von den Nachbarländern beeinflußt: In Štajerska ißt man eher österreichisch, während nach Westen zu das italienische Element überwiegt. Die jugoslawische Balkanküche hat ihre Spuren in Gestalt von Grillgerichten wie Čevapčiči und Ražniči hinterlassen. Neben den slowenischen Spezialitäten (*štruklji, žganci,* Eintopfgerichte) stehen auf jeder Speisekarte auch die Standards der internationalen Küche wie Wiener Schnitzel und Pommes. Fast jedes Lokal bietet auch vegetarische Gerichte und Kinderteller an. Die Speisekarten sind überall mehrsprachig, und da auch die meisten Kellner zumindest Englisch oder Deutsch verstehen, steht der Kommunikation nichts im Wege. Preislich gibt es große Schwankungen: In den vornehmen Restaurants und Hotels haben die Preise mitteleuropäisches Niveau, in einfacheren Gasthäusern kann man Hauptgerichte durchaus auch für unter SIT 1100 bekommen.

Im Verlag des Automobilclubs AMZS ist 1998 ein Führer der 111 besten Restaurants und Gaststätten Sloweniens erschienen. In vier Sprachen (Slowenisch, Deutsch, Italienisch und Englisch) führt er durch die kulinarische Landschaft Sloweniens.

Restaurants

Die meisten Restaurants (*restavracija*) haben mittags und abends (ab 18 Uhr) geöffnet. Die Slowenen gehen nicht so spät essen wie ihre italienischen Nachbarn; gegen 19 Uhr sind die Lokale bereits gut gefüllt. Besondere Kleidungsvorschriften sind nicht zu beachten, es sei denn, man diniert in einem der eleganten Hotelrestaurants, wo bei Herren ein Jackett gern gesehen wird. In vielen Städten gibt es Selbstbedienungsrestaurants, *samopostrežna restavracija*, mit gutem Speisenangebot.

Gasthäuser

Der Unterschied zwischen Gasthaus *(gostilna, gostišče)* und Restaurant ist fließend, ein einfaches Restaurant könnte sich ebensogut *gostilna* nennen, während umgekehrt manche hervorragenden Gasthäuser besser in die Kategorie Restaurant passen würden. Generell sind *gostilne* aber eher gutbürgerliche Lokale, oft sehr folkloristisch eingerichtet, auf der Karte stehen einfache Gerichte und slowenische Spezialitäten. In den Weinbauregionen schenkt jedes Gasthaus seinen eigenen Tropfen, *domače vino,* aus.

Cafés und Konditoreien

Die köstlichen Kuchen und Süßspeisen der slowenischen Küche stellen figurbewußte Reisende vor eine schwere Probe. In Cafés *(kavarna, kafe)* und Konditoreien *(slaščičarna)* gibt's Kalorienbomben im Übermaß. Besonders beliebt sind Cremeschnitten und *potica.* Dazu trinkt man einen Espresso oder einen türkischen Kaffee *(turška kava)* oder einen Cappucino. Das beste Eis gibt's traditionell beim »Albaner«.

SPRACHFÜHRER

Hinweis zur Aussprache:
š = sch
č = tsch
ž = dsch
c = ts
h = ch
v = w
z = s (wie in Besen)

Vorspeisen und Suppen

dnevna juha	Tagessuppe
gobova juha	Pilzsuppe
goveja juha	Rindssuppe
žganzi	Polenta
ajdovi žganci	Polenta aus Buchweizengries
žlikrofi	Ravioli-ähnliches Nudelgericht, oft mit Pilzsauce
enolončnica	Gemüseeintopf
pršut	Karstschinken

kraški pršut	luftgetrockneter Karstschinken

Hauptspeisen

jota	Eintopf mit Sauerkraut, Bohnen und Schweinefleisch
svinska pečenka	Schweinebraten
dunajski zrezek	Wiener Schnitzel
kranjska klobasa	Krainer Wurst
koline	Schlachtplatte
meso na žaru	Fleisch vom Grill
puranov zrezek	Putenschnitzel
piščanec	Hühnchen
kuhana govedina	gekochtes Rindfleisch
riba	Fisch
postrv	Forelle
potočji rak	Flußkrebs
polži	Schnecken
kalamari	Kalamari

ESSEN & TRINKEN/SPRACHFÜHRER

ribja plošča	Fischplatte
škampi	Scampi
školke	Muscheln
divjačina	Wildbret

Beilagen

krompir	Kartoffeln
pomfri	Pommes frites
pražen krompir	Bratkartoffeln
pire	Püree
testenine	Nudeln
riž	Reis
kruh	Brot
Ajdovi žganci	Buchweizen-Polenta
grah	Erbsen
bučke	Kürbis
stročji fižol	Grüne Bohnen

Salate

fižolova solata	Bohnensalat
paradižnikova solata	Tomatensalat
zelena solata	Grüner Salat
kumarična solata	Gurkensalat

Nachspeisen/Kuchen

orehova potica	Nußkuchen
gibanica	Strudel, mit Nüssen, Früchten, Quark gefüllt
palačinke	Pfannkuchen
sadna kupa	Obstsalat
sladoled	Eis
torta	Kuchen, Torte
sir	Käse

Getränke

mineralna voda	Mineralwasser
belo vino	Weißwein
črno vino	Rotwein
pivo	Bier
sok	Saft
kava	Kaffee
žganje (ugs. šnops)	Schnaps

Essen gehen

jedilnik	Speisekarte
juha	Suppe
predjed	Vorspeise
solata	Salat
priloga	Beilage
glavna jed	Hauptspeise
sladica	Nachspeise
pijača	Getränk
mineralna voda	Mineralwasser
sok	Saft
pivo	Bier
vino	Wein
račun	Rechnung
kreditna karta	Kreditkarte

Allgemeiner Sprachführer

Dober dan	Guten Tag
Dobro jutro	Guten Morgen
Lahko noč	Gute Nacht
Nasvidenje	Auf Wiedersehen
Hvala	Danke
Prosim	Bitte
Živjo (ugs. Zdravo)	Hallo
Kako gre	Wie geht's
Hvala, dobro	Danke, gut
Danes	Heute
Jutri	Morgen
Včeraj	Gestern
Oprostite	Entschuldigen Sie
Kje je	Wo ist …
Kje se dobi	Wo gibt es …
Banka	Bank
Menjalnica	Wechselstube
Hotel	Hotel
Turistična informacija	Touristeninformation
Soba	Zimmer
Avtobusna postaja	Busbahnhof
Železniska postaja, kolodvor	Bahnhof

REISEINFORMATIONEN VON A BIS Z

Ärztliche Versorgung

Die ärztliche Versorgung ist überall im Land sehr gut; es gibt staatliche Ambulanzen und privat niedergelassene Ärzte. Zwischen Slowenien einerseits und Deutschland und Österreich andererseits gibt es eine Vereinbarung über kostenlose medizinische Notfallhilfe; das dafür notwendige Formular stellen die Krankenkassen des jeweiligen Landes aus. Schweizer Bürger müssen die ärztliche Leistung bezahlen und bekommen die Kosten von ihrer Kasse erstattet.

Auskunftsstellen in Slowenien

Tourismusbüros des slowenischen Fremdenverkehrsverbandes gibt es in allen touristisch wichtigen Orten. Sie sind meist mit dem Schild TIC gekennzeichnet, besitzen gutes Informationsmaterial, verkaufen Karten und Broschüren über die jeweilige Region und helfen bei der Suche nach Hotel- und Privatzimmern. Größeren Büros ist eine Wechselstube angeschlossen. Daneben gibt es zahlreiche Reisebüros (z. B. Kompas turizem), die ebenfalls Zimmer vermitteln und mit Rat und Tat zur Seite stehen können.

Die Zentrale des Fremdenverkehrsverbandes sitzt in Ljubljana:
Slovenska nacionalna turistična Organizacija
Dunajska 156
1000 Ljubljana

✆ 01/5 89 18 40, Fax 5 89 18 41
lucka.letic@cpts.tradepoint.si
slovenia-tourism.si

Autofahren

Fahren Sie defensiv und vorsichtig, denn die Slowenen benehmen sich hinter dem Steuer sehr temperamentvoll und besitzen eine erschreckend hohe Unfallrate, die zum Teil auch auf Alkoholkonsum zurückzuführen ist. Um die Risiken zu vermindern, gilt seit 1998 in Slowenien eine verschärfte Straßenverkehrsordnung, die folgende neue Bestimmungen beinhaltet: Gewöhnungsbedürftig ist die Pflicht, auch tagsüber immer mit Abblendlicht zu fahren! Wer sich daran nicht hält, wird mit 10 000 SIT zur Kasse gebeten! Beim Überholen muß unbedingt und während des gesamten Vorgangs geblinkt werden. Schul- und Kinderbusse dürfen nicht überholt werden, wenn sie zum Aus- und Einsteigen anhalten. Die Alkoholgrenze liegt bei 0,5 Promille. Folgende Geschwindigkeitsbeschränkungen sind zu beachten: in Ortschaften 50 km/h, auf Landstraßen 90 km/h, auf Schnellstraßen 100 km/h, auf Autobahnen 130 km/h.

Bei Pannen oder Unfällen hilft die Slowenische Automobilvereinigung AMZS weiter, die mit dem deutschen ADAC ein Kooperationsabkommen abgeschlossen hat. Alle Tankstellen akzeptieren Kreditkarten, einige allerdings nur American Express.

Banken

Sie sind wochentags von 8.30 bis 12.30 und von 14 bis 16.30 Uhr geöffnet, samstags von 8.30 bis 11 bzw. 12 Uhr. Geldwechsel ist aber auch bei den Wechselstuben möglich.

Diebstahl

Slowenien ist ein außerordentlich sicheres Reiseland. Allerdings sollte man wie überall auf der Welt nichts im Auto liegen lassen und das Fahrzeug immer absperren. Wertsachen gehören nach Möglichkeit in den Hotelsafe. In letzter Zeit häufen sich Autodiebstähle, die von gut organisierten Banden aus Südjugoslawien oder aus Osteuropa begangen werden. Begehrte Fahrzeugtypen (Mercedes, BMW, Audi, Geländewagen) sollte man deshalb lieber auf einem bewachten Parkplatz abstellen.

Diplomatische Vertretungen

Botschaften:

Deutschland:
Prešernova 27
1000 Ljubljana
✆ 01/2 51 61 66, Fax 4 25 42 10

Österreich:
Prešernova 23
1000 Ljubljana
✆ 01/4 79 07 00, Fax 2 52 17 17

Schweiz:
Die Vertretung übernimmt die Botschaft in Ungarn:
Stefania u. 107

H-1143 Budapest
✆ 00 36/1/3 43 94 91, Fax 3 43 94 92

Konsulate:

Österreich:
Ul. Vita Kraigerja 4/I
2000 Maribor
✆ 02/2 29 20 82, Fax 2 52 43 33

Schweiz:
Špruha 36
IOC Trzin
1234 Mengeš
✆ 01/5 62 15 55, Fax 5 62 15 63

Elektrizität

Die Stromspannung beträgt 220 V, besondere Adapter für die Stecker sind nicht nötig.

Feste und Feiertage

1./2. Januar (Neujahr), 8. Februar (Prešeren-Tag), 27. April (Tag des Aufstands gegen die Besatzung), 1./2. Mai (Maifeiertag), 25. Juni (Slowenientag), 15. August (Mariä Himmelfahrt), 31. Oktober (Reformationstag), 1. November (Allerheiligen), 25. Dezember (Weihnachten), 26. Dezember (Unabhängigkeitstag) sowie die beweglichen kirchlichen Festtage Ostern und Pfingsten.

Geld

Die slowenische Währung ist der Tolar (SIT), unterteilt in 100 Stotin. 100 Tolar entsprechen etwa 0,47 € (= 0,92 DM = 6,44 ÖS) = 0,7 SF. Bargeld kann man in den Banken und Wechselstuben wechseln, Euroschecks lösen nur bestimmte Bankhäuser und Wechselstuben ein, der Höchstbetrag ist 30 000 SIT (Auskunft bei den Fremdenverkehrsämtern). Geldautomaten, an denen man mit Scheckkarte und Geheimnummer Geld abheben kann, gibt es in den größeren Ortschaften; das Netz soll in den nächsten Jahren ausgebaut werden. Kreditkarten der gängigen Unternehmen erfreuen sich großer Beliebtheit. In so gut wie allen Hotels, in Souvenirgeschäften und Supermärkten kann man damit zahlen. Wer allerdings in Privatzimmern absteigt, sollte immer ausreichend Bargeld dabeihaben (im Notfall kann man die Zimmerrechnung auch beim Tourismusbüro begleichen, das die Unterkunft vermittelt hat; dort werden Kreditkarten in den meisten Fällen akzeptiert).

Internet

uvi.si/slo/
Virtueller Führer durch die einzelnen Regionen, Links zu Spezialthemen wie Geschichte, Karst, Architektur etc.
slovenia-tourism.si
Fremdenverkehrszentrale in Ljubljana; touristisches Angebot mit Links zum »virtuellen Führer« und anderen Anbietern (Statistisches Amt etc.)
ijs.si/slo/
Geschichte, Kultur, Städte und Regionen, Küche und Wein – nützliche Infos zur »Glucke« Europas

Kinder

Slowenien ist dank der Vielfalt von Freizeitaktivitäten auch ein ideales Reiseland für Familien mit Kindern. Tropfsteinhöhlen besichtigen, durch Schluchten wandern, Bootfahren, Schwimmen, Reiten, Kutschenfahren – in so gut wie jedem Ort kann man mit Kindern spannende Dinge unternehmen. Die Menschen sind ausgesprochen kinderfreundlich, in Restaurants werden spezielle Kinderteller serviert, in den Hotels sind die Kleinen gern gesehene Gäste. Besondere Kinderprogramme mit deutschsprachiger Leitung (Reitferien mit Island-Ponies) bietet Gut Plana (s. S. 133) an.

Medien

Die neue Ära hat vielfältige Radio- und TV-Programme, Tageszeitungen und Zeitschriften hervorgebracht. Alleine fünf Tageszeitungen erscheinen heute in Slowenien, darunter die beiden meistgelesenen »Delo« (aus Ljubljana) und »Večer« (Maribor). »Delo« ist das einzige Blatt mit einer Wochenendbeilage zu kulturellen und politischen Themen auch für anspruchsvolle Leser. Unter den Zeitschriften erfreut sich die wöchentlich erscheinende »Mag« großer Beliebtheit. Sie liefert eine flotte Mischung aus Politik, Tratsch, Sensationsberichten und Sex und beschäftigt sich gerne mit der Aufdeckung ominöser Verschwörungen oder Korruptionsaffairen. In englischer Sprache erscheint das regierungsnahe Wochenmagazin »Slovenia weekly« mit interessanten Artikeln zu Politik und Wirtschaft des Landes.

Viel Bewegung ist in der Radio- und Fernsehlandschaft auszumachen. Neben den drei staatlichen Kanälen Televizija Slovenija, Kanal A und TV3 gibt es sogar Privatsender, der größte unter ihnen ist Pop TV. Über 20 Regional-sender gehen für knapp 2 Mio. Slowe-nen täglich auf Sendung – eine stolze Vielfalt. Radio wie Fernsehen berück-sichtigen die von der Verfassung ver-brieften Rechte der Nationalen Min-derheiten mit Sendungen in deutscher (im Grenzgebiet zu Österreich), unga-rischer und italienischer (Primorska) Sprache. In Koper sitzt sogar ein italie-nischsprachiger Fernsehsender.

Deutschsprachige Nachrichten sen-det das erste Radioprogramm täglich um 22.30 Uhr. Über Verkehrslage und Ferienwetter informieren beide slowe-nischen Programme im Juli und Au-gust jeweils nach den Nachrichten.

Mehrwertsteuer

Die Büros der Kompas MTS erstatten an den Grenzübergängen in die Nach-barländer die slowenische Mehrwert-steuer (8%) zurück. Mindestbetrag ist 12 500 SIT.

Notrufnummern

Die Notrufnummern lauten: Polizei ☎ 113, Feuerwehr ☎ 112, Rettungs-dienst ☎ 112, AMZS (Automobilclub) ☎ 987.

Öffnungszeiten

Die meisten Geschäfte haben durch-gehend von 8 bis 19 Uhr, am Samstag bis 13 Uhr geöffnet, in kleineren Orten wird mittags zwischen 13 und 15 Uhr geschlossen. An Sonn- und Feiertagen haben nur private Geschäfte in touri-stischen Regionen geöffnet.

Post

Postämter haben wochentags von 8 bis 18 Uhr, samstags von 8 bis 12 Uhr geöffnet. Briefmarken bekommt man auch in den Tabak- bzw. Zeitschriften-läden (trafika) und vielen Souvenir-shops. Das Porto für eine Ansichtskar-te beträgt 70 SIT, für einen Brief 80 SIT.

Sicherheit

Angeblich mischt die russische und osteuropäische Mafia in Slowenien stark mit, die persönliche Sicherheit des Reisenden ist davon aber nicht be-troffen.

Souvenirs

Beliebte und sehr schöne Souvenirs sind Vasen aus Kristall aus Rogaška Slatina, Klöppelspitzen aus Idrija, Töp-ferwaren (s. Kranj und Koper) und Holz- bzw. Flechtarbeiten, die auf den Märkten und in Souvenirläden ver-kauft werden. Originelle Mitbringsel sind Weine und Schnäpse aus den gro-ßen Kellereien und Vinotheken. Na-turheilmittel, Tees und selbstgekelterte bzw. -gebrannte Alkoholika gibt es auch in einigen Klöstern des Landes, so in Pleterje und Stična. In Slowenien wird auch hervorragendes Öl herge-stellt: Olivenöl kommt aus dem slowe-nischen Istrien, Kürbiskernöl aus Šta-jerska. Man kann es in Supermärkten kaufen oder auch direkt beim Erzeuger erwerben – die Bauern weisen mit Schildern (z. B. bučno olje, Kürbis-kernöl) darauf hin. Naturreiner Honig (med) wird direkt von den Imkern an-geboten, luftgetrockneter Schinken *(pršut)* und deftige Bauernwürste *(klo-base)* gibt es in hervorragender Qualität in ländlichen Metzgereien.

Telefonieren

Telefonkarten kann man bei der Post oder in der *trafika* kaufen. Das Mobilfunknetz von D1 und D2 funktioniert auch in Slowenien. Ferngespräche sind zwischen 19 und 7 Uhr günstiger als tagsüber.

Die Vorwahl von Deutschland und der Schweiz nach Slowenien ist 0 03 86, von Österreich aus wählt man die 0 30. Von Slowenien aus gelten für Deutschland 00 49, für Österreich 00 43, für die Schweiz 00 41.

Trinkgeld

Das durchschnittliche Bruttoeinkommen liegt in Slowenien bei 13 000 SIT (610 €), beträgt also ein Drittel des Durchschnittseinkommens in Deutschland – entsprechend sollten die Trinkgelder ausfallen: 100–200 SIT sind für den Gepäckträger im Hotel oder für den Taxifahrer ein durchaus angemessener Betrag. Je nach Höhe der Rechnung gibt man im Restaurant bis zu 10 % (je höher die Rechnung, desto niedriger der Prozentsatz).

Urlaubsaktivitäten

Angeln und Jagen

Die kleinen Karst- und Gebirgsflüsse mit ihrem Fischreichtum (vor allem Forellen) sind ein wahres Anglerparadies. Den Angelschein kann man vor Ort entweder über das Tourismusbüro oder bei den großen Hotels erwerben. Generelle Informationen gibt Zavod za Ribištvo, Župančičeva ul. 9, 1000 Ljubljana, ☎ 01/4 26 20 19, Fax 4 25 51 85. Mit Preisen von 8000 bis 13 000 SIT/Tag sind diese Genehmigungen allerdings recht teuer. Fliegenfischer tummeln sich mit Vorliebe in der Region Bled und Bohinj.

Die Lovska zvesa (Adresse wie Fischereiinstitut, ☎ 01/2 41 09 10, Fax 2 41 09 26) informiert über die Jagdbedingungen und stellt Jagdscheine aus. Gejagt werden u. a. auch Bären, um die Population im Gleichgewicht zu halten.

Canyoning

Der Fun-Sport hat Sloweniens Wildbäche und Schluchten erobert. Vor allem um Bled und Bohinj tummeln sich zahlreiche Veranstalter, die ihre Gruppen in Neoprenanzügen durch das eiskalte Wasser klettern, springen und treiben lassen.

Fallschirmspringen

Zentren für Fallschirm- und Tandemsprünge sind u. a. der Flughafen Portorož und Lesce bei Bled. Die Sicherheitsstandards sind gut, die Sprünge verglichen mit Deutschland sehr preiswert. Auskunft zu allen Flugsportfragen erteilt Letalska zveza Slovenije, Tržaška cesta 2, 1000 Ljubljana, ☎ 01/4 22 33 33, Fax 4 22 33 30.

Gleitschirmfliegen

In den Kamniške Alpe (Steiner Alpen) und in den Bergen um die Seen von Bled und Bohinj finden Paraglider hervorragende thermische Verhältnisse. Von den Absprungstellen um Bohinj sind Flüge bis hin zum Triglav-Massiv möglich. Diverse Vereine und Veranstalter bieten Tandem-Flüge an.

Golf

Der Grüne Sport war in der sozialistischen Ära ein Stiefkind, wird aber seit der Unabhängigkeit intensiv gepflegt. Besonders interessante Plätze liegen bei Lipica, Bled und beim Schloßhotel Mokrice (Dolenjska). In der Nähe des Arboretums Volčji potok wird gerade an einem neuen Green gearbeitet.

Höhlenforschung

Unter dem Karstboden liegt ein Land der unbegrenzten Möglichkeiten: ob mit Besichtigungsgruppen, mit einem individuellen Höhlenführer, zu Fuß, per Schlauchboot oder kletternd – jeder kann seinem Hobby und Interesse entsprechend in die Unterwelt eindringen. Von den etwa 6700 Höhlen sind knapp 20 der Öffentlichkeit zugänglich gemacht worden – im Zuge des aufblühenden Tourismus werden sicherlich noch weitere dazukommen. Nähere Informationen finden Sie bei den jeweiligen Höhlen- und Ortsbeschreibungen.

Kanufahren

Wildwasser hat Slowenien im Überfluß, aber auch Wasserwanderer kommen an den ruhigeren Strecken beispielsweise der Krka und Kolpa auf ihre Kosten. Detailliert beschriebene Kanustrecken enthält der vom Deutschen Kanuverband herausgegebene Kanuwanderführer »Südosteuropa«. Unerfahrene Kanuten können sich von Veranstaltern geführten Touren anschließen, die in allen Fremdenverkehrsorten angeboten werden.

Klettern

Auch an anspruchsvollen Klettertouren herrscht in Slowenien kein Mangel. Im Triglav-Nationalpark, in den Kamniške Alpe, aber auch an Felswänden von Höhlen oder an Flüssen (Kolpa) wird geklettert; trainieren kann man an einer Kletterwand, beispielsweise bei Ribčev Laz am See von Bohinj.

Kuren

Sloweniens Heilbäder haben Tradition, besonders viele gibt es in Dolenjska und Štajerska. Das Fremdenverkehrsamt hat einen eigenen Prospekt zum Thema Heilbäder herausgebracht. Den Verband der slowenischen Heilbäder erreicht man unter folgender Adresse: Skupnost slovenskih naravnih zdravilišč, Ljubljanska c. 14, 3000 Celje, ☏ 03/5 44 21 11, Fax 5 44 28 19.

Radfahren

Fahrradfahrer finden in Slowenien wunderschöne Radstrecken, und weil die Entfernungen zwischen den Orten sehr gering sind, kann man das Land auch gut mit dem Drahtesel bereisen. Der einzige Nachteil ist der waghalsige Fahrstil der slowenischen Autofahrer – deshalb ist von Touren auf den Hauptstraßen unbedingt abzuraten. In deutscher Sprache ist im Kettler Verlag ein Radwanderführer für Slowenien erschienen (Slowenien per Rad); ein wesentlich umfangreicheres und genaueres Buch (aber leider vorerst nur in Slowenisch) gibt's in den slowenischen Buchhandlungen wie beispielsweise bei Kod & Kam in Ljubljana zu kaufen. Dort bekommt man auch detailliertes Kartenmaterial.

Rafting

Sloweniens Raftingparadies liegt im Soča-Tal, wo sich alle Wassersportler tummeln, die es schnell und naß mögen. Dort wie auch in der Region Bled/Bohinj kann man organisierte Raftingtouren buchen.

Reiten
Die Heimat der Lipizzaner bietet Freunden des Reitsports vielfältige Möglichkeiten. Abgesehen von Lipica gibt es eine Vielzahl von Gestüten, Reitschulen und -Klubs. In den großen, unberührten Waldlandschaften kann man auch mehrtägige Pferdetrekkingtouren unternehmen (s. beispielsweise Gut Plana, s. S. 133).

Segeln
An dem kurzen Stückchen slowenischer Adria liegen mehrere gut ausgestattete Jachthäfen. Man kann auch organisierte Törns unternehmen oder entlang der istrischen Küste in das landschaftlich interessante Dalmatien segeln.

Skifahren
Auch hier hat sich in den letzten Jahren viel getan, denn die Skigebiete entsprachen noch Anfang der 90er Jahre nicht unbedingt den Anforderungen, die man heutzutage an einen modernen Skizirkus stellt. Hauptregionen sind Kranjska gora, Bohinj, Bovec und Pohorje.

Tauchen
Bei dem trüben Wasser der Adria ist Tauchen kein vielversprechender Sport. Besonders Wagemutige unternehmen Tauchgänge in Höhlengewässern (z. B. am Divjo jezero bei Idrija).

Wandern
Daß Slowenien mit dem Triglav-Nationalpark und den unberührten Berg- und Waldgebieten ein Wanderrevier par excellence ist, versteht sich von selbst. In den touristischen Zentren (Bled, Bohinj) gibt es genaue Wanderkarten und auch deutschsprachige Wanderführer zu kaufen. Wanderer sollten in den Julischen Alpen stets auf Wetterumschwünge und Regen vorbereitet sein und sich vor längeren Touren bei Einheimischen über die Wetterbedingungen informieren. Als beste Wanderzeit gelten hier Frühjahr und Frühsommer.

Wasser

Leitungswasser kann überall im Land bedenkenlos getrunken werden. In den Sommermonaten kann es in den Küstenorten zu Wasserknappheit kommen; dann sollte man sparsam duschen und aufs Autowaschen verzichten.

Zeitunterschied

In Slowenien gilt die MEZ sowie die Sommerzeit.

LITERATUREMPFEHLUNGEN

Cankar, Ivan, Aus fremdem Leben, Drava Vlg., Klagenfurt 1997

Cankar, Ivan, Der Knecht Jernej, Drava, Klagenfurt 1997

Hemingway, Ernest, In einem andern Land, Rowohlt, Reinbek 1957

Kosovel, Srečko, Mein Gedicht ist der Karst, Wieser, Klagenfurt 1988

Kmecl, Matjaž, Slovenija iz zraka, Slowenien aus der Luft, Slovenia from the air, Mladinska knjina, Ljubljana 1993

Kugy, Julius, Aus dem Leben eines Bergsteigers, München 1925

Kugy, Julius, Aus vergangener Zeit, Graz 1943

Levstik, Fran, Martin Krpan, Drava, Klagenfurt 1983

Parin, Paul, Untrügliche Zeichen von Veränderung, Europäische Verlagsanstalt, Hamburg 1992

Prešeren, France, Gedichte – pesmi, Hermagoras, Klagenfurt 1998

Tavčar, Ivan, Die Chronik von Visoko, Königshausen & Neumann, Würzburg 1998

Anthologien:
Europa erlesen: »Istrien«, »Karst«, »Ljubljana«, Wieser, Klagenfurt, 1998, 1999

Deutsche Geschichte im Osten Europas: »Zwischen Adria und Karawanken«, Hg. von Arnold Suppan, Siedler, Berlin 1998

Guenay, Oliver: Die schönsten Fluggebiete der Alpen, Brückmann

Olof, Klaus D., Okuka, Miloš (Hg.), »Traumreisen und Grenzermessungen«, Reisende aus fünf Jahrhunderten über Slowenien, Drava, Klagenfurt 1995

Rehder, Petra, Slowenien, Beck'sche Reihe Länder, München 1999. Fundierte und sehr unterhaltsam geschriebene Länderkunde.

Senft, Hilde u. Willi: Reisen und Wandern in Slowenien, Weishaupt, Gnas (Österreich)

ABBILDUNGS- UND QUELLENNACHWEIS

Abbildungen

Alle Fotos: **Friedrich Köthe**, München, außer:

dpa Bilderdienst, Frankfurt a.M.   S.24
Slowenisches   Fremdenverkehrsamt
SLO   S. 22, 60, 201

Karten und Pläne

Berndtson & Berndtson, Fürstenfeldbruck
© DuMont Buchverlag

REGISTER

Ortsregister

DUMONT

REISE-TASCHENBÜCHER

»Was den DUMONT-Leuten gelungen ist: Trotz der Kürze steckt in diesen Büchern genügend Würze. Immer wieder sind unerwartete Informationen zu finden, nicht trocken eingestreut, sondern lebhaft geschrieben... Diese Mischung aus journalistisch aufgearbeiteten Hintergrundinformationen, Erzählung und die ungewöhnlichen Blickwinkel, die nicht nur bei den Farb- und Schwarzweißfotos gewählt wurden – diese Mischung macht's. Eine sympathische Reiseführer-Reihe.«
Südwestfunk

»Zur Konzeption der Reihe gehören zahlreiche, lebendig beschriebene Exkurse. Sie vertiefen zentrale Themen und sollen zu einem abgerundeten Verständnis des Reiselandes führen.«
Main Echo

DUMONT

RICHTIG-REISEN

»Den äußerst attraktiven Mittelweg zwischen kunsthistorisch orientiertem Sightseeing und touristischem Freilauf geht die inzwischen sehr umfangreich gewordene, blendend bebilderte Reihe ›Richtig Reisen‹. Die Bücher haben fast schon Bildbandqualität, sind nicht nur zum Nachschlagen, sondern auch zum Durchlesen konzipiert. Meist vorbildlich der Versuch, auch jenseits der ›Drei-Sterne-Attraktionen‹ auf versteckte Sehenswürdigkeiten hinzuweisen, die zum eigenständigen Entdecken anregen.«
Abendzeitung, München

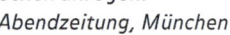

»Zum einen bieten die Bände dem Leser eine vorzügliche Einstimmung, zum anderen eignen sie sich in hohem Maß als Wegweiser, die den Touristen auf der Reise selbst begleiten.«
Neue Zürcher Zeitung

Weitere Informationen über die Titel der Reihe DUMONT Richtig Reisen erhalten Sie bei Ihrem Buchhändler oder beim
DUMONT Buchverlag · Postfach 10 10 45 · 50450 Köln · www.dumontverlag.de